LA

FRANCE PONTIFICALE

(GALLIA CHRISTIANA)

HISTOIRE

CHRONOLOGIQUE ET BIOGRAPHIQUE

DES

ARCHEVÊQUES ET ÉVÊQUES

DE TOUS LES DIOCÈSES DE FRANCE

Depuis l'établissement du Christianisme jusqu'à nos jours

DIVISÉE EN 18 PROVINCES ECCLÉSIASTIQUES

PAR M. H. FISQUET

Membre de plusieurs Sociétés savantes

MÉTROPOLE D'AIX

GAP.

PARIS

E. REPOS, LIBRAIRE-ÉDITEUR

de la REVUE et du RÉPERTOIRE DE MUSIQUE SACRÉE,
de L'ILLUSTRATION MUSICALE, de LIVRES LITURGIQUES et de CHANT ROMAIN

70, RUE BONAPARTE, 70

LA

FRANCE PONTIFICALE.

Bar-le-Duc. — Imprimerie Contant-Laguerre.

LA

FRANCE PONTIFICALE

(GALLIA CHRISTIANA).

DIOCÈSE DE GAP.

Gap, l'antique *Vapincum*, était autrefois la capitale d'un territoire appelé de son nom le Gapençois, faisant partie de la province de Dauphiné et borné à l'est et au sud par la Provence, à l'ouest par le Diois, et au nord par le Graisivaudan. Les peuples de ce pays se nommaient jadis les *Tricorii*, et leur position est exactement déterminée par Tite-Live, qui raconte, au 1er livre de la 3e décade, qu'Annibal entra dans le territoire des Tricastins, c'est-à-dire dans l'ancien diocèse de Saint-Paul-Trois-Châteaux, que de là il s'avança jusqu'à l'extrémité du territoire des Voconces, où est la ville de Die, d'où il entra dans le pays des Tricoriens. A l'égard de la cité de *Vapincum*, *Vapicum*, *Vapigum*, ou *Vapingum*, aucun ancien géographe ni historien n'en a fait mention, mais on la trouve mentionnée dans l'Itinéraire d'Antonin, dans l'Itinéraire de Bordeaux à Jérusalem et dans la carte de Peutinger. Le silence qu'ont gardé sur elle les auteurs, a laissé quelques doutes sur le peuple à qui elle appartenait. Samson prétend qu'elle était une ville des Caturiges, qui avaient Chorges pour capitale, d'autres assurent qu'elle dépendait des Voconces, et Adrien de Valois, dans sa *Notice des Gaules*, affirme qu'elle était la capitale des Tricoriens, et base son opinion sur les anciens itinéraires qui la mentionnent.

Les Voconces, qui avaient pour villes principales *Die* et *Luc*, s'étendaient jusque dans le Trièves, à la Roche-des-Arnauds et à la Saulce, toutes deux appelées *fines* limites. Les Tricoriens possédaient le Dévoluy, le Valgodemard et le bas Champsaur; ils avaient *Cor* pour ville principale. Les Caturiges, placés sur les bords de la Durance, avec Chorges pour capitale, avaient quatorze villes dont on trouve les noms inscrits sur l'arc de triomphe élevé à Suze, en l'honneur d'Auguste, par Cottius, en reconnaissance de la cession que cet empereur lui avait faite du gouvernement des Caturiges. Gap est, croyons-nous, désigné sur ce monument sous le nom de *Civitas Belucorum*, cité des Boluyens, c'est-à-dire, habitants des rives de la Bonne et de la Luye. Peutinger place en outre, dans ses tables, les *Leuci* ou Luyens, non loin de la Bâtie-Neuve, l'antique *Nasio*, où la Luye prend sa source. D'où nous concluons que Gap, mentionné dans les écrits de Julien l'Apostat sous le nom de *Vapingum*, était d'origine caturige, quoique ses habitants aient été souvent confondus tantôt avec les Voconces, tantôt avec les Tricoriens, parce que en temps de guerre avec l'étranger, ces peuples se réunissaient pour agir de concert.

Située dans une belle vallée qu'arrosent la Bonne et la Luye, affluents de la Durance, environnée de hautes montagnes, mal bâtie, mal percée et généralement peu agréable, Gap est aujourd'hui le chef-lieu de préfecture du département des Hautes-Alpes, et le siége d'un évêché dont on connaît fort peu les noms des premiers titulaires, et sur lequel on n'a de notions certaines qu'à partir de saint Constantin, qui vivait au Ve siècle, et qu'on voit assister, en 439, au concile de Riez. Après avoir appartenu à Sigismond, roi de Bourgogne, Gap passa aux mains des Francs sous les rois mérovingiens, et fit partie du nouveau royaume de Bourgogne sous les rois de la seconde race. Son territoire, possédé ensuite par des princes de différentes maisons, se trouva presque tout divisé sous le règne de Rodolphe le Fainéant.

Dans ce temps, Guillaume Taillefer, comte de Toulouse, possédait tout ce qui se trouvait entre la Durance, le Rhône, l'Isère et les Alpes. Il épousa, vers l'an 1000, Emma, fille de Rotbaud, premier comte de Forcalquier et marquis de Provence, laquelle ayant succédé dans le comté de Forcalquier, en 1010, à Guillaume, son frère, mort sans enfants, fit prendre à son mari le titre de marquis de Provence. Guillaume II, arrière petit-fils de Guillaume Taillefer et d'Emma, n'eut qu'une fille, Adélaïde, qui épousa Ermengaud, comte d'Urgel en Catalogne, et le fit comte de Forcalquier et de Gap. Elle mourut en 1138, laissant ses domaines à son fils, Guillaume III d'Urgel. Son arrière petit-fils, appelé aussi Guillaume, ou Guillaume IV, dit *le Jeune*, n'ayant pas voulu rendre hommage pour son comté à l'empereur Frédéric Barberousse, fut, en 1162, mis au ban de l'empire. Il fut rétabli deux ans après, et, en 1178, il fit hommage, pour le comté de Forcalquier et de Gap, à Alphonse, roi d'Aragon, en sa qualité de comte de Provence.

Du temps de ce même Guillaume, Grégoire, évêque de Gap, obtint, par une bulle du 31 juillet 1178, de l'empereur Frédéric, la souveraineté temporelle de la ville et du territoire de Gap, sans cependant les séparer du comté de Forcalquier, que la comtesse Garsinde donna à son fils aîné, Raimond Bérenger, comte de Provence. Le comté de Forcalquier se trouva ainsi réuni au comté de Provence et n'en fut jamais plus séparé. André de Guigues, en épousant Béatrix de Claustral, eut le comté d'Embrunois et de Gapençois, depuis le pont de Buech, près de Sisteron, et au-dessus, en remontant la Durance, ce qui ne lui donna aucune supériorité sur l'évêque de Gap. Au contraire, le dauphin André rendit hommage, le 18 octobre 1222, à Guillaume de Sclapon, évêque de Gap, pour tout ce qu'il possédait ou pourrait posséder dans le Gapençois, et le dauphin Guigues, fils d'André, rendit les mêmes devoirs à l'évêque Othon. Ce prélat, irrité d'avoir été retenu quelque temps prisonnier par les habitants qui, au mépris de ses droits, avaient, de leur côté, fait hommage aux enfants du dauphin Guigues, en la personne de la comtesse, leur mère, associa à la seigneurie de Gap, le 19 décembre 1271, Charles Ier d'Anjou, roi de Sicile, et ses successeurs aux comtes de Provence et de Forcalquier, dont il était auparavant le vassal fidèle comme ses prédécesseurs l'avaient été. Le 16 décembre 1309, le prélat qui gouvernait l'Église de Gap rendit hommage à Robert, roi de Sicile et comte de Provence, pour la moitié de sa seigneurie de Gap et pour divers châteaux des environs, et Dragonet de Montauban, son successeur, rendit ce devoir au même prince en juillet 1329.

Les successeurs du roi Robert au comté de Provence jouirent paisiblement des mêmes droits sur Gap jusqu'en 1447. A cette époque, le dauphin Louis II, depuis roi de France, sous le nom de Louis XI, chassa de Gap l'évêque qui s'était opposé au passage de ses troupes. Ce prélat, Gaucher de Forcalquier, de l'illustre maison des seigneurs de Cereste, fut rétabli peu après dans sa seigneurie à la prière du pape, en faisant sa soumission au roi Charles VII, et au dauphin Louis, son fils. Il fut toutefois contraint de souffrir que ses diocésains fussent compris dans l'imposition que les Etats du Dauphiné firent par feu, sur cette province. Le dauphin se rendit ensuite maître absolu de la ville de Gap, mais ayant reconnu qu'elle appartenait au roi René, comte de Provence, et à Gaucher de Forcalquier, son évêque, il la leur restitua. Ainsi ce ne fut qu'après l'union du comté de Provence à la couronne, et après la mort de Charles, comte du Maine, successeur de René, arrivée le 10 décembre 1481, que Louis XI et son fils Charles VIII, eurent définitivement la souveraineté de la ville et de l'évêché de Gap.

Dans le siècle suivant, le Gapençois reconnut la juridiction du parlement de Grenoble. Le procureur général du parlement d'Aix intenta à ce sujet une action à celui de Grenoble, devant le roi François Ier et son conseil d'État qui, par arrêt rendu en 1535, adjugea Gap aux Provençaux. Cet arrêt ne fut point exécuté, et le parlement de Grenoble ainsi que les officiers du Dauphiné demeurèrent jusqu'à la révolution en possession de Gap.

Nous avons raconté dans notre histoire de l'archidiocèse d'Aix, page 30, les ravages que les Sarrasins firent éprouver à la Provence par leurs incursions au VIIIe et au IXe siècle de notre ère. La présence de ces barbares causa dans le pays des maux si épouvantables, que l'on en trouve encore des traces aujourd'hui. Les évêques assemblés en concile à Valence, en 890, se plaignirent que ces ennemis de la foi, en dévastant la Provence et le Dauphiné, réduisaient ces contrées en une triste solitude. Le pape Victor II, dans une bulle adressée à Viminien, archevêque d'Embrun, les historiens Luitprand, Sigonio, Baronius, Alphonse d'Elbène et bien d'autres encore font une peinture désolante des affreux malheurs qu'en ces temps les Alpes-Maritimes eurent à souffrir par suite des invasions sarrasines.

Raimond Juvénis, l'un des historiens de Gap, où il mourut le 7 janvier 1705, rapporte, sur l'autorité d'Artus de Lionne, évêque de cette ville, et d'après le témoignage du P. Marcellin Fornier, et d'Alphonse d'Elbène, que les Sarrasins s'emparèrent de Gap en 992. La *légende* de saint Démétrius, dont il serait fort difficile de désigner l'auteur, ajoute qu'un certain comte Guillaume, ayant mis ces infidèles en déroute, les chassa de la ville le 3 des calendes de janvier, indiction V, ce qui correspond au 30 décembre 992. Juvénis, dans une longue dissertation, recherche, quel pouvait être ce comte Guillaume *qui délivra en ce temps-là la ville de Gap des Sarrasins : et qui donna la moitié de la juridiction à l'Eglise*. En s'appuyant sur une consultation donnée en 1460 à Turin, en faveur des habitants de Gap, cet historien s'efforce d'établir que ce Guillaume n'appartenait ni à la maison de Forcalquier, ni à celle de Provence, mais était un *comte particulier du Gapençois*, auquel des titres authentiques donnent le titre de Sérénissime. Quels que soient le nom et la qualité du seigneur qui délivra cette portion des Alpes du joug des Musulmans, le fait de leur expulsion, en 992, demeure acquis à l'histoire.

Nous aurons à parler dans la notice des évêques d'un grand nombre de faits relatifs à l'histoire générale de Gap, il nous semble cependant utile de relater ici quelques faits particuliers à cette ville. En 1494, nous voyons Charles VIII, roi de France, en sa qualité d'héritier des rois de Sicile, comtes de Provence, marcher à la conquête du royaume de Naples. Il était accompagné, disent les chroniqueurs, des princes de sa maison et d'une cour brillante. Le samedi 30 août de cette année, le monarque français, après avoir entendu la messe à Saint-Eusèbe, vint dîner à Saint-Bonnet et partit aussitôt pour Gap, où il passa la nuit. « *Le roi*, dit Juvénis en ses Mémoires, *fut honorablement receu par les seigneurs de l'Eglise, nobles du pays et autres gens, et fut logé à l'hostel de l'évesque.* » Le lendemain 31 août, qui était un dimanche, Charles VIII, après avoir satisfait à sa dévotion, reprit la route de l'Italie. Il s'arrêta quelques instants à Chorges où il dîna, et le soir du même jour, il entrait dans Embrun. Le roi passa fort peu de temps dans l'antique capitale des Alpes-Maritimes, mais il n'oublia pas de visiter le célèbre sanctuaire de Notre-Dame d'Embrun, dans lequel il était autrefois venu, au nom du roi son père, offrir de riches présents.

Comme nous aurons l'occasion de le voir, les habitants de Gap étaient assez disposés à la turbulence. En 1559, un certain nombre d'entre eux élevèrent des plaintes sur l'administration consulaire de la ville, et demandèrent une réforme électorale. Le parlement de Grenoble, saisi de cette affaire, rédigea le 1er février 1560, une nouvelle constitution politique pour la ville de Gap. Cette constitution, qui ne renfermait pas moins de cinquante articles, et que tous les bourgeois jurèrent de maintenir et d'observer à perpétuité, fait connaître la manière dont la ville était administrée à cette époque. Le premier de ces articles portait que les *manants* et les habitants de la ville et du territoire de Gap, auraient désormais le droit de voter pour l'élection des consuls, des conseillers et des autres officiers de la communauté. Les articles suivants réglaient le mode de convocation du conseil, le nombre des membres qui devaient le composer, l'ordre des séances et généralement tout ce qui pouvait avoir rapport à l'administration et au gouvernement de la cité.

Déjà à cette époque, les protestants avaient commencé leurs hostilités contre Gap. *Ils brûlèrent un samedy au soir,* dit Juvénis, *la croix et autres pieuses représentations qui estoient en un lieu hors de la ville qu'on appelle le mont Calvaire.* » En 1561, Guillaume Farel, natif de Charance, suivant les uns, du hameau des Farcaux, selon les autres, arriva à Gap, en venant de Genève où, depuis 1532, il était un des plus ardents et des plus fanatiques prédicateurs de la prétendue Réforme. Le 31 juillet de cette année, il avait commencé à prêcher les nouvelles doctrines dans un moulin qu'on appelait *le moulin de Burle,* situé du côté de l'église des Cordeliers, hors de l'enceinte des murailles de la ville. Le 8 octobre suivant, sans tenir le moindre compte des réclamations et des plaintes qu'il soulevait, l'hérésiarque s'empara de la maison d'école pour y tenir ses assemblées. Enhardi par ses divers succès, Farel qui, jusque-là, au rapport de Juvénis, « *n'avoit pas eu encore l'asseurance de semer ouvertement sa fausse doctrine en son pays, se hasarda de prescher publiquement le* 16 *et le* 17 *de novembre du mesme an, dans la chapelle de Saincte-Colombe de ceste ville.* » Profondément indignés de la hardiesse du réformateur, et se rappelant d'ailleurs qu'un édit royal protégeait les édifices consacrés au culte catholique, les consuls de la cité signalèrent à La Motte-Gondrin, lieutenant-général de la province, l'infraction téméraire dont Guillaume Farel venait de se rendre coupable à Gap, et ils en demandèrent la répression. Le 24 novembre suivant, le lieutenant-général adressa aux consuls la lettre suivante dont nous empruntons le texte aux Mémoires de Juvénis :

« Messieurs les consuls, j'ai reçeu vostre lettre par le porteur; ne suis pas coustumier de croire sans jugement tout ce que l'on m'escrit, mais puisque Monsieur le vibailly de Gap et vous, vous accordez à cela que Farel s'est saisi d'une église ou chapelle et qu'il y presche publiquement là-dedans, cela est directement contre l'ordonnance et l'édit du roy qui le défend sous peine de la vie. A cette cause, j'escris présentement au dit sieur vibailly qu'il ait à se saisir de lui et à lui faire son procès selon iceluy édit, non point comme ministre, ni pour doctrine qu'il ait preschée, mais pour la rébellion et désobéissance par lui commise; et là où justice en cest endroict auroit besoin de force ou de faveur, je vous ordonne et commande, comme pour le service de Sa Majesté, que vous assistiez au dit vibailly, en lui faisant faire main-forte par les manants et habitants de vostre ville de Gap, tant et si advant que la force en demeure au roy et à sa dicte justice. Et à cela je vous prie de ne faire faute sous peine de m'en prendre à vos propres personnes. Et sur ce je me recommande à vos bonnes grâces. De Valence, le 24e jour de novembre 1561. MOTTE GONDRIN. »

Les ordres du lieutenant-général furent sur-le-champ mis à exécution. Le vibailli, accompagné d'une escouade de sergents, se rendit à la chapelle de Sainte-Colombe, où il se saisit de Farel qui, sans se laisser intimider, continuait à y prêcher, et il le fit prisonnier. Mais bientôt, les huguenots se soulevèrent à Romans, puis à Valence. Le 25 avril 1562, La Motte-Gondrin tomba en leurs mains, fut tué, et le 27 du même mois, son cadavre fut pendu aux fenêtres de son hôtel. Les jours suivants, les religionnaires s'emparèrent des principales villes de la province, et le 1er mai, ils se rendirent maîtres de Gap. Quelques catholiques embrassèrent la doctrine de la Réforme, et l'évêque, Gabriel de Clermont, *abandonnant la foy de ses pères et le salut du peuple qui luy avoit esté confié, se révolta contre l'Église, sa mère et son épouse tout à la fois*, en se rendant au temple pour y consommer son apostasie.

Guillaume Farel, peu de temps auparavant, avait trompé la vigilance de ses gardiens, grâces au secours de quelques amis qui l'*avoient mis dans une corbeille et descendu en bas par une fenestre de la prison qui estoit dans la muraille de la ville*, comme nous l'apprend Juvénis. « Farel, dit Théodore Gautier, l'un des derniers historiens de Gap, rentre alors dans la ville, chante de sa voix rauque le triomphe des huguenots, insulte par des imprécations ridicules et sacriléges le vibailli mourant des suites d'une blessure, acquiert une grande créance parmi le peuple, et reprend, avec une ardeur nouvelle, le cours de ses prédications. Il put ainsi dogmatiser tout à son aise jusqu'au 24 octobre suivant, jour où les catholiques parvinrent à chasser les huguenots de la ville. Guillaume Farel se retira alors à Neufchâtel, en Suisse, où il mourut le 15 septembre 1565. »

Quelques années après, Gap eut encore à subir le joug des religionnaires. Les magistrats de la ville de Tallard, fidèles au culte de leurs ancêtres, avaient chassé de leurs maisons les habitants qui avaient embrassé l'hérésie de Calvin. Ceux-ci, profitant des troubles suscités en 1568 par le prince de Condé, chef des huguenots, s'unirent à quelques protestants provençaux qui s'étaient retirés dans le Gapençais. Le 10 novembre, ces bandes se présentèrent en bataille devant la ville de Gap, s'en emparèrent par la force, destituèrent les officiers et égorgèrent sans pitié, au témoignage de l'auteur de l'*Histoire des troubles depuis l'an* 1563, près de cent catholiques qu'ils trouvèrent armés sous l'enclos des murailles.

Après ces exploits, les protestants abandonnèrent la ville, se retirant du côté de Veynes et de Die, et le gouverneur Rosset, en vertu d'un arrêt du parlement, rétablit dans leur charge les anciens officiers. Le 13 du même mois, on annonça que Gargas venait au secours de Gap avec sept compagnies d'infanterie. Mais les Gapençais craignant que la présence de ce capitaine et de ses soldats, n'ajoutât encore à leurs maux, le prièrent de s'en retourner. « *On luy envoya représenter* dit Juvénis, *la désolation, la ruine et la misère de cette pauvre ville et de ce qu'il y restait de catholiques dont les huguenots avoient emporté tous les biens, fruits et meubles, et laissé toutes les maisons vuides et si mal pourvues qu'il n'y en avoit aucune de logeable.* »

En septembre 1576, le duc de Lesdiguières se présenta devant Gap, à la tête de deux cents hommes, pour en demander l'entrée, n'ayant point été accueilli comme il le désirait, il se retira, promettant de se venger bientôt de l'injure qu'il recevait, et en effet, la vengeance ne se fit point attendre. Dans la nuit du 2 au 3 janvier 1577, personne ne veillant aux remparts et la ville étant sans défense, Lesdiguières, suivi de 3 ou 400 huguenots, s'approche en silence des murailles. Avec l'aide des hérétiques de l'intérieur, une partie de sa troupe pénètre dans l'enceinte *par ung trou faict en la muraille d'un logis où pend pour enseigne les Trois Roys.* C'était une hôtellerie située sur l'emplacement qu'occupe aujourd'hui la rue Elysée et dont les fenêtres donnaient sur les remparts. Il était trois heures du matin.

Pendant ce temps, Cadet de Charance, seigneur de Montalquier, qui, quatre années auparavant, avait combattu, à la tête des catholiques, à Romette et à Serres, et qui depuis, avait embrassé la Réforme, Cadet de Charance, qui connaissait parfaitement la ville, puisqu'il était né dans son sein, court immédiatement chez un maréchal, prend dans sa forge des tenailles et un marteau, arrache les verrous et les gonds de la porte Saint-Arey, l'ouvre à deux battants, et Lesdiguières entre dans Gap avec le reste de sa troupe. Éveillés au bruit des coups d'arquebuse, les catholiques courent aux armes, on n'entend partout que des cris de mort, le tumulte est à son comble, un combat acharné se livre et la victoire se déclare en faveur des huguenots. « La maison de l'évêque, dit Théodore Gautier, et celle des ecclésiastiques sont bientôt entourées et forcées. Les chanoines, qui n'avaient pas eu le temps d'en sortir, sont faits prisonniers. La maison épiscopale est livrée au pillage et les soldats de Lesdiguières *volent* à l'évêque tout ce qu'il possède, *comme bagues, joyaulx, meubles, ornements d'église, habits, bleds, vins, fruicts, et autres denrées estimées à plus de quatre mille escus, sans y comprendre les ruynes et démolitions de ses maisons.* L'évêque Paparin de Chaumont se vit alors contraint d'abandonner la ville.

La prise de Gap fut un événement capital qui eut de désastreuses conséquences et qui devint comme le signal d'une foule de désordres et de nombreux actes de vandalisme. « Les huguenots, dit encore Théodore Gautier, qui déjà avaient réduit en cendres la plupart des châteaux épiscopaux, situés dans le diocèse, se livrèrent dans cette ville aux plus honteux excès et détruisirent tous les monuments que nous avait légués la puissance romaine ou qui avaient été élevés par la piété de nos ancêtres. Ainsi furent ruinés de fond en comble la maison épiscopale et celle du chapitre, les couvents de Saint-Dominique, de Saint-François, de Saint-Antoine, de Saint-André, de Saint-Arey, la commanderie de Saint-Jean de Jérusalem, et, ce qui est à jamais regrettable, cette superbe cathédrale d'ordre gothique, et ce temple romain, *d'une structure merveilleuse* devenue l'église paroissiale de Saint-Jean-le-Rond, sur la perte desquels notre savant Raimond Juvénis a fait entendre ses tristes lamentations. » — « Les Réformés, dit de son côté M. Charronnet, saisirent les bénéfices et revenus de la plupart des ecclésiastiques, renversèrent nombre de monuments consacrés au culte, entre autres la cathédrale et le palais épiscopal, et rançonnèrent des étrangers de passage à Gap, notamment ce Claude Ranissac, dont nous avons parlé et qui fut traîné prisonnier à

Veynes et à Serres. Le sieur Claret faillit être assassiné dans l'action, les huguenots le cherchaient pour le tuer; heureusement, il avait eu le temps de s'échapper à l'aide d'une corde qui lui permit de descendre dans la campagne. »

Les protestants demeurèrent maîtres de la ville de Gap et de tout le Gapençais, Tallard excepté, jusqu'en 1581. A cette époque, le duc de Mayenne s'était rendu dans le Dauphiné pour le pacifier. Il eut avec Lesdiguières une entrevue à la suite de laquelle la citadelle de Puymaure, devenue le boulevard des protestants, fut démolie, et dans les derniers jours du mois de septembre de cette année, Paparin de Chaumont, sous la protection du duc de Mayenne, put enfin rentrer dans sa ville épiscopale.

Gap vit en 1629 passer deux fois dans ses murs le roi Louis XIII; le 26 février, lorsqu'il se dirigeait vers l'Italie, afin de secourir le duc de Mantoue, et de faire lever aux Espagnols le siége de Casal; et le 2 mai, lorsque de retour de sa brillante expédition, il se rendait en Languedoc, par Veynes et par la Beaume. Un redoutable fléau qui, depuis plus d'un an, ravageait l'Europe, *la peste fut reconnue dans la ville de Gap le 3 juillet* 1630, dit le Livre des *Annales des Capucins*. Dès le lendemain, le P. Charles de Saint-Maurice, vicaire du couvent des Capucins, réunit au réfectoire tous les membres de sa famille religieuse, et leur proposa de se dévouer au service des pestiférés. Tous acceptèrent de grand cœur, et trois d'entre eux, les PP. Jovite de Monteoux, André de Pertuis et Georges de Saint-Paul, furent désignés d'abord pour donner les premiers secours. Quand la maladie fut bien déclarée, l'un des vicaires généraux de l'évêque et le chanoine Jean Arnaud, se rendirent chez les Capucins dont, sans doute déjà, ils avaient connu la noble détermination. Là, ils convoquèrent les membres du clergé séculier, et les religieux des divers Ordres qui étaient dans la ville, afin de leur communiquer, de la part de l'évêque Charles-Salomon du Serre, les instructions et les pouvoirs nécessaires en ces tristes circonstances. Les PP. Jovite, André et Georges, appelés à entrer les premiers dans la lice, se préparèrent par la prière et les sacrements au périlleux ministère qu'ils allaient remplir; puis munis de la bénédiction du vicaire général qu'ils reçurent à genoux, *et aïant prins congé du reste de la famille avec grande tendresse et amour fraternel, partirent du couvent..... pour aller à la maladrerie de Saint-Lazare, où l'on avoit dressé l'infirmerie.*

Le mal était excessivement contagieux; aussi les Pères durent-ils prendre, pour éviter d'en être atteints, toutes les précautions que leur suggérait la prudence. Ils passèrent donc par-dessus leurs habits, des casaques de toile grise, qui descendaient jusqu'à mi-jambe, chaussèrent des bottines, et mirent des gants *qui avoient* seulement *les deux doigts sacrés ouverts*, afin d'empêcher, autant que possible, le contact avec les pestiférés. Malgré ces sages mesures, le P. André fut atteint dès le 26 juillet, mais il ne mourut pas. Plus heureux, les PP. Jovite et Georges eurent la gloire de donner leur vie pour leurs frères. Le P. Jovite fut frappé le 1er août, et succomba le 5 du même mois. Le P. Georges expira le 21; son mal s'était déclaré le 15, jour de l'Assomption de la Sainte Vierge.

La peste continua avec une redoutable intensité à exercer ses ravages, et en peu de mois, la ville perdit environ les trois cinquièmes de sa population. Le zèle des Capucins ne se ralentit pas cependant; de nouveaux Pères vinrent prendre la place de ceux qui avaient trouvé la mort au champ d'honneur : ces religieux, on peut le dire, se prodiguèrent avec un rare dévouement et secoururent avec une égale charité les catholiques et les religionnaires. Aussi reçurent-ils, de la part des uns et des autres, d'unanimes actions de grâces, en même temps qu'ils se concilièrent l'estime et l'affection de tous. Sept d'entre eux devinrent les victimes du fléau. Plusieurs autres payèrent leur tribut à la maladie, mais ils échappèrent à la mort.

Dans le courant du mois d'août 1692, le duc de Savoie, Victor-Amédée, à la tête de la coalition qui s'était formée contre Louis XIV, s'empara de Guillestre et d'Embrun. Le maréchal de Catinat avait été envoyé contre ce prince, mais il n'avait à lui opposer que des forces insuffisantes, aussi une partie de l'armée ennemie qui comptait dans ses rangs des Allemands, des Espagnols et des Hollandais, arriva à Gap le 29 août. Elle *séjourna icy deux semaines entières*, dit le Livre des *Annales des Capucins*, *commettant toute sorte d'actes d'hostilité*, *violant*, *bruslant les bastides et les gerbiers de la campagne*, *et finalement la pauvre ville de Gap*, *quy ne trouva point de quoy lui payer les contributions qu'ils demandoient*. Les Espagnols étaient commandés par le marquis de Leganez et le comte de Louvigny; les Allemands avaient pour chef le marquis de Caprara; le prince Eugène et le prince de Commercy étaient à la tête des Piémontais, et les Barbets étaient conduits par le comte de Schomberg.

Cette armée porta le ravage dans tout le pays. En passant à Chorges, elle avait saccagé, pillé et brûlé ce bourg que la majeure partie de ses habitants avaient abandonné. Gap ne devait pas être épargné davantage, et le 12 septembre, il devint la proie des flammes. Ce furent les généraux espagnols qui ordonnèrent l'incendie, et les protestants, qui se trouvaient dans les rangs alliés, se chargèrent de mettre le feu à la cathédrale. La plupart des maisons étaient couvertes en bois ou en chaume, l'incendie se propagea avec une rapidité effrayante, et en quelques instants, la ville tout entière fut réduite en cendres, à l'exception de cette partie qui se trouvait située entre la rue Notre-Dame et la porte Saint-Arey. Un siècle après cet embrasement, on en apercevait encore les traces dans plusieurs quartiers de la ville.

L'ennemi ne se tint pas pour satisfait. La plupart des bourgs et villages environnants qui ne purent se racheter en payant une forte contribution, eurent énormément à souffrir. Tallard fut démantelé, Saint-Julien-en-Champsaur, Chantaussel, Saint-Michel de Chaillol, Saint-Laurent, Laye, la Fare, les Allards furent livrés aux flammes. Les actes du notaire Maurel, constatent que Saint-Bonnet subit le même sort, et nous apprenons d'ailleurs que Charance, Sigoyer, les Piles, Châteauvieux et Veynes furent également incendiés. Pour réparer autant que possible les désastres causés par l'armée ennemie, Louis XIV ordonna, le 13 décembre 1602, qu'on emploierait au rétablissement de Gap une somme de 400,000 livres; à celui de Chorges 81,000 livres; à celui de Veynes 60,000 livres, et que pendant dix ans, ces localités seraient dispensées de payer l'impôt. Cinquante mille livres furent fournies par le trésor royal, le reste par le moyen de contributions perçues plusieurs années de suite, sur des communautés qui avaient eu peu à souffrir de l'irruption des troupes de Savoie.

Là ne devait point être le terme des malheurs de Gap. En 1743, la guerre était vigoureusement poussée en Italie par l'armée franco-espagnole, commandée par l'infant don Philippe et le prince de Conti, à la tête de 20,000 Français. Les deux nations, rivalisant d'ardeur, avaient battu le roi de Sardaigne dans les montagnes de Nice d'abord, puis dans les gorges de la Stura, et enfin sous les murs de Coni. Malgré de si brillants succès, les fatigues de la guerre, et d'autres causes peut-être, occasionnèrent des maladies dans le camp des assiégeants et don

Philippe fut obligé de lever le siége de cette ville. Il se retira dans le Dauphiné, avec une armée couverte de lauriers, il est vrai, mais cruellement décimée par cette longue et meurtrière campagne. Dès la fin de cette année, la ville de Gap fut remplie de soldats espagnols; on établit, par ordre de l'autorité, un hôpital général qui devint bientôt insuffisant, et l'on se vit contraint de prendre les églises pour en faire des salles de malades. Celle des PP. Dominicains, celle des Cordeliers et un peu plus tard celle des Capucins, furent transformées en hôpitaux. Les Capucins ayant d'abord fait quelque résistance pour conserver au public l'usage de leur église, se virent forcés de céder non-seulement la nef, comme l'avaient fait les Cordeliers et les Dominicains, mais encore le chœur, la cuisine du couvent et diverses chambres ou dortoirs. Ils ne purent rester maîtres que du réfectoire et de leurs chambres particulières. Pendant trois mois, les PP. Capucins reçurent dans leur maison et soignèrent les malades espagnols. Il mourut environ 250 de ces derniers. Le 7 juin 1744, l'église fut convertie en un magasin à poudre, et jusqu'à la fin du mois d'octobre suivant, elle servit alternativement d'entrepôt et de salle d'hôpital : car, au retour de l'expédition de Coni, le nombre des malades était devenu plus considérable que jamais. Pendant trois autres mois, le couvent fut de nouveau presque entièrement mis à la disposition des Espagnols, et comme les soldats étrangers n'avaient pas d'aumôniers de leur nation, les RR. PP. Capucins leur prodiguèrent, avec zèle et dévouement, tous les soins que réclamait leur état, administrant les derniers sacrements aux moribonds et rendant les honneurs de la sépulture à ceux qui avaient succombé.

La révolution inscrivit de désolantes pages dans les annales religieuses de Gap. On en trouve la preuve dans une note consignée le 11 novembre 1793 sur les registres paroissiaux par l'abbé Escallier, curé de la cathédrale de Gap, obligé, par suite des dangers qui le menaçaient, d'abandonner son troupeau et de prendre la fuite. Nous reproduisons textuellement cette note :

Ce jourd'hui onze novembre de l'année mil sept cent quatre-vingt-treize, le nommé Beauchamp, représentant du peuple, étant arrivé à Gap depuis quelques jours, après avoir enlevé tous les vases sacrés de la cathédrale, l'ostensoir, la lampe, la croix d'argent et le buste de saint Arnoux, patron de cette Eglise, et autres effets précieux, s'empara de cette même église dont il vouloit faire une écurie pour les chevaux de la nation.

Mais sur les représentations qui lui furent faites que le peuple verroit de mauvais œil qu'on profandt ainsi le principal local de son culte, il se contenta d'en faire un grenier à blé pour la République; mais doutant que les représentations qui lui avoient été faites ne partissent de ma part, il a dénoncé un mandat d'arrêt contre moi.

» *Je suis parti de Gap à quatre heures du soir, le même jour pour aller joindre mon frère en Italie. — Signé* : ESCALLIER, *curé de Gap.* »

Le 30 avril 1799, l'immortel Pie VI, prisonnier du Directoire, franchissait le mont Genèvre sur une chaise à porteurs et entrait dans Briançon, au milieu d'un peuple immense, ému de ses malheurs, et sollicitant à genoux la bénédiction apostolique. Il y demeurait cinquante jours, logé à l'hôpital, brisé de fatigues et de douleurs, n'ayant pour consolation que la prière et les soins empressés de quelques personnes de sa suite. Atteint d'une paralysie complète, ne pouvant plus ni se tenir debout, ni faire un pas, le vénérable vieillard se croyait au terme de son exil, et il espérait que du moins par compassion pour ses souffrances, on le laisserait mourir dans cette ville; mais ses bourreaux étaient-ils hommes à éprouver un sentiment de pitié? Le Directoire ayant ordonné le transport de Pie VI à Valence, les médecins déclarèrent qu'il ne pourrait pas supporter les fatigues du voyage. Le commissaire du pouvoir exécutif répondit : « *Mort ou vif, le Pape partira.* » C'était le 27 juin 1799. Le malheureux Pontife, toujours résigné, fut placé sur une charette avec le P. Fantini, son confesseur, et l'on se dirigea vers Grenoble. Quand il se trouva près d'Embrun, la population de cette ville se porta en masse au devant de lui, témoignant par son attitude recueillie, de son respect pour la majesté du vicaire de Jésus-Christ et de sa sympathie pour ses glorieuses infortunes. Pie VI ne s'arrêta qu'à Savines où il coucha, et le 29 juin, fête de saint Pierre, il arriva à Gap. Dès l'aurore de ce jour, les habitants de la ville comme ceux des villages environnants avaient quitté leurs demeures pour courir à la rencontre du souverain Pontife. « L'illustre captif, plus qu'octogénaire, dit Théodore Gautier, était placé dans une méchante voiture, escortée de quelques gendarmes; un moment arrêté sur la place Saint-Étienne, il put en ce jour solennel bénir *la Ville et le Monde.* »

Le Saint-Père fut reçu à Gap avec tous les égards qui étaient dus à sa haute dignité, à son âge avancé et à ses longues souffrances. On le conduisit dans la maison Labastie, rue de Provence, où il passa la nuit. Dans la soirée, un certain nombre de personnes obtinrent la faveur de le visiter. Bien qu'il fut épuisé de fatigue et malade, le vénérable vieillard accueillit avec une angélique bonté tous ceux auxquels il fut permis de l'approcher, et il daigna s'entretenir familièrement avec eux. S'il en avait douté jusque-là, le noble Pontife put se convaincre, par le sentiment religieux qui se manifestait à sa vue, combien, malgré le malheur des temps, la foi s'était conservée vivante au milieu des populations des Alpes. Pie VI, qui repartit le lendemain, ne voulut point se séparer de ses visiteurs, ni quitter ses hôtes, sans leur avoir distribué divers objets de piété qui furent reçus avec autant de respect que de bonheur, et que l'on conserve aujourd'hui avec une profonde vénération dans les familles comme un précieux souvenir.

Gap, qui appartenait à la seconde Narbonnaise, dépendait pour la juridiction ecclésiastique de la métropole d'Aix. Ses évêques jouirent toujours d'une très-haute considération et d'un immense crédit. Grégoire, qui monta sur le siége épiscopal en 1157, obtint le 31 juillet 1178, de l'empereur Frédéric, le titre de *prince* et divers autres priviléges très-importants qu'il transmit à ses successeurs. Guillaume, son successeur, prit le titre de *seigneur, prince et comte de Gap* en 1184, mais il fut obligé de partager avec le dauphin les droits et les priviléges de la suzeraineté. Nous aurons à mentionner plusieurs fois la cérémonie de l'hommage que les vassaux rendaient à l'évêque. Quand, par la suite des années, les dauphins eurent augmenté leurs richesses et leur puissance, ils voulurent empiéter sur les droits de l'évêque : comme ils étaient les plus forts, ils devaient tôt ou tard finir par l'emporter. Ce ne fut pas cependant sans trouver de résistance dans les populations et par conséquent sans occasionner des troubles et des malheurs. Sous le règne de François Ier, les évêques de Gap furent dépouillés de leur titre de *prince*, et ne conservèrent que celui de *comte*, et c'est en vertu de cette dignité temporelle que leur écusson était accosté d'une crosse et d'une épée.

Son chapitre était composé d'un doyen, d'un archidiacre, d'un prévôt, d'un sacristain et de neuf autres chanoines, dont un avait le titre de *théologal*, et un autre, celui de *capiscol*. Un précenteur, onze bénéficiers appelés *panneticrs*, tenus de célébrer la grande messe toute l'année, d'assister à tous les offices et d'y tenir le chant; enfin, deux curés composaient le bas-chœur. Les dignités et canonicats étaient à la collation du chapitre où l'évêque présidait et avait droit de suffrage.

L'église cathédrale est dédiée à l'Assomption de Notre-Dame. Il est en France peu d'églises épiscopales qui aient souffert autant de désastres que la cathédrale de Gap. Depuis les temps les plus anciens jusqu'à nos jours, son histoire ne serait que le récit de ses successives démolitions et reconstructions. Les barbares de tous les âges, sans en excepter ceux du XVIe et du XVIIIe siècle, sont passés tour à tour en se ruant sur le saint édifice, ne laissant après eux qu'un triste monceau de ruines. Les incendies et les tremblements de terre vinrent encore joindre leurs ravages à ceux de la guerre et des discordes civiles.

Avant les guerres de religion, dit le chroniqueur Raimond Juvénis, la cathédrale de Gap était un édifice remarquable. Sa structure, sa forme, le clocher qui était près du presbytère et qui était d'une élévation prodigieuse, sa matière et l'ordre d'une architecture singulière qu'on y voyait, faisaient connaître que c'était l'ouvrage d'un monarque; aussi l'on croit que c'était Charlemagne qui l'avait fait bâtir. Elle fut dédiée à l'Assomption de la Sainte Vierge, et depuis qu'elle a été renversée par les calvinistes et rétablie de la manière pitoyable qu'elle est à présent, on la sacra de nouveau et l'on associa saint Arnoux, évêque et patron de cette ville, à cette dédicace. (*Hist. inédite du Dauphiné*, p. 94, mss. de la Biblioth. de Grenoble.) Nous avons vu que la cathédrale de Gap avait été détruite en 1577 et en 1692. La reconstruction en fut commencée dès que la tranquillité put succéder à l'orage. L'œuvre fut terminée en 1720. La cathédrale actuelle de Gap est bâtie dans de petites proportions. Les dimensions principales sont de 45 mètres de longueur sur 26 mètres de largeur, sans y comprendre le rond-point qui se développe sur 12 mètres de diamètre.

Il y avait à Gap des couvents de Dominicains, de Cordeliers, de Capucins et d'Ursulines. Le séminaire était placé sous la direction des Doctrinaires. Le diocèse comprenait 200 paroisses et 22 annexes. L'évêché, taxé en cour de Rome à 1400 florins, était d'un revenu de 11,000 livres, suivant la *France ecclésiastique* de 1790.

Le diocèse de Gap, n'avait avant la révolution, qu'une seule abbaye d'hommes, Notre-Dame de Clausonne, de l'Ordre de Saint-Benoit, et depuis longtemps déjà ce monastère, bien qu'il eût un abbé commendataire, n'était plus habité par un seul religieux. L'abbaye bénédictine de femmes de Saint-Pierre de Souribes, avait été, en 1464, unie à l'abbaye de Sainte-Claire de Sisteron. La prévôté de chanoines réguliers de Chardavon avait été transférée à la Baume-lès-Sisteron où se trouvait aussi un couvent de Frères-Prêcheurs. Les Trinitaires avaient une maison à la Motte, les Chartreux étaient établis à Durbon, enfin les Antonins possédaient un prieuré à Veynes.

Par suite du décret rendu par l'Assemblée nationale le 12 juillet 1790, et que l'on avait pompeusement décoré du nom de *Constitution civile du clergé*, une nouvelle circonscription des évêchés de France eut lieu et fut mise en rapport avec la division du royaume en départements. Gap était devenu le chef-lieu du département des Hautes-Alpes, mais quelques paroisses de son diocèse avaient été enclavées dans les départements de l'Isère, de Vaucluse et des Basses-Alpes. Le diocèse de Gap disparut même dans ce cataclysme et le siége épiscopal des Hautes-Alpes fut fixé à Embrun qui, en perdant aussi son antique titre de métropole, devint église suffragante d'Aix, métropole de l'arrondissement des Côtes de la Méditerranée. L'esprit philosophique avait envahi la contrée, comme il s'était glissé dans des pays plus favorisés, et avec lui était arrivée la tolérance, ou pour mieux dire, l'indifférence en matière de religion. Le décret schismatique sur la constitution civile du clergé fut accueilli avec une sorte d'enthousiasme, et l'on ne tarda pas à procéder à l'élection de l'évêque départemental des Hautes-Alpes. Deux intrus, Ignace de Cazeneuve, et André Garnier, s'assirent tour à tour sur les siéges réunis d'Embrun et de Gap. Tous deux cependant eurent, avant de mourir, le bonheur de rétracter leurs erreurs, et de se réconcilier avec l'Église.

Le concordat conclu entre le pape Pie VII et Napoléon Bonaparte, consul de la république française, le 15 juillet 1801, supprima les siéges d'Embrun et de Gap, qui furent l'un et l'autre compris dans la circonscription du siége épiscopal de Digne. Ce dernier diocèse réunit alors l'archevêché d'Embrun, les évêchés de Gap, de Sisteron, de Senez en entier, l'évêché de Glandèves en grande partie, celui de Riez à l'exception de la partie méridionale, située au delà de Verdon, entre Saint-Julien le Montagnier et Trigance, et s'étendant jusqu'à Varages, Tavernes, Moissac et Vérignon, enfin plusieurs paroisses des anciens diocèses d'Aix et d'Apt. Il était suffragant de la métropole d'Aix.

Un nouveau concordat signé à Rome, le 11 juin 1817, amena un remaniement complet des siéges épiscopaux en France, et par une bulle du 27 juillet de cette année, le diocèse de Gap fut canoniquement rétabli comme suffragant de la métropole d'Aix et d'Embrun, et le département des Hautes-Alpes tout entier lui fut donné pour circonscription. Le concordat étant demeuré sans effet pour des causes que nous ne saurions indiquer ici, une nouvelle bulle du 6 octobre 1822, reconstitua le diocèse de Gap tel qu'il est aujourd'hui, en lui donnant de nouveau pour circonscription le département des Hautes-Alpes, et en le plaçant sous la métropole d'Aix, Arles et Embrun.

Le diocèse, où l'on suit le rite romain, est divisé en deux archidiaconés, celui de Saint-Arnoux et celui de Notre-Dame d'Embrun dont les deux vicaires généraux agréés par le gouvernement sont titulaires. Il renferme 2 cures de première classe, Gap et Embrun, 24 cures de seconde classe, 217 succursales et environ 30 vicariats rétribués par le Trésor. Sa population est de près de 140,000 habitants. Les 24 cures de deuxième classe sont dans l'arrondissement de Briançon : Abriès, Aiguilles, l'Argentière, Briançon, Lagrave et Monestier; dans l'arrondissement d'Embrun : Chorges, Guillestre, Orcières et Savines; et dans l'arrondissement de Gap : Aspres, la Bâtie-Neuve, Saint-Bonnet, Saint-Etienne en Devoluy, Saint-Firmin, Orpierre, Ribiers, Rozans, Serres, Tallard, Ventavon, Laragne, Veynes et Vitrolles.

Le chapitre actuel de Gap est composé de neuf chanoines, dont un a le titre de doyen, un autre celui de théologal, et un troisième est archiprêtre curé de la cathédrale. Un décret impérial du 16 février 1854, portant réception d'un bref pontifical du 16 décembre 1853, a permis à l'évêque de Gap, aux chanoines de cette Église et à leurs successeurs respectifs, de porter sur la poitrine et sur l'habit de chœur, dans les limites seulement du diocèse, une croix d'argent, de superficie blanche ayant au milieu une médaille représentant d'un côté l'effigie de saint Grégoire le Grand, et sur le revers, celle de saint Arey, évêque de Gap; la dite croix suspendue au moyen d'un ruban de soie rouge avec un liseré jaune.

Le séminaire diocésain, situé à Gap, est dirigé par des prêtres du diocèse. Un petit séminaire existe à Embrun.

Les congrégations et communautés religieuses existant dans le diocèse de Gap sont les missionnaires diocésains de Notre-Dame du Laus et les Frères des écoles chrétiennes à Gap et à

Embrun. Cette dernière ville doit ses écoles aux libéralités de M. le marquis Rous de la Mazelière, qui les a fondées en 1866.

Les sœurs de la Providence, dont la maison-mère est à Portieux, diocèse de Saint-Dié (Vosges), pieuses filles qui se consacrent et se dévouent à l'instruction des enfants et qui prodiguent aux malades les soins qu'une charité ingénieuse leur inspire, furent appelées en 1823 dans le diocèse de Gap, avec l'autorisation de Mgr Arbaud, évêque de cette ville. Grâces à la pieuse munificence de la famille de Vitrolles, qui fit bâtir une maison pour les sœurs et qui assura une somme fixe pour l'entretien de l'école, le Plan de Vitrolles fut la première commune à jouir de ce bienfait. Dans le cours de l'année suivante, les paroisses de Saint-Bonnet, de la Saulce, de Tallard, du Poët, demandèrent et obtinrent aussi des sœurs de la Providence pour institutrices; mais de tous les établissements, celui de Saint-Bonnet devint comme un second noviciat, au sein duquel un grand nombre de jeunes personnes vinrent se former à la vertu sous l'habile direction de la sœur Constance, religieuse aussi pieuse qu'instruite et qui a laissé dans tous les cœurs les plus précieux souvenirs. Cependant des raisons particulières firent transférer le noviciat de Saint-Bonnet au Plan de Vitrolles; mais un grand obstacle au développement de l'œuvre, c'est que chaque postulante devait aller faire quelques mois de noviciat dans la maison-mère, d'où naissaient une foule de difficultés pour le spirituel comme pour le temporel de cet établissement, difficultés qui l'auraient fait infailliblement avorter, si la Providence ne lui eût envoyé un puissant protecteur.

Mgr de la Croix d'Azolette, nommé en 1836 évêque de Gap, comprit, dès son arrivée, tout le bien que procurerait une semblable institution, si devenant diocésaine, il pouvait lui donner tout l'accroissement qu'il désirait. Il travailla donc de toute l'ardeur de son âme à la réalisation de son pieux désir. Après avoir écrit plusieurs lettres pressantes à Mgr de Jerphanion, alors évêque de Saint-Dié, il fit lui-même un voyage en Lorraine, et peu de temps après, la séparation fut décidée. Du consentement des autorités respectives, les religieuses de Portieux rentrèrent dans la maison d'où elles étaient venues et le noviciat de Gap fut institué pour celles des Alpes. L'évêque de Gap trouva un digne coopérateur dans M. l'abbé Lagier, pour le développement de l'institution de la Providence. Supérieur du grand séminaire, cet homme de foi et de bonnes œuvres donna tout ce qu'il avait de force et de santé. Après lui, l'abbé Verdin, prêtre distingué par ses vertus, lui succéda; son dévouement et son zèle furent des plus actifs pour la communauté naissante. Sa charité industrieuse sut toujours encourager et soutenir cette œuvre chancelante. Plus d'une fois, dans des moments de détresse, ses mains furent l'instrument par lequel la Providence envoya à ses enfants le pain de chaque jour.

Huit religieuses entrèrent au noviciat le 5 juin 1838. Le lendemain on procéda à l'élection d'une supérieure générale : la majorité des voix fut acquise à sœur Elisabeth, née à Montbrand, canton d'Aspres. Pour les distinguer des religieuses de Portieux, un voile noir remplaça le voile blanc. Jusqu'en 1843, il ne leur avait pas été accordé de se vouer à Dieu par les trois vœux de pauvreté, de chasteté et d'obéissance. Une requête fut adressée de la part des sœurs à Mgr Rossat, successeur de Mgr de la Croix, pour obtenir cette autorisation. Le pieux évêque, comprenant toute la gravité d'une pareille demande, voulut auparavant consulter toutes les sœurs professes et celles qui avaient le saint habit depuis trois ans. On vota au scrutin secret et le dépouillement donna 42 boules blanches et 2 boules noires. Heureux de voir la presque totalité des sœurs réunies dans le même sentiment et dans le même désir, le vénérable prélat s'empressa d'autoriser les vœux pour cinq ans à celles qui feraient profession et les vœux perpétuels à celles qui, étant dans la Congrégation depuis dix ans, en témoigneraient un grand désir. Ce fut l'objet d'une ordonnance épiscopale du 24 septembre 1843, et dès le lendemain, 24 religieuses prononcèrent, au pied des saints autels, les vœux de pauvreté, de chasteté et d'obéissance. Dieu favorisa d'une manière surprenante cette institution. Dès lors, sa prospérité fut toujours croissante, et le 4 mai 1846, la première pierre d'une chapelle fut posée, et cette chapelle fut bénite, le 22 septembre 1847, par Mgr Rossat.

Mgr de la Croix, transféré à l'archevêché d'Auch, brûlait du désir de faire jouir son nouveau diocèse du bienfait dont il avait doté l'Église de Gap, par l'institution des sœurs de la Providence. Il écrivit à ce sujet à son successeur une lettre touchante, qui se terminait par ces mots : « Vous ne me refuserez pas quelques rejetons de la vigne que j'ai plantée dans les Alpes. » Le vénérable archevêque vint lui-même, à la fin de l'automne, faire choix de quatre religieuses qu'il établit dans l'ancien séminaire de Lectoure, et cette petite colonie a rivalisé activement de zèle et de succès avec la maison-mère. Elle a aujourd'hui une vingtaine de maisons dans le seul diocèse d'Auch. La maison-mère de Gap a poussé de profondes racines et étendu ses rameaux féconds. Outre son deuxième noviciat, à Lectoure, elle a de nombreuses communautés dans les diocèses d'Aix, d'Avignon, de Gap, de Marseille, de Digne, de Grenoble et de Valence.

Mgr Arbaud, de sainte mémoire, fonda à Gap, en 1835, la Congrégation des sœurs du Saint Cœur de Marie. Un ancien couvent de Cordeliers forme une partie des bâtiments, et de vieux documents, conservés aux archives départementales, nous apprennent que saint François d'Assise avait consacré lui-même et l'église et le monastère à la Vierge Immaculée.

Cette congrégation, vouée à l'enseignement, est allée, comme le grain de senevé, en grandissant sous les dignes prélats qui ont occupé successivement le siége de Gap, elle compte aujourd'hui un pensionnat nombreux, une soixantaine de religieuses et une succursale à Beaune, diocèse de Dijon. Les constitutions qui la régissent, données par son vénérable fondateur, approuvées ensuite par Mgr Rossat, reçurent, peu après, une haute approbation. Pie IX honora d'un bref daté du 29 novembre 1850, la règle et les statuts de la Congrégation des sœurs du Saint Cœur de Marie. Le Gouvernement, à son tour, a reconnu cette Congrégation, et un décret impérial du 29 novembre 1853, l'a autorisée comme congrégation enseignante à supérieure générale.

Les religieuses sont soumises à la clôture et font des vœux perpétuels. Le but de l'Ordre est de donner aux jeunes personnes, qui, toutes, sont internes, une éducation solidement chrétienne et des connaissances qui soient en rapport avec les exigences du siècle, le bonheur des familles, le bien de la société, et les diverses positions qui, dans le monde, peuvent être le partage des jeunes personnes.

Les sœurs de Saint-Joseph, également vouées à l'enseignement, possèdent, à Gap, un noviciat, une école, et desservent l'hôpital civil et militaire. Elles ont des maisons à Embrun, à Guillestre, à Serres, à Saint-Bonnet, à Abriès et au Laus; trois établissements dans le diocèse de Fréjus, à Ollioules, à Signes et à la Cadière, et un dans le diocèse de Digne, à Barcelonnette.

Enfin, les religieuses Trinitaires, aussi institutrices et hospitalières, ont des communautés à Briançon et à Embrun.

ÉVÊQUES DE GAP.

1. — SAINT DÉMÉTRIUS (siècle incertain).

Nous ne connaissons point à quelle époque précise l'Evangile fut annoncé dans la cité de Gap, et les auteurs ont varié à cet égard depuis la fin du Ier siècle jusqu'à la fin du IIIe. On est plus certain du nom de l'apôtre de Gap. Ce fut saint Démétrius, qui, suivant la tradition, était grec de nation, comme son nom l'indique, et qui vivait, dit-on, en l'an 86 de l'ère chrétienne. On le croit disciple de saint Jean, et l'on prétend même que c'est de lui que parle le saint Évangéliste en sa 3e épître canonique, verset 12e, où il est dit : « Tout le monde rend un témoignage favorable à Démétrius et la vérité même le lui rend. Nous le lui rendons nous-même, et vous savez que notre témoignage est véritable. *Demetrio testimonium redditur ab omnibus, et ab ipsa veritate, sed et nos testimonium perhibemus : et nosti quoniam testimonium nostrum verum est.* » De l'Asie, où il vivait près de Caïus auquel il est proposé pour modèle, Démétrius aurait été envoyé, par l'un des successeurs de saint Pierre, évangéliser les Gaules, avec un grand nombre d'hommes apostoliques. Après avoir prêché pendant quelque temps à Vienne des Allobroges, notre saint se rendit à Gap où il se fixa pour répandre les lumières de la foi dans les populations nombreuses des Alpes.

Ces peuples barbares et superstitieux se laissent toucher par les exemples et les paroles du saint apôtre; ils abandonnent le sensualisme le plus grossier pour pratiquer les pures vertus du christianisme. Cette Église naissante retrace l'image des Églises fondées par les Apôtres mêmes. Les fidèles n'ont plus qu'un cœur et qu'une âme pour s'aimer et se secourir, et qu'un seul désir, celui de verser leur sang pour l'exaltation de leur foi.

Le saint pasteur prit un soin particulier de la jeunesse et mit tout en œuvre pour préserver de la contagion du siècle cette tendre portion de son troupeau, ce qui lui valut le glorieux titre de *Gardien de l'innocence*, comme on le voit dans la prose que chantait en son honneur l'antique Église de Gap :

Speculum munditiæ
Custos innocentiæ,
Et sancti flos pudoris,
Stupor dæmonum
Medela languentium.

Les prêtres des idoles, effrayés des progrès de la religion de Jésus-Christ qui va s'établir sur les ruines du paganisme, trament la perte de notre pontife ; ils courent se jeter aux pieds de Simon, préfet de la cité. Ils lui représentent qu'au grand mépris des dieux de l'empire, toute la ville et la contrée se sont converties au christianisme, et qu'on ne tardera pas à occuper le temple pour y faire les cérémonies du nouveau culte. Le gouverneur ne sait d'abord quel parti prendre; mais les plaintes devenant plus vives et les murmures plus menaçants, il se décida à condamner à mort Démétrius.

Le saint confesseur est arrêté, on le jette dans les fers, on exerce sur lui mille cruautés, et enfin il est condamné à avoir la tête tranchée sur le lieu même où l'on avait coutume de faire mourir les grands criminels, c'est-à-dire, hors des murailles de la ville. Si l'on en croit une tradition qui s'est perpétuée jusqu'à nos jours, Démétrius, comme un autre saint Denys, se releva de terre, prit sa tête entre les mains, et la porta jusque dans la ville. Un ancien tableau, encadré au premier pilier de la cathédrale de Gap, à gauche de la porte en entrant, retrace ce fait merveilleux et donne la date de l'an 86. Il est bien certain que Dieu a pu faire ce miracle pour manifester la sainteté de son serviteur, mais il n'y a absolument sur ce point aucune preuve positive. Du reste, dans le moyen âge, on caractérisait assez fréquemment de cette manière les martyrs qui avaient subi la décollation. Une ancienne tradition atteste que saint Démétrius subit le martyre sur une petite hauteur, où fut plus tard bâtie une église dédiée à saint André, dont il ne reste plus que quelques ruines et le cimetière. C'était dans cette église, tant qu'elle a subsisté, que les évêques de Gap, avant de prendre possession, prêtaient serment entre les mains des autorités de la ville. Depuis sa destruction, cette cérémonie avait lieu à la barrière de la porte Lignole.

Le corps du pontife martyr fut conservé dans l'église de Saint-Jean-le-Rond, autrefois temple payen dédié à tous les dieux, où il avait été d'abord déposé et où l'on continua de le vénérer jusqu'aux temps des guerres de religion, époque où les édifices religieux furent pillés et démolis de fond en comble. Pierre Paparin de Chaumont, évêque de Gap, transporta les reliques de saint Démétrius à la Baume-lès-Sisteron, pour les soustraire à la fureur des ennemis; son successeur, Charles-Salomon du Serre, à la faveur des différents traités, parvint à procurer un peu de calme aux catholiques fidèles, et crut pouvoir, en 1616, rapporter à Gap ces précieuses reliques, où elles restèrent exposées à la vénération publique jusqu'en 1692. Mais au mois de septembre de cette même année, les troupes du duc de Savoie envahirent et brûlèrent la ville de Gap. Les reliques de saint Démétrius avaient été retirées de leur châsse par Alexandre de Velènes du Ronseray, vicaire général du diocèse; Jean de Ricou, chanoine, et Jean Thomé, bénéficier, et cachées sous le pavé derrière le maître-autel de la cathédrale. Le 9 novembre suivant, Charles-Bénigne Hervé, évêque de Gap, les fit exhumer. Les reliques de saint Démétrius furent aussitôt placées dans un coffret en bois de noyer, orné de dorures et de dessins de marqueterie. On lisait sur le couvercle, en lettres gothiques, ces paroles : *Hic reconduntur reliquiæ S. Demetrii Pontificis Vapincensis*, avec le millésime MDCLXXXXII (Ici sont renfermées les reliques de saint Démétrius, évêque de Gap. 1692).

Elles furent ainsi vénérées jusqu'en 1764. A cette époque, la liturgie en France subissant de regrettables mutilations, le culte de saint Démétrius, évêque de Gap, fut remplacé dans le nouveau Bréviaire par celui de saint Démétrius, soldat, et les reliques du saint pontife furent déposées dans une armoire au-dessus de la porte de la sacristie de la cathédrale. Ce n'a été que près d'un siècle plus tard, le 20 avril 1845, que Mgr Jean-Irénée Depéry, après avoir reconnu les actes authentiques dont les reliques étaient encore revêtues; après avoir retrouvé, sur les quatre faces du coffret dont nous avons parlé, les sceaux de l'évêque imprimés en cire rouge et très-bien conservés, fit dresser procès-verbal de l'invention de ces reliques. Puis, le 29 septembre de cette même année, il rétablit, par un mandement solennel, le culte du glorieux fondateur de l'Eglise de Gap, et en fixa la fête au 26 octobre, sous le rit *double-majeur*, jour auquel cette fête était célébrée dans le diocèse, suivant tous les anciens Bréviaires et Missels à l'usage de cette Église.

Les ossements de saint Démétrius furent processionnellement portés dans les rues de Gap et déposés à la cathédrale le 26 octobre 1845. Une excavation fut pratiquée dans le tombeau du maître-autel, et c'est là que cette précieuse relique repose. Le Ménologe des Grecs et de fort anciens martyrologes indiquent au 26 octobre la fête du premier évêque de Gap.

2. — SAINT TIGRIS ou TIGIDE,

3. — SAINT REMEDIUS,

4. — SAINT ÉRÉDIUS,

5. — SAINT TERRITE,

honorés le 3 février, martyrs du IIIe au Ve siècle.

Suivant Artus de Lionne, évêque de Gap, de 1637 à 1661, et qui, selon Chorier, est le premier qui ait travaillé à l'histoire de ses prédécesseurs, sur les titres conservés dans les archives de son évêché, s'exprime ainsi, au sujet des quatre prélats dont nous donnons ici la vie; « ces quatre évêques vécurent longtemps avant saint Constantin, à l'époque des persécutions violentes, et comme saint Démétrius, ils souffrirent le martyre; mais on connaît fort peu les actes de leur apostolat. Ils sont mentionnés dans un ancien Bréviaire de Gap, manuscrit qui date du 19 février 1393, et qui, dans son calendrier, au 3 février, porte : *Blasii martyris, IX lectionem, Vapinci, Tigris, Remedii, Eredii atque Territi, martyrum commemoratio*. Les Missel, Diurnal et Bréviaire imprimés par Bertrand de Champsaur, en 1499, à l'usage de l'Eglise et du diocèse de Gap, mentionnent également ces saints prélats. On a encore un Missel de Gap, du commencement du quatorzième siècle, qui contient la messe de ces quatre saints, avec des oraisons propres. »

Voici ce que nous apprend de ces pontifes André du Saussay, évêque de Toul, dans son grand Martyrologe gallican :

Saint Tigris ou Tigide remplaça l'illustre saint Démétrius sur le siége épiscopal de Gap. Il endura le martyre après avoir longtemps gouverné cette Eglise et avoir travaillé avec beaucoup de soin et de zèle au salut de son troupeau. Saint Reme-

dius, son successeur immédiat, marcha entièrement sur ses glorieuses traces; et, ayant donné des marques divines de sa haute perfection, et opéré des fruits abondants de salut dans les cœurs, par sa vigilance vraiment pastorale, il fut enlevé à la tendresse et à l'admiration de son cher troupeau.

Les reliques de saint Tigris et de saint Remédius furent conservées dans l'Eglise de Gap jusqu'au commencement du XIIIe siècle. A cette époque, des croisés revenant de Constantinople et rapportant le corps de saint Germain, patriarche de cette ville et martyrisé sous le règne de Léon l'Isaurien, pour la défense des saintes images (630), reçurent à Gap le corps de saint Remédius. Ces ossements sacrés, nous disent les chroniqueurs de ce temps-là, furent réunis à ceux de saint Germain, renfermés dans une riche châsse en argent et déposés dans l'église de Bort, petite ville sur les confins de l'Auvergne et du Limousin, aujourd'hui du diocèse de Tulle.

Parmi ces ossements, il s'en trouvait deux plus grands que les autres et qui paraissaient n'appartenir ni au corps de saint Germain, ni à celui de saint Remédius. Quelques auteurs en ont conclu que ce pouvait bien être une partie des reliques de saint Tigris, aussi enlevées par les croisés à leur passage à Gap.

Le culte des reliques de saint Germain et de saint Remédius fut bientôt célèbre dans l'Auvergne et le Limousin, et devint très-populaire; une fête solennelle fut instituée en l'honneur de ces saints, pour lesquels Bort oublia son ancien patron, saint Antoine.

La révolution de 1793 dispersa les ossements de saint Germain et de saint Remédius. Quelques parcelles ont pu échapper à cette tourmente, et lorsque un peu de calme se fut fait, la ville de Bort réinstalla ses grands patrons dans leur église, et la fête accoutumée s'est de nouveau célébrée.

En 1845, Mgr Jean-Irénée Depéry fit part à Mgr l'évêque de Tulle, du désir de recouvrer au moins quelques parties de ces précieuses reliques, et il en reçut une parcelle considérable qui, depuis, est exposée dans l'église cathédrale de Gap, à la vénération des fidèles.

Nous ferons encore remarquer que dans le Martyrologe de Chatelain, au 1er et au 3 février, saint Erédius et saint Territe ne sont qu'un même personnage, et que ces évêques avaient été retranchés du Bréviaire de Gap, par Pierre Annet de Pérouse, en 1764. Un ancien manuscrit porte que saint Remédius souffrit le martyre sous Trajan, et par conséquent avant 117. Ce fait nous semble plus que douteux, et nous ne pensons pas que Gap ait eu des évêques avant le IVe siècle ou le commencement du Ve.

Voici l'oraison qu'on trouve dans les Bréviaires et Missels de Gap des XVIe et XVe siècles : *Deus, qui nos concedis sanctorum martyrum tuorum Tigris, Remedii, Eredii, Territi, atque Blasii, natalitia colere, da nobis in æternâ beatitudine de eorum societate gaudere.* O Dieu, qui, par une faveur particulière, nous accordez la grâce de célébrer l'entrée dans le ciel de vos saints martyrs Tigris, Remédius, Erédius, Territe et Blaise, faites-nous celle de leur être unis dans la béatitude céleste.

6. — SAINT CONSTANTIN (vers 430-vers 456).

Quoi qu'en dise l'auteur du Bréviaire de Gap, en 1764, ce prélat n'est point le même que saint Constance, car il faudrait en rapprochant les dates, lui supposer un épiscopat de 90 ans, ce qui n'est pas vraisemblable.

L'Eglise de Gap avait eu à souffrir de cruelles persécutions des empereurs et, plus tard, des troubles causés par les Ariens. Le désordre fut général et la désolation profonde. La tradition interrompue ne jette sur ces temps-là que de faibles et rares lueurs; nous ignorons aujourd'hui si le siége de Gap demeura vacant depuis saint Territe, martyr, jusqu'à saint Constantin, ou si, dans ce long intervalle, il fut occupé par des évêques dont les noms ne sont pas parvenus jusqu'à nous.

Les temples, dit saint Prosper, *furent brûlés*, *les vases profanés*, *les vierges et les veuves déshonorées*, *les enfants égorgés dans l'âge le plus tendre*, *les solitaires massacrés dans leurs grottes*, *les évêques et les autres pasteurs enlevés à leurs ouailles, chargés de chaînes, frappés à coup de fouet et jetés dans le feu.* Or, en l'année 433, ce torrent dévastateur pénétra jusqu'au sein des montagnes les plus reculées. Embrun fut attaqué et ne dut son salut qu'à un miracle; les villes et les contrées voisines furent ravagées.

Au milieu de tant de ruines, Constantin, sans perdre courage, redoubla ses efforts pour réparer ces désastres. Le ciel le récompensa, l'Église de Gap eut infiniment moins à souffrir que sa métropole; pour régénérer son diocèse, ce prélat chercha à s'attacher son clergé et à lui inspirer l'amour des vertus sacerdotales. D'après tous les historiens ecclésiastiques, Constantin ne pouvant pas se rendre, le 29 novembre 439, au concile de Riez, s'y fit représenter par Vincent, un des prêtres les plus distingués de l'Église de Gap. Il assista, en personne, au concile d'Orange, tenu le 5 novembre 441. Seize évêques, ainsi que le député d'un évêque absent, s'y trouvèrent réunis; il y fut dressé trente canons qui ont joui d'une grande autorité dans l'Église.

L'année suivante, le 13 novembre 442, saint Constantin se rendit à un nouveau concile tenu à Vaison. On y dressa dix canons, parmi lesquels on remarque ces deux-ci :

« Les prêtres et les diacres ne s'adresseront qu'à l'évêque pour avoir le saint-chrême, ce qu'ils feront vers la fête de Pâques, par eux-mêmes ou du moins par un sous-diacre. »

« On doit excommunier ceux qui retiennent les legs pieux que les fidèles, en mourant, ont faits à l'Église, et les regarder comme homicides des pauvres. »

Saint Hilaire, métropolitain d'Arles, par des démarches précipitées, s'était attiré des reproches du pape saint Léon; ensuite, sans croire outre-passer ses droits et les prérogatives de son Eglise, ce prélat avait fait quelques ordinations dans les provinces de Narbonne et de Vienne; ce qui acheva de le perdre auprès de l'illustre Pape. Indigné de ce qu'il croyait et appelait la résistance d'Hilaire, Léon voulut faire un exemple : il priva l'Eglise d'Arles de son ancien droit d'église métropolitaine. Ce décret fut pour saint Hilaire un coup de foudre. Il se mit de suite en devoir d'adoucir le souverain Pontife par son humble obéissance et par une députation d'évêques. En même temps saint Constantin, qui connaissait la droiture et le désintéressement d'Hilaire, engagea les autres évêques à se joindre à lui pour écrire une lettre à saint Léon en faveur de leur métropolitain ou primat. Cette lettre fut très-bien accueillie, le Pape y eut égard et se calma. La conduite de l'évêque de Gap en cette circonstance consola beaucoup saint Hilaire; malheureusement, il ne put pas en témoigner longtemps sa reconnaissance à son ami qui mourut le 5 mai 449. Avant sa mort, l'illustre évêque d'Arles, dans une révélation, avait connu que le prêtre Ravennius devait le remplacer. L'Eglise d'Arles le nomma pour occuper le siége; et Constantin, comme le plus ancien évêque de la province, présida à l'ordination de Ravennius.

De concert avec ses collègues, le pieux pontife informa saint Léon de toutes ces choses, et le Pape leur répondit par des félicitations. Sa lettre, en date du 22 août 449, est adressée à douze évêques, parmi lesquels saint Constantin, évêque de Gap, est nommé le premier. « Nous confirmons, y est-il dit, par notre jugement, la bonne œuvre que vous avez faite, en ordonnant évêque d'Arles, à la place d'Hilaire de sainte mémoire, un homme qui nous est aussi agréable que l'est notre frère Ravennius. »

Un nouveau conflit de juridiction ne tarda pas à s'élever entre Ravennius et le métropolitain de Vienne. Les évêques de la province d'Arles, sous la présidence de Constantin, adressèrent une requête au souverain Pontife, dans laquelle, après avoir fait l'éloge de Ravennius qui était inculpé, ils conjurent saint Léon de rendre à l'Eglise d'Arles les priviléges qui lui avaient naguère été enlevés. Le prêtre Pétrone et le diacre Rieul portèrent cette lettre à saint Léon, qui y fit une réponse datée du 5 mai 450. Elle est adressée à dix-neuf évêques. Le Pape partage le différend, il ordonne que l'évêque de Vienne soit métropolitain de quatre Eglises, savoir : de Valence, de Tarentaise, de Genève et de Grenoble, et que les autres villes de la province romaine soient soumises à l'évêque d'Arles. En envoyant cette décision aux évêques des Gaules, le Pape y joignit une copie de la lettre dogmatique qu'il avait écrite à Flavien de Constantinople, sur le mystère de l'Incarnation. Ravennius fut chargé de la notifier aux autres évêques; ces derniers ne publièrent leur adhésion que l'année suivante en assemblée générale. Saint Constantin prit une très-grande part à cette admirable réponse adressée au pape saint Léon. En 455, s'ouvrit le troisième concile d'Arles, mais notre pontife n'y parut point. On peut donc présumer que son grand âge et ses infirmités ne lui permettaient plus alors de quitter sa ville épiscopale. Ce fut aussi probablement vers cette époque qu'il termina paisiblement sa carrière, on ne connaît pas la date précise de sa mort. Cet évêque est mentionné au 12 avril dans le Martyrologe romain et par tous les autres hagiographes. Les noms de ses successeurs pendant 80 ans nous sont inconnus.

7. — SAINT CONSTANCE ou CONSTANT

(vers 515-535).

Constant que l'on a confondu à tort avec Constantin, l'un de ses prédécesseurs souscrivit aux actes du concile d'Epaone réuni du 6 au 15 septembre 517, par saint Avit, métropolitain de Vienne, du temps de Sigismond, roi des Bourguignons, auquel les Gapençais obéissaient alors. Nous trouvons sa signature ainsi formulée : *Constantius in Christi nomine Episcopus civitatis Vapincensis relegi et subscripsi die et consule suprascripto :* Moi, Constant, au nom du Christ, évêque de la ville de Gap, j'ai relu et souscrit, au jour et sous le consul sus-désigné.

Il se trouva également, le 6 juin 524, au 4e concile d'Arles assemblé dans les états de Thierri, à qui Gap s'était depuis soumis. Bien que sa signature ne fasse pas mention de son siége, il est fort présumable que c'est lui qui assista au concile tenu à Carpentras, le 6 novembre 527, contre Agrèce d'Antibes, qui avait violé un canon promulgué au concile d'Epaone, touchant l'ordination des prêtres; cet évêque fut privé, pendant un an, de la célébration des saints mystères.

Notre prélat se rendit aussi au 2e concile d'Orange tenu le 31 juillet 529, contre le semi-pélagianisme et l'hérésie prédestinatienne. On ignore la date de la mort de saint Constant.

8. — VALÉSIUS ou VELLESIUS (vers 539-560).

Sa présence est constatée au quatrième concile d'Orléans tenu en 541, où les évêques de toutes les Gaules s'y rendirent, excepté ceux des deux provinces Germaines, des deux Belgiques et ceux du royaume de Clotaire, parce que ce prince n'était pas en parfaite amitié avec les autres rois, ses parents. Valésius y souscrivit comme évêque, avec les autres prélats. La fixation de la Pâque en fut l'objet principal. Le premier canon porte qu'on célébrera la Pâque selon le cycle de Victorius, et que, s'il s'élève quelque nouveau doute à cet égard, les métropolitains consulteront le Saint-Siége.

Valésius assista aussi au cinquième concile d'Orléans, dont les canons, au nombre de vingt-quatre, furent signés le 28 octobre 549. On s'y occupa beaucoup de la discipline ecclésiastique. Ces canons furent souscrits par cinquante évêques présents et par les délégués de vingt et un absents.

D'après le Livre des Annales des Capucins de Gap, Valésius aurait assisté, le 29 juin 554, au concile réuni à Arles par Sapaudus, métropolitain de cette ville; on y fit sept canons. Il s'était trouvé aussi au deuxième concile de Paris qui, en 552, prononça la déposition de Suffarac, évêque de cette ville, pour avoir violé les canons du concile d'Orléans de l'an 549, auquel il avait assisté et souscrit. Le prélat s'avoua lui-même coupable, et on le renferma dans un monastère. D'après des notes manuscrites, Valésius mourut vers l'an 560.

9. — SAGITTAIRE (vers 560-585).

Sagittaire était frère de Salonius, archevêque d'Embrun; il avait été élevé avec lui par saint Nicet, évêque de Lyon; mais ni l'un ni l'autre ne ressemblèrent à cet illustre prélat qui les avait ordonnés diacres, trompé par un masque de vertu dont l'hypocrisie ne se pare que trop souvent pour parvenir aux honneurs de l'Eglise. Le masque tomba dès qu'ils eurent été promus à l'épiscopat. Leur ambition satisfaite laissant alors agir leurs autres passions qu'elle avait retenues pour ses intérêts, ils s'y livrèrent sans même conserver les bienséances que l'honneur fait souvent garder aux plus vicieux, et l'on vit dans ces deux frères, trop semblables l'un à l'autre, une alliance bien monstrueuse de brigandages, de meurtres et d'adultères avec le ministère le plus saint. Un jour, entre autres, que Victor, évêque de Saint-Paul-Trois-Châteaux, célébrait avec ses amis l'anniversaire de sa naissance, ces deux évêques envoyèrent une troupe de gens armés d'épées et de flèches qui se jetèrent sur lui, déchirèrent ses habits, frappèrent ses serviteurs et emportèrent la vaisselle avec tout ce qui était préparé pour le festin. Victor porta au roi Gontran ses plaintes d'une pareille violence, et ce prince, qui aimait beaucoup l'ordre, fit assembler à ce sujet, en 566, un concile à Lyon, qui était le deuxième tenu en cette ville; il était composé de huit évêques présents, et des députés de six autres absents. Saint Philippe de Vienne le présida avec saint Nicet de Lyon, Salonius et Sagittaire, justement accusés et convaincus de ce crime et de plusieurs autres, furent déposés et déclarés indignes de l'épiscopat. Nés avec des inclinations guerrières, tous deux, au printemps de l'an 572, se trouvèrent à la bataille livrée aux Lombards par le patrice Mummole et avaient tué plusieurs ennemis de leur propre main.

Après leur condamnation, Salonius et Sagittaire allèrent se jeter aux pieds du roi Gontran, se plaignant de ce qu'ils avaient été injustement déposés, et demandèrent avec instance qu'il leur fut permis de recourir au Pape. Le roi consentit à une proposition si conforme à l'équité et à la bonté qui faisaient le fond de son caractère, et il leur donna même des lettres de recommandation pour le pape Jean III, qui reçut favorablement les deux évêques qu'il ne connaissait pas assez. Sur l'exposé qu'ils lui firent, il écrivit au roi en leur faveur et ordonna qu'ils fussent rétablis sur leur siége : ce que le roi fit exécuter, après leur avoir fait néanmoins une vive réprimande. Mais l'impunité sembla inspirer une nouvelle audace à Salonius et à Sagittaire. Ils portaient publiquement des armes comme des laïques et l'on eût dit qu'ils rougissaient de l'épiscopat qui rougissait d'eux.

Gontran ayant reçu de nouvelles plaintes de leurs diocésains à qui ils faisaient donner des coups de bâton jusqu'au sang, leur envoya l'ordre de se rendre à sa cour. Sagittaire s'étant présenté à l'audience, le prince, qui voulait le mortifier, refusa de lui parler; ce refus mit l'évêque de Gap en une telle fureur, qu'oubliant ce qu'il devait à son caractère, et à la dignité royale, il vomit d'atroces injures contre le roi, osant même dire que les enfants que ce prince avait eus d'une femme de basse naissance qu'il avait épousée, étaient incapables de lui succéder. Gontran, outré de cette insulte, fit enfermer les deux frères dans des monastères séparés avec défense de les laisser parler à personne. Ils y firent quelque temps une pénitence forcée que la bonté du roi leur abrégea encore. En sortant de prison, Salonius et Sagittaire parurent d'autres hommes, on les vit pendant quelque temps joindre le jeûne à la prière et se rendre assidus au chœur. Ils avaient tous les dehors de la vertu, mais dehors trompeurs et qui se démentirent bientôt, parce qu'ils n'étaient pas soutenus de l'intérieur. Ces deux évêques trouvèrent qu'il en coûte trop pour faire l'homme de bien quand on ne l'est pas, et ils se replongèrent dans leurs premiers désordres avec plus de scandale qu'auparavant. Tandis qu'ils se reposaient sur leur clergé du soin de célébrer l'office divin, ils passaient une partie de la nuit à boire, et s'abandonnaient à la débauche avec des femmes perdues. Ils se livraient ensuite au sommeil jusqu'à neuf heures du matin, et à peine étaient-ils levés qu'ils se remettaient à table jusqu'au soir. Une vie si licencieuse ne justifiait que trop la sévérité du concile de Lyon ; elle fit connaître au roi Gontran que sa bonté avait surpris son zèle et sa justice. Il fit donc assembler, en 579, à Châlon-sur-Saône, un nouveau concile qui, en déposant une seconde fois ces deux évêques, les condamna à une prison perpétuelle; ils furent renfermés dans le monastère de Saint-Marcel, près de Châlon. Outre les crimes d'homicide et d'adultère dont ils étaient convaincus, on les accusa encore de trahison et de lèze-majesté. Quoi qu'il en soit de ces derniers griefs, leur réclusion ne fut pas de longue durée, ayant trouvé l'un et l'autre le moyen de s'évader; mais ils ne purent recouvrer leurs siéges qu'on avait remplis. L'histoire ne nous a point transmis quel fut le sort de Salonius, mais on sait que Sagittaire, s'étant attaché à Gondebaud, qui se disait fils du roi Clotaire, périt misérablement et eut la tête tranchée par quelqu'un de ses ennemis, en 585, au pied des Pyrénées, avec le patrice Mummole, félon comme lui.

10. — SAINT AREY ou ARIGE (579-604).

Arey, en latin *Aregius* et *Aridius*, naquit à Châlon-sur-Saône vers l'an 535 d'une noble famille gallo-romaine. Dès l'âge de deux ans, il fut offert à Dieu devant l'autel de la cathédrale de Châlon par Apocrasius son père et par Simpronia sa mère. Les Bollandistes prétendent que ses parents s'étant ensuite retirés en Auvergne, saint Didier, évêque de Clermont, le reçut avec joie et l'éleva soigneusement dans les lettres et dans la piété. Nous croyons qu'il ne quitta pas son pays natal, et que saint Didier, alors évêque de Châlon, le baptisa et fit son éducation.

Chorier, dans son livre de l'*État politique de la province du Dauphiné*, dit toutefois qu'il fut l'élève de saint Didier, archevêque de Vienne.

Quoi qu'il en soit, sa haute intelligence et la pureté remarquable de ses mœurs le firent élever au sacerdoce et nommer curé desservant du village de Moroges près de Châlon. Les Bollandistes l'ayant fait retirer en Auvergne, l'indiquent comme curé de Morges à cinq lieues de Clermont. Juvénis, historien de mérite, et d'autres graves écrivains, d'accord avec Chorier, prétendent qu'il s'agit de Morges en Trièves, à la jonction de la Bonne et du Drac, où les ducs de Bourgogne possédaient d'immenses domaines. Cette dernière opinion paraît plus probable à Mgr Depéry dans son *Histoire hagiologique du diocèse de Gap*. En effet, dit ce savant prélat, issu d'une noble famille du royaume de Bourgogne, illustre par son savoir et par son zèle, Arey dut fixer de bonne heure sur lui l'attention et les faveurs de ses souverains naturels.

Ainsi, on explique comment les habitants de la contrée et le clergé du diocèse, témoins, pour ainsi dire, des travaux d'Arey et conduits par la bonne odeur de ses vertus, iront, dans ce lieu voisin, lui proposer le gouvernement de l'Église de Gap, et comment plus tard, la reconnaissance lui fera dédier, non loin de Morges en Trièves, une église où son culte s'est perpétué jusqu'à nos jours.

Quatorze ans se passèrent dans l'exercice de ce saint ministère, quand les vœux du clergé et des habitants du diocèse de Gap l'appelèrent, en 579, à succéder à Sagittaire. On ne pouvait faire un meilleur choix pour réparer les scandales de son prédécesseur; car il y a toujours bien à travailler auprès d'un troupeau qui a été conduit par un mauvais pasteur. Arey ne se décourage pas, il met la main à l'œuvre, il cherche à ramener au bercail les brebis égarées; il veut, avant tout, procurer de bons pasteurs aux églises; voilà pourquoi il fait de sa maison épiscopale un séminaire où les jeunes clercs sont élevés dans la science et dans la piété ecclésiastique. Arey avait donné un tel éclat à l'école de Gap, que les jeunes lévites y accouraient de préférence, de l'Italie et de toutes les provinces du royaume de Bourgogne. Saint Attale, disciple de saint Colomban, et qui lui succéda en qualité d'abbé dans les abbayes de Luxeuil et de Bobio, était un élève de saint Arey.

Infatigable dans ses devoirs, Arey annonçait souvent la parole de Dieu et soutenait ses instructions par ses exemples; il visitait avec le plus grand soin toutes les églises de son diocèse et portait partout la consolation.

Il assista au concile tenu à Valence le 23 mai 584, assemblé par l'ordre de Gontran, roi de Bourgogne, et qui devait être présidé par Sapaudus, évêque d'Arles. L'année suivante, il fut présent au concile de Mâcon tenu le 23 octobre 585. Quarante-trois évêques, dont quinze sont réputés saints et honorés d'un culte public, s'y trouvèrent réunis.

Dieu opéra en sa faveur plusieurs miracles qu'on peut lire dans les Bollandistes, au 1er mai, nous n'en citerons qu'un : Un jour qu'il naviguait sur la Durance, le bateau qui le portait se brisa contre un rocher. Mais le saint évêque trouva pied sur cette roche cachée sous l'eau et y demeura ferme avec son diacre Janvier, malgré la furie des vagues. Ceux qui étaient sur le rivage, voyant en quel péril il était, jetaient des cris lamentables. Arey, au contraire, entonna ce verset du psaume 39 : *Expectans expectavi Dominum et intendit mihi, et exaudivit preces meas, et eduxit me de lacu miseriæ et de luto fæcis, et statuit super petram pedes meas*... « J'ai attendu constamment le secours du Seigneur, et il a jeté sur moi un regard favorable, et il a exaucé mes prières, il m'a tiré d'un profond bourbier, et mes pieds ont été affermis sur la pierre. »

Arey était lié d'amitié avec les plus saints évêques de France, et plus particulièrement avec le pape saint Grégoire le Grand, qui lui adressa plusieurs lettres, car le bruit de la renommée l'avait exalté dans la ville sainte; on y parlait de ses miracles et surtout de son institution pour les jeunes clercs; aussi lorsque notre prélat voulut aller lui-même rendre compte de sa gestion épiscopale au chef suprême de l'Église, saint Grégoire le reçut avec des marques de la plus grande affection. Entre eux, ni le temps, ni la distance des lieux n'amenèrent l'oubli. Ils se le diront dans des lettres pleines de tendresse; ce sera en toute sincérité que le grand Pape écrira à l'humble évêque de Gap, ces charmantes paroles : « Que de leurs deux cœurs, l'amitié n'en fait qu'un. *Quia de duobus caritas unum fecit.* » Il en est une notamment, l'épitre 107 du 9e livre, qui est une lettre de consolation sur la mort de quelques-uns de ses parents. Le souverain Pontife y parle en des termes qui montrent bien la tendre amitié et la singulière estime qu'il avait pour saint Arey. Il compâtit à sa douleur, et au milieu de ses nombreuses occupations, il trouve quelques instants pour écrire à celui qu'il craint de voir succomber sous le poids accablant de son chagrin. Nous ne pouvons résister au désir de donner une traduction même imparfaite de cette admirable lettre :

« *Grégoire à Arey, évêque des Gaules.*

» L'amitié n'a fait qu'une âme de la vôtre et de la mienne; aussi mon cœur, qui souffre des souffrances du vôtre, a-t-il vivement ressenti l'affliction que vous a causée la mort des membres de votre famille. Cependant je me suis consolé au souvenir de la sagesse de vôtre fraternité; je suis certain que vous supporterez cette affliction avec patience, et que l'espérance de l'autre vie séchera les larmes que l'affection vous a fait verser. Que votre cœur ne soit donc plus dans la tristesse! Nous ne devons pas pleurer si longtemps ceux que nous savons être arrivés, par la mort, à une véritable vie.

» Ils peuvent s'abandonner à une inconsolable douleur, ceux qui ne croient pas à cette autre vie, qui n'espèrent pas des jours meilleurs après les jours de cette terre. Mais nous qui croyons à son existence, qui l'espérons et l'enseignons aux autres, nous ne devons pas nous attrister à l'excès du départ de nos proches pour la céleste patrie. Une longue et inconsolable douleur peut être, chez les autres, une marque de tendresse, chez nous, ce serait une faute, un manque de confiance; l'apôtre saint Paul ne nous dit-il pas : « Mes frères, nous ne voulons pas que vous ignoriez ce que vous devez savoir touchant ceux qui dorment, afin que vous ne vous en attristiez pas comme font les autres qui n'ont point d'espérance. »

» Au lieu donc de pleurer les morts, il vaut mieux, frère bien-aimé, nous occuper des vivants, pour leur être utiles par nos avis, nos exhortations, nos consolations et les marques de notre amour. Travaillons sans relâche à animer les bons, à reprendre les méchants, à rendre humbles les orgueilleux, à adoucir ceux qui sont irrités, à aiguillonner les paresseux et les lâches, à ramener ceux qui sont tombés dans le découragement et le désespoir. On nous donne le nom de guides, marchons donc en tête dans la voie du salut; veillons avec sollicitude sur le troupeau qui nous est confié, afin d'en éloigner tous les piéges de l'ennemi, et si parfois une de nos brebis s'égare dans les sentiers de l'erreur, ne négligeons rien pour la faire rentrer dans la bergerie du Seigneur, afin que notre titre de pasteur soit le titre de notre gloire et non celui de notre confusion. Pour cela le secours de la grâce nous est nécessaire; implorons chaque jour, dans nos prières, la clémence du Dieu tout-puissant, afin qu'il nous accorde et la volonté et le pouvoir d'accomplir nos devoirs, qu'il dirige nos pas dans la pratique des bonnes œuvres, vers cette vie que le Pasteur des pasteurs nous a promise, et qu'ainsi nous puissions tout avec le secours de Celui sans lequel nous ne saurions rien entreprendre.

» Notre commun fils, le diacre Pierre, nous a dit que votre fraternité avait sollicité, pendant qu'elle était ici, la prérogative de porter la dalmatique. Mais, comme la nouvelle de la maladie de vos proches et la douleur que vous en éprouviez, vous ont forcé de partir à la hâte et ne vous ont point permis de poursuivre vous-même, ici, l'objet de votre demande, ainsi qu'il était convenable et que la chose en elle-même l'exigeait; et que, d'un autre côté, trop occupé nous-même par les soins incessants du gouvernement de l'Église, nous ne pouvions tout d'abord, et sans un examen préalable, vous accorder ce nouveau privilége, de ces diverses circonstances est résulté nécessairement le retard qu'a éprouvé votre demande. Aujourd'hui donc, en considération de vos mérites, nous vous l'accordons à vous et à votre archidiacre. Nous avons remis à notre fils bienaimé, l'abbé Cyriaque, les dalmatiques dont vous ferez usage.

» Nous venons d'ordonner à Siagrius d'Autun, notre frère et notre coévêque, d'assembler un concile pour condamner l'hérésie simoniaque; notre désir est que vous y assistiez; comme aussi nous vous chargeons de revêtir cet évêque du *pallium* que nous vous transmettons; mais exigez de lui, auparavant, la promesse formelle, qu'il fera porter dans ce concile, une décision contre la simonie déplorable qui désole l'Église.

» Vous nous ferez connaître vous-même, secrètement et par écrit, tout ce qui se sera passé au sein du concile; parce que, connaissant parfaitement votre sainteté, nous serons sûr d'avoir été exactement renseigné. »

Cette lettre fut un baume de consolation au cœur affligé de saint Arey, elle montre encore la haute estime de saint Grégoire pour l'évêque de Gap; il est vrai que ce grand Pape avait dit, pendant le séjour du prélat à Rome, qu'il n'y avait point en Occident d'évêque comparable à celui de Gap. On croit que saint Arey fut le premier dans les Gaules qui reçut la permission, lui et son diacre Valaton, de porter la dalmatique. S'il fut ainsi honoré, ce ne fut pas à cause de la dignité de son siége, mais bien en considération de ses mérites; et le Pape ajouta à cette bonté celle de lui faire parvenir cette marque de distinction, par l'abbé Cyriaque, son légat dans les Gaules et dans l'Espagne.

Arey s'empressa d'exécuter les ordres du souverain Pontife, et de revêtir du *pallium* l'évêque d'Autun; ce dernier conçut pour l'évêque de Gap une estime encore plus grande et devint son ami intime. Malgré le zèle de ces deux évêques et de plusieurs autres prélats très-distingués, le concile tant désiré par le Pape se trouva retardé à cause des guerres que se faisaient les trois rois Francs, et la reine Brunehaut n'en permit l'ouverture qu'en 602.

Après avoir donc attendu plus d'un an, Grégoire eut de nouveau recours à saint Arey; ce qui mérita à celui-ci l'honneur de recevoir une seconde lettre de Sa Sainteté, dans laquelle il est invité à poursuivre l'œuvre commencée.

Notre saint avait déjà écrit au souverain Pontife pour lui apprendre qu'il avait tenté des efforts inutiles. Saint Grégoire insiste plus que jamais et le presse vivement de condamner les abus signalés. A la fin de sa lettre, il lui recommande de recevoir avec bienveillance les moines qu'il envoie, de Rome en Angleterre, vers Augustin, l'apôtre de ces contrées.

Saint Arey saisit avec joie l'occasion qui se présentait de prendre part, par ses bons offices, à une œuvre si excellente que celle de la conversion de tout un peuple. Il fit le plus grand accueil à ces saints missionnaires, au point que ceux-ci en étaient ravis et confus.

Le Pape lui adressa encore, peu de temps après, le prêtre Candide, administrateur général du patrimoine de saint Pierre dans les Gaules. La lettre qu'il lui envoya par ce messager est un éloge complet de notre pieux évêque et de son beau caractère : sainteté personnelle, zèle pour la discipline ecclésiastique, dévouement à la cause générale de la religion, administration sage de son propre diocèse, entremise bienveillante et modérée dans ce qui le touche indirectement; toutes les vertus, toutes les qualités de l'homme et de l'évêque se trouvent louées dans la personne de saint Arey. Dans un de ses voyages à Châlon, il eut l'honneur et le courage de défendre saint Didier, métropolitain de Vienne, accusé par la haine de Brunehaut (603); et n'ayant pu empêcher ni son injuste déposition, ni son exil, il pénétra dans sa prison, le consola par des paroles pleines d'amitié, et releva ses espérances et sa foi en lui racontant que Jésus-Christ avait daigné lui apparaître, et lui montrer la place que lui, Didier, occuperait bientôt dans le ciel. Cette prédiction se réalisa, le courageux métropolitain fut assassiné, quatre ans plus tard, à *Prisciniacum*, aujourd'hui Saint-Didier, sur les bords de la rivière de Chalaronne, dans les Dombes.

A la nouvelle que l'illustre pontife de Rome, Grégoire le Grand, venait de mourir le 10 mars 604, le cœur de notre saint évêque se resserre et se brise; il a ressenti toutes les angoisses qui ont terminé cette vie si chère. Mais la séparation sera courte, le Pape lui avait prédit, en quittant Rome, que Dieu ne tarderait pas de les réunir dans le ciel; bientôt, en effet, il ira rejoindre son ami au séjour des heureux.

Vingt-cinq ans d'épiscopat, un travail pénible, des macérations continuelles, des jeûnes rigoureux, des abstinences de chaque jour, avaient épuisé les forces et usé la vie du saint évêque de Gap.

Une longue et douloureuse maladie le prépara au suprême passage. Il entrevoyait sa fin sans crainte; affligé de ne pouvoir célébrer les saints mystères pour se nourrir du pain des anges, il tâchait d'y suppléer par l'ardeur de ses vœux et répétait souvent avec une confiance filiale : « *O bon Jésus, mon Sauveur, ne livrez pas au démon une âme qui vous confesse, et qui vous a toujours invoqué depuis qu'elle est dans ce corps mortel.* » Sentant son heure s'approcher, il se fit dépouiller de ses habits et porter à l'église devant l'autel de saint Eusèbe; là, revêtu d'un cilice et couché sur la cendre, il reçut le saint Viatique des mains d'Ésychius, évêque de Grenoble, qui s'était rendu à Gap; l'évêque lui présenta le corps du Sauveur, et le prêtre Diconcius, le précieux sang. Après quoi, rempli de la plus douce consolation, il s'écria : « *Je vous rends grâces, Seigneur Jésus, de ce que mon temps d'aller vous voir est arrivé; je suis venu pauvre en ce monde, pauvre je retourne vers vous, ô mon Dieu.* » Il mourut ainsi le 1er mai 604, jour auquel l'Église honora d'abord sa mémoire. Il était âgé de 69 ans.

Le souvenir de son épiscopat s'est conservé à Gap, où un quartier considérable et une rue de la ville portent son nom. La ville de Serres, au diocèse de Gap, le prit, peu de temps après sa mort, pour patron. Une église, dit Juvénis, bâtie au comté de Nice, sur la montagne d'Auron, fut aussi dédiée à saint Arey de Gap; elle appartenait aux Templiers; un concours de fidèles s'y rendait tous les ans, au 1er mai, pour y célébrer la fête du saint confesseur. Le pape Jean XXII, étant à Avignon, donna le 8 avril 1333, une bulle, portant quarante jours d'indulgences à ceux qui, le 1er mai de chaque année, visiteraient pieusement cette église. En date du 12 du même mois, d'autres indulgences furent aussi accordées à cette même église par Bertrand de Deaux, archevêque d'Embrun, devenu cardinal, et par le collége des cardinaux; ceci eut lieu à la prière de Fabri, chanoine d'Embrun et commensal de Sixte IV. Ces priviléges furent renouvelés par une bulle papale du 15 avril 1483, par un bref du sacré collége, le 3 septembre 1506, et enfin par une bulle donnée au Pont-de-Sorgue, aux ides de juillet 1518, en vertu de laquelle François de Clermont, cardinal-prêtre du titre de

Saint-Étienne au Mont-Célius, accorda une autre indulgence de sept ans, à la demande des consuls de Saint-Étienne-de-Théniers, d'où dépendait cette église. A Gap, les reliques du saint pontife furent vénérées jusqu'au moment où elles disparurent dans les bouleversements et les guerres qui désolèrent si souvent ces contrées. En 1030, l'église de Saint-Arey avait été confiée à l'abbaye de Cluny en Bourgogne, par Guillaume II, fils et successeur de Guillaume Ier, comte de Provence. Celui-ci, vainqueur des Sarrasins, avait rendu à l'Église de Gap la plupart des biens qu'elle possédait, mais il s'était réservé l'église de Saint-Arey. En 1070, cette église et ses dépendances furent données, par l'évêque de Gap, aux chanoines réguliers d'Oulx. Plus tard, ces biens furent annexés au doyenné de Gap, et une charge de la prébende était qu'on ferait chaque année une station solennelle à l'église de Saint-Arey. Aussi jusqu'à la révolution française, le chapitre de Gap et tout le clergé, suivis d'un nombreux concours de fidèles, se rendaient en procession tous les ans, après les vêpres de la seconde fête de Pâques, aux ruines de cette ancienne église, vers le nord-ouest de la ville actuelle, et y faisaient mémoire du saint pontife. Aujourd'hui, ce n'est plus qu'un lieu tout profane, rendez-vous ordinaire de la jeunesse de Gap et des environs, le lundi de Pâques.

Mgr Antoine Arbaud, évêque de Gap, parvint, en 1834, à recueillir quelques parcelles des précieuses reliques de saint Arey; il les fit placer au bas d'un buste destiné à cette fin et enfermé dans une niche pratiquée dans le troisième pilier de l'église cathédrale de Saint-Arnoux, à gauche, sur la face qui tourne vers la grande porte. Ces reliques sont exposées à la vénération des fidèles pendant l'octave de la fête de saint Arey, qui se célèbre à Gap le 5 mai, quoique les Bollandistes la rangent sous la rubrique du 1er de ce mois. Le Propre du diocèse de Montpellier l'indique au 14 du même mois.

La réputation de sainteté de saint Arey se répandit non-seulement dans le Dauphiné, mais encore dans la Provence, le Languedoc et le comté de Nice. Plusieurs églises furent élevées en son honneur dans les diocèses d'Embrun, de Grenoble et de Gap. Sa vie était fidèlement représentée sur les murs du presbytère d'Auron. La vie de saint Arey, écrite par un auteur contemporain, a été publiée par le P. Papebroek dans les Bollandistes et par le P. Labbe au tome Ier de sa *Bibliothèque*.

Mgr Depéry, évêque de Gap, jaloux de faire revivre, dans son diocèse, le souvenir si glorieux pour ce pays *de la très-sainte amitié de ces hommes apostoliques, Grégoire le Grand et Arey*, sollicita pour son Église, auprès du souverain Pontife Pie IX, quelque marque de distinction particulière qui, rappelant ce fait, put en consacrer la mémoire. Sa Sainteté accueillit, avec joie et bienveillance, le désir si légitime de ce prélat; et par un bref, donné à Rome, à la date du 16 décembre 1853, Elle voulut bien accorder à l'évêque de Gap, et aux membres du chapitre de la cathédrale, l'insigne privilége de porter à perpétuité, sur l'habit de chœur, et dans l'étendue du diocèse, une décoration dite *de Saint-Grégoire et de Saint-Arey*. C'est une croix d'or, émaillée de bleu au centre, à huit pointes émaillées de blanc, pommetée d'or, bordée de même, cantonnée de quatre colombes aux ailes déployées, aussi d'or; chargée en cœur de l'effigie en or de saint Arey, crossé, mitré et revêtu de ses habits pontificaux, le tout entouré d'un cercle d'or, avec cette légende en lettres noires : SANCTUS ARIGIUS EPISCOPUS VAPINCI. Au revers est l'image de saint Grégoire, en camail et en étole, également en or, recevant les communications du Saint-Esprit qui, sous la forme d'une colombe d'or, semble parler à son oreille. Sur le cercle, on lit ces trois mots, gravés sur l'or, en caractères noirs : SANCTUS GREGORIUS MAGNUS. La croix est entourée d'un ruban d'or, qui enferme les quatre colombes dans ses plis ondoyants, et dont le nœud reçoit un anneau destiné à la suspendre. D'un côté, on lit cette exergue : CAPITULUM ECCLESIÆ VAPINCENSIS, et de l'autre, cette parole du saint Pape à son fidèle ami : NOS DE DUOBUS CHARITAS UNUM FECIT. La croix de Saint-Grégoire et de Saint-Arey est attachée à un grand ruban rouge moiré, bordé d'un liseré jaune, et se porte en sautoir.

11. — VALATON (604-643).

La vie de saint Arey nous apprend que Valaton était archidiacre de Gap, et que saint Grégoire, en lui accordant le privilége de porter la dalmatique, lui prédit qu'il serait le successeur de ce prélat sur le siége de cette ville. Quelques auteurs ont même affirmé que Valaton, dont l'épiscopat s'étendit de l'an 604 à 643, avait été nommé coadjuteur de saint Arey, qui, à son lit de mort, le recommanda d'une manière toute particulière au clergé de son diocèse et aux principaux citoyens de Gap. C'est tout ce qu'on sait de lui.

12. — POTENTISSIME (643 vers 650).

Il se trouva au concile qui se réunit, le 25 octobre 644, suivant la plupart des auteurs, dans la basilique de Saint-Vincent à Châlon-sur-Saône, et l'histoire ne nous a plus rien appris de lui.

Le nom de ses successeurs, pendant un espace de plus de 80 ans, n'est point parvenu jusqu'à nous.

13. — SYMPHORIEN (725-739).

Selon Chorier, cet évêque était frère de Valachin qui fut archevêque d'Embrun et de la famille du marquis de Suze. Nous regardons l'assertion de cet historien comme fort hypothétique, mais on ne peut douter qu'il ne fut d'une naissance illustre : car le patrice Abbon, son neveu, avait d'immenses domaines dans les provinces de Suze, de Maurienne, de la Tarentaise, de Lyon, de Vienne, de Grenoble, de Die, de Mâcon, d'Arles, de Marseille, de Toulon, de Gap, etc.

Symphorien siégeait en 725 et 730; mais il était déjà mort à l'époque où Abbon fit son testament en 739, acte par lequel il donna à l'église de Notre-Dame de Gap des propriétés foncières situées en divers endroits, ainsi que les colons et les serfs qui y étaient attachés, plus quelques biens qu'il possédait aux environs de Gap, le tout pour le salut de son âme et pour se conformer aux volontés de Symphorien son oncle. On trouve ce testament dans l'ouvrage intitulé : *Monumenta historiæ patriæ edita jussu regis Caroli Alberti*, 1836. *Chartarum*, tom. I, p. 15.

Le patrice Abbon avait fondé peu auparavant le couvent des religieuses de la Novalaise à peu de distance de Suze, du côté du Mont-Cénis; nous apprenons par son témoignage que Symphorien avait été chassé du siége de Gap par des hommes mal intentionnés, *a malis hominibus ejectum fuisse*.

14. — DONNADIEU (en 791).

Il ne nous est connu que par sa présence au concile tenu le 27 juin 791 à Narbonne contre l'hérésie de Félix d'Urgel. Il est probable qu'il y eut entre Symphorien et lui au moins un évêque dont le nom ne nous est pas parvenu, de même que celui de ses successeurs pendant près d'un siècle. C'est aux invasions des Lombards et des Sarrasins dans ces contrées, et à la persécution qu'eut à souffrir alors la religion chrétienne, qu'il faut attribuer les longs intervalles qui existent dans la succession chronologique des évêques de Gap.

15. — BIRICON (876-880).

Il se trouva au concile qui fut tenu du 21 juin au 16 juillet 876 à Ponthion, au diocèse de Châlons-sur-Marne, près de Vitry ; et le 15 octobre 879 à la fameuse assemblée de Mantaille près de Vienne en Dauphiné, qui donna le titre de roi de Provence à Boson, duc de la Bourgogne cis-juranne, beau-frère de Charles le Chauve, au détriment des enfants du roi Louis le Bègue. Il s'y trouva six archevêques et dix-sept évêques avec les grands seigneurs du royaume d'Arles. Les évêques et les seigneurs dirent dans cette assemblée, que manquant de protecteur depuis la mort de Louis le Bègue, ils ont choisi Boson pour leur roi, comme le plus capable de les défendre, par l'autorité qu'il a eue sous les rois précédents, et par l'affection du pape Jean VIII, qui l'avait adopté pour son fils. Le décret est suivi d'une lettre au nouveau roi, pour lui demander son consentement à l'élection, à laquelle on suppose qu'il s'était opposé, et pour lui marquer les conditions de cette élection. Les actes de ce concile ont été publiés par Guillaume Paradin, dans les *Annales de Bourgogne*, imprimées à Lyon en 1516, avant que les PP. Sirmond et Labbe les insérassent dans leurs collections.

16. — HUGUES (vers l'an 900).

Son nom seul nous est parvenu et peut-être ne fut-il pas le successeur immédiat de Biricon.

17. — CASTE (vers 950-960).

Fils d'Emon et d'Indulgarde, il était originaire de la ville d'Apt, et possédait avant son épiscopat un bénéfice dans cette Eglise. Forcé de s'éloigner de son diocèse envahi par les Sarrasins, Caste se retira dans sa famille, et vers 950, il fit donation d'une vigne à l'église de Notre-Dame et de Saint-Castor d'Apt, en la personne de Rostaing, évêque de cette ville. Caste siégeait encore en 958.

18. — ASTORGE Ier (vers 960 à 980).

Honoré Bouche dit qu'il fut le successeur de Caste, et place son épiscopat vers l'an 966.

C'est à tort que Louvet a avancé que le siége de Gap était occupé en 991 par un évêque du nom de Thierri, qui fonda douze canonicats dans sa cathédrale, du consentement de Guillaume, comte de Provence, le 4 août 991. Thierri était évêque d'Apt et non pas de Gap.

19. — FÉRAUD Ier, PEUT-ÊTRE MÊME GÉRAUD (vers 980-1027).

En 1010, il consacra et dota de ses propres deniers l'église de Saint-André-les-Gap, qu'en 1024, il rendit dépendante de l'abbaye de Cluny, après avoir peu auparavant reçu, ainsi que quelques autres évêques, du pape Benoît VIII, l'invitation de faire restituer à ce célèbre monastère les biens dont quelques seigneurs s'étaient injustement emparés. Cette même année, il se trouva présent à une donation que fit au monastère de Saint-Victor de Marseille, Guillaume-Bertrand Ier, l'un des comtes héréditaires de Provence. On marque sa mort à l'an 1027.

20. — ASTORGE II (1027-vers 1035).

Ce prélat, qui succéda en 1027 à Féraud Ier, fut témoin de la donation que fit le même Guillaume-Bertrand Ier, de la terre de Saint-Denys, près de Chorges, au prieuré de Saint-Michel-de-la-Cluse, qui, plus tard, devint une dépendance de l'abbaye de Boscaudon au diocèse d'Embrun.

Astorge mourut quelques années après, sans qu'il nous soit possible de fixer d'une manière précise la date de son décès.

21. — FÉRAUD II (vers 1035-1045).

Il est certain que Féraud était le nom du successeur d'Astorge, aussi n'hésitons-nous pas à suivre l'exemple de M. Gautier dans son *Précis de l'histoire de la ville de Gap*, qui le distingue bien d'un autre prélat de même nom, mort en 1027. Féraud assista à la dédicace de l'église de Saint-Victor de Marseille, faite par le pape Benoît IX, en présence de vingt-deux évêques, le 15 octobre 1040.

22. — RAOUL ou RODOLPHE (vers 1045-1050).

Il siégeait avant le 1er janvier 1049, car on trouve sa signature apposée au bas d'un acte de vente de quelques biens, par un ecclésiastique nommé Pons, en faveur de saint Odilon, abbé de Cluny, pour l'église de Saint-André.

23. — RIPERT (vers 1050-1063).

Profitant des abus qu'un schisme récent avait introduits dans l'Eglise, Ripert était parvenu à prix d'argent au siége épiscopal de Gap. A cette époque, les princes et les grands, depuis le triste exemple donné par Charles Martel, disposaient des abbayes et des évêchés, ils s'étaient rendus maîtres des élections aux bénéfices ecclésiastiques et ils vendaient secrètement au plus offrant les titres qui venaient à vaquer, puis les acheteurs tâchaient de se dédommager en détail, tant pour couvrir la dette qu'ils avaient contractée envers le trafiquant sacrilége, que pour subvenir ensuite aux dépenses attachées à leur nouvelle position. Ainsi l'ordination d'un prêtre, la consécration d'une église, et une foule d'autres actes épiscopaux n'avaient lieu qu'à prix d'argent. La simonie de Ripert était tellement connue qu'elle était passée en proverbe, et que l'on disait : *Simonie Ripertine*, pour exprimer une simonie habilement exercée.

Un tel pasteur ne pouvait prendre grand soin de son troupeau, et Ripert ne se faisait nulle conscience de se livrer à ses inclinations vicieuses. Quelques auteurs ont cru que ce prélat avait été non-seulement réprimandé, mais aussi déposé pour crime de simonie dans le concile de Lyon, présidé par le célèbre Hildebrand, légat du Saint-Siége, tenu en 1055, et où Hugues, archevêque d'Embrun, fut déposé pour ce même crime. Mais son nom se trouve sur un acte portant la date de 1055, par lequel Geoffroi Ier, comte de Provence, sa femme Etiennette et Bertrand son fils donnent deux pièces de terre à l'église abbatiale de

Saint-Victor de Marseille; à cette époque, donc, notre prélat était encore en fonctions. Ces auteurs ajoutent que Ripert, condamné, revint à résipiscence et manifesta quelque repentir de sa faute. Hildebrand se contenta alors de le soumettre à une pénitence temporelle sans le priver de sa qualité, ni de son titre. Aussi voit-on ce prélat prendre la qualité d'*évêque de Gap* dans une donation qu'il fit en 1060, conjointement avec ses frères, à l'abbaye de Saint-Victor de Marseille, du prieuré de Saint-Pierre de Réane.

Mgr Depéry pense avec raison que Ripert ne fut déposé qu'en 1063 au concile de Châlon-sur-Saône, assemblé et présidé par Pierre Damien, que le pape Alexandre II avait envoyé en France pour régler les différends élevés au sujet des privilèges de l'abbaye de Cluny, et, en même temps, pour achever d'extirper du milieu du clergé le vice de la simonie.

Ripert se retira à Saint-Léger en Champsaur, où il fit bâtir un château dont les ruines subsistent encore. Le clergé et le peuple de Gap envoyèrent à Rome une députation pour prier le souverain Pontife de remédier aux maux de leur Eglise désolée. Ce qui est certain, c'est que Ripert vivait encore en 1075, puisque cette même année, il fit donation à Bernard, abbé de Saint-Victor de Marseille, de quelques biens situés dans le territoire de Trescleoux, à la condition d'y ériger un monastère.

24. — SAINT ARNOUX ou ARNOUL (1063-1074).

Né à Vendôme, alors du diocèse de Chartres, aujourd'hui du diocèse de Blois, de parents illustres, il reçut sur les fonts de baptême le nom d'Arnoux (*Arnulphus*). Il consacra sa jeunesse à l'étude des belles-lettres. Tout lui promettait à lui-même des succès, la gloire, les honneurs. Mais Dieu s'était réservé à lui seul cette âme d'élite, il l'avait fait naître dans le voisinage du célèbre monastère de la Sainte-Trinité, fondé à Vendôme en 1042, par Geoffroi-Martel, comte d'Anjou, et Agnès son épouse. Pendant son enfance, il se plaisait à errer sous les arceaux des cloîtres de la Trinité, et à converser avec les enfants de saint Benoît; aussi les parents confièrent l'éducation de leur fils à ces savants et pieux moines. Arnoux prit l'habit religieux dans cette maison sous Odéric, premier abbé, et ainsi il put se livrer avec son zèle infatigable à acquérir les trésors de science et de sagesse dont un jour il devra enrichir l'Eglise de Dieu.

Le supérieur du monastère voyant dans ce jeune religieux de si grandes vertus et une vie si pure, le jugea digne d'être élevé au sacerdoce. Cette grâce produisit dans Arnoux un accroissement sensible de ferveur et de sainteté. Toutes ses heureuses qualités le rendirent si cher à son vénérable abbé, qu'il le regarda comme son fils et vécut avec lui dans l'intimité la plus grande, soumettant toutes choses à ses lumières et à ses conseils.

Sur ces entrefaites, Geoffroi Martel mourut, et l'abbaye de la Trinité eut à souffrir des injustes violences de Foulque, comte de Vendôme, malgré les promesses solennelles de ce seigneur, qui avait juré de la défendre et de la protéger.

L'abbé Odéric, ayant inutilement épuisé les voies de la douceur, pour arrêter les mille vexations du noble comte, résolut de faire le voyage de Rome, et de se plaindre au souverain Pontife; l'abbaye avait été donnée au Saint-Siége, et par conséquent relevait du Pape. Odéric partit en 1063, emmenant avec lui Arnoux, son disciple chéri.

Alexandre II occupait alors le siége de saint Pierre. Il reçut les deux pèlerins avec une grande distinction, et fut indigné au récit des persécutions dirigées contre un monastère qui était la propriété du Saint-Siége. Il expédia plusieurs bulles pour défendre et maintenir ses prérogatives; mais de plus, il conféra à l'abbaye la dignité de cardinal, annexée au monastère même, en sorte que tous ses abbés devenaient cardinaux par le fait seul de leur élection. On donna à ce nouveau membre inamovible du sacré collége, le titre presbytéral de l'église de Sainte-Prisque, sur le Mont-Aventin, où l'abbaye de la Trinité de Vendôme devait toujours entretenir douze ou au moins huit de ses religieux.

Ainsi le vénérable Odéric vit toutes ses réclamations accueillies; mais Alexandre II, qui avait su apprécier Arnoux, voulut le retenir à Rome, et pria l'abbé de le désigner pour faire partie de la pieuse colonie de religieux de la Trinité, qui devait faire le service de l'église de Sainte-Prisque. Arnoux se soumit avec résignation à l'honorable exil auquel son supérieur le condamnait. Le souverain Pontife ne tarda pas à reconnaître les qualités éminentes du saint religieux, et chaque jour il sentit accroître pour lui son estime et son affection.

Depuis quatre ans, notre bienheureux se trouvait dans la capitale du monde chrétien, où il habitait le couvent situé sur le Mont-Aventin, pratiquant toutes les vertus d'un saint religieux, lorsque les députés du diocèse de Gap y arrivèrent pour demander au souverain Pontife de prendre en pitié leur Église, et d'apporter un prompt et efficace remède aux maux qu'ils enduraient. Alexandre II jugea que nul n'était plus digne de la crosse, que le vertueux Arnoux; dans sa pensée, c'était l'ouvrier le plus propre par la vivacité de sa foi, la pureté de ses mœurs, la haute sagesse de ses actes, enfin par l'onction et la force irrésistible de sa parole, à opposer une digue au torrent débordé du scandale. A cette nouvelle, notre saint religieux est épouvanté du lourd fardeau de la dignité épiscopale, et supplie le souverain Pontife de le laisser vivre et mourir au milieu de ses frères. Le vicaire de Jésus-Christ, usant de son autorité suprême, lui ordonna de se préparer au redoutable sacrifice, et le sacra de ses propres mains en 1063.

Le bienheureux évêque sait que des vœux empressés l'appellent à son poste, que de nouveaux enfants l'attendent, que leurs besoins sont urgents, il part aussitôt de Rome, et retourne en France; mais avant de prendre possession de son siége, Arnoux passa quelque temps dans son ancien monastère, pour donner à ses frères en religion, un témoignage d'affection et de reconnaissance, et réclamer le secours de leurs prières. Ce fut dans ce voyage que Dieu fit éclater les merveilles de sa toute-puissance, au dire des hagiographes.

Après quelques jours passés en la compagnie de ses frères en Jésus-Christ, le saint évêque arrive au milieu de ses ouailles. Il est reçu comme un ange envoyé du ciel; partout sur son passage les populations empressées accourent. Arnoux, voulant profiter de ces heureuses dispositions, se met de suite à l'œuvre. Les honneurs ne changèrent rien à la sévérité et à l'innocence de ses mœurs; il pratiqua à un degré héroïque, l'humilité de l'esprit et la pauvreté du cœur. Dieu mit à l'épreuve la vertu de son serviteur, il permit que Arnoux eut à souffrir la persécution pour la justice.

Un des traits les plus saillants de la vie de notre saint évêque fut un zèle ardent à défendre, contre les ennemis de Dieu, les droits et la discipline de l'Église. Il savait bien qu'il s'exposait ainsi à de grands dangers, et se plaçait en butte aux injures des méchants; mais le secours d'en-haut le soutenait, et ce secours le rendait inaccessible à toutes les craintes humaines, chaque fois qu'il s'agissait des intérêts sacrés de la religion. Leydet, seigneur de Charance, impie déclaré, affectait, en toute occasion, un souverain mépris pour l'autorité de l'Église ; un jour, il s'oublia, jusqu'à maltraiter un vénérable chanoine de la cathédrale. Arnoux fut obligé de lancer contre lui les censures ecclésiastiques ; Leydet fut excommunié. Dans son ressentiment, il éclata en menaces, et se livra contre le saint lui-même à des violences; le ciel se chargea de venger l'honneur de son saint pontife : Leydet mourut peu de temps après, écrasé par la chute d'une poutre.

Un autre jour, qu'Arnoux défendait d'une manière triomphante la cause de l'Évangile, un impie osa tirer le glaive contre lui et le blessa profondément au bras. Cette audace ne resta pas longtemps impunie : la nuit suivante, ce malheureux fut frappé de mort.

Dans une circonstance solennelle, Arnoux, entouré d'un peuple nombreux, était occupé à la consécration de l'église de Valernes, près de Sisteron ; un des assistants se laissa tomber, et dans sa chute se brisa plusieurs membres. Averti de ce fâcheux accident, le saint évêque accourt vers cet infortuné et le guérit. Arnoux fit restaurer aussi la cathédrale de Gap ; et plein de jours et de mérites, il mourut le 19 septembre 1070, selon les uns, et mieux en 1074 selon quelques autres.

La dépouille du bienheureux prélat fut ensevelie dans l'église de Saint-Jean-le-Rond. Cette église, au dire de Juvénis, était un ancien temple; on y voyait sur le haut une ouverture pour la fumée des sacrifices et l'autel sur le milieu était rond. Ce temple avait été changé en cathédrale, puis en paroisse; le tombeau des anciens évêques y était ; on y avait enseveli plusieurs martyrs, entre autres saint Démétrius, premier évêque du diocèse. Cette église était dédiée à saint Jean, et on l'appelait l'église de Saint-Jean-le-Rond ; elle a été démolie et il n'en reste que les fondements qui doivent se trouver sous la chapelle des pénitents blancs.

Pendant les années qui suivirent la mort de saint Arnoux, il se fit un très-grand concours de peuple à son tombeau ; Dieu y multiplia des prodiges ; aussi, trente ans après la mort du saint évêque, Armand, qui occupait le siége de Gap, crut devoir exhumer le corps, en transférer les reliques et les exposer à la vénération des fidèles. Il procéda à cette cérémonie le 13 juin 1104, à la prière des habitants de Gap.

L'évêque Armand, à la tête de tout son clergé, se rendit à l'église où avait été enseveli le bienheureux, et après une fervente prière devant ce glorieux tombeau, en enleva, avec un religieux respect, la pierre tumulaire ; puis, à la faveur d'une lampe, Armand descendit dans le caveau, et, à son grand étonnement, il trouva le corps et les vêtements du saint aussi intacts qu'au jour de ses funérailles.

Alors, par un prodige nouveau, Dieu voulut manifester de la manière la plus éclatante la sainteté de son serviteur. Le clergé et le peuple le demandant à la fois, on détacha l'un des bras du saint corps, afin de le conserver hors du tombeau, et de l'exposer dans une châsse à la vénération des fidèles. On aperçoit sur le bras détaché, et toute saignante encore, une blessure que, pendant sa vie, le bienheureux avait reçu d'un homme impie comme nous l'avons dit ci-dessus.

On accompagna religieusement jusqu'à la cathédrale le corps du saint évêque, et ses restes vénérés furent déposés sous la chaire. Dans les anciens Bréviaires de Gap, la fête de cette translation se célébrait le 13 juin. Aujourd'hui, elle se fait le 27 septembre, octave de la fête de saint Arnoux.

En 1683, les chanoines de la cathédrale de Gap firent confectionner, par Christophe Cilbert, maître orfèvre à Aix, une châsse en argent fin pour y déposer les reliques de saint Arnoux qui est le principal patron de l'Église de Gap. En 1692, le duc de Savoie vint assiéger la ville de Gap, qu'il prit sans coup férir; mais les soldats pillèrent la ville et y mirent le feu. L'incendie détruisit la cathédrale; heureusement, on avait enfoui sous le pavé du sanctuaire, derrière le maître-autel, les reliques de saint Arnoux, de saint Arey, de saint Démétrius et de plusieurs autres. L'année suivante, Mgr Charles-Bénigne Hervé, évêque et comte de Gap, accompagné du clergé, retira les saintes reliques, les reconnut pour celles qui avaient été cachées sous terre, et les exposa de nouveau à la piété des fidèles. Les habitants de Gap remplacèrent le buste d'argent dont les ennemis s'étaient emparés par un reliquaire aussi riche et aussi précieux.

Sous le règne de la Terreur, il fallut de nouveau soustraire les reliques de saint Arnoux à l'impiété. On les déposa dans les archives du chapitre, et le buste d'argent fut envoyé, avec les croix, les calices et les ostensoirs de la cathédrale, à la monnaie de Paris, comme nous le voyons dans l'arrêté signé par les membres du directoire du département des Hautes-Alpes, le 15 janvier an II (5 décembre 1793). Lorsque le calme fut rétabli et qu'on put rouvrir les églises, le dépôt sacré reparut pour recevoir les hommages de la vénération publique.

Mgr Jean-Irénée Depéry, évêque de Gap, obtint du pape Grégoire XVI, par un bref du 19 février 1845, une indulgence plénière applicable aux âmes du purgatoire pour tous les fidèles qui, ayant rempli les conditions nécessaires, visiteront l'église de Saint-Arnoux le jour de la fête du saint ou l'un des jours de l'octave; ensuite une indulgence de trois cents jours pour chaque fois que les fidèles assisteront aux exercices de la neuvaine préparatoire à la fête de saint Arnoux.

Le même Pape accorda aussi, par un autre bref de la même date, à tous ceux qui deviendront membres de la nouvelle confrérie de Saint-Arnoux, établie par Mgr Depéry, une indulgence plénière le jour de leur réception, à l'article de la mort et le dimanche où l'on solennise à Gap la fête de saint Arnoux. Une indulgence de sept ans et de sept quarantaines est accordée aux mêmes confrères qui, à Pâques, à la Fête-Dieu, à l'Assomption et à Noël visiteront l'église de Saint-Arnoux après avoir rempli les conditions nécessaires pour gagner les indulgences.

Enfin, un troisième bref, à la date précitée, déclare que toutes les messes qui seront dites à un autel quelconque de la cathédrale de Saint-Arnoux, pour le repos de l'âme des confrères défunts, jouiront, à perpétuité, de toutes les faveurs attachées à un autel privilégié.

Après l'obtention de tous ces privilèges, Mgr Jean-Irénée Depéry publia, le 28 juin 1845, l'ordonnance d'érection de la confrérie de Saint-Arnoux, et, par un article du règlement, les confrères furent désignés pour former l'escorte d'honneur de leur glorieux patron, le jour de sa fête. C'est pourquoi ils assistent, sous une bannière spéciale, à la procession solennelle de saint Arnoux et marchent devant son buste, au milieu des rangs.

La vie de saint Arnoux a été écrite par un anonyme et insérée dans les *Acta Sanctorum*, au 19 septembre; René Benoît, curé de Saint-Eustache à Paris, et nommé à l'évêché de Troyes, a été aussi son biographe. On la trouve aussi au VIe siècle des *Annales de l'Ordre de Saint-Benoît*, page 237. Enfin on peut encore la lire dans l'*Histoire hagiologique du diocèse de Gap*, par Mgr Depéry, évêque de cette ville, ouvrage auquel nous avons fait de nombreux emprunts.

25. — LÉGER Ier (1075-1084).

Il fut élevé au siége épiscopal en 1075. Grégoire VII, qui l'avait connu lorsque sous le nom d'Hildebrand, il était légat du Saint-

Siége en France, et qui avait pour lui la plus grande estime, le chargea de procéder, en 1079, avec Hugues de Die, à l'élection d'un archevêque d'Arles, destiné à succéder à Aicard de Marseille, excommunié pour s'être laissé entraîner dans le parti de l'empereur Henri IV, contre l'Eglise romaine.

Léger confirma plus tard les acquisitions faites par le prieuré de Saint-André-les-Gap, par le moine Robert et ses frères, ainsi que les donations qu'un certain Pierre Aicard fit à saint Hugues en faveur de ce monastère, pour y faire recevoir son fils Zacharie. Lui-même donna à ce prieuré les églises d'Orcières, de Saint-Léger, de Saint-Etienne, d'Agnières et de Saint-Didier en Dévoluy. Aicard, comte de Gap, fut présent à la donation de ces deux dernières églises, et conjointement avec Bertrand, son frère, de l'avis de Dalmatie, leur aïeule, ce seigneur fit aussi une donation à ce même prieuré. Enfin, en 1081, Léger et son chapitre donnèrent aux moines d'Oulx, le prieuré de Beaumont et tout ce qu'ils possédaient depuis le rif de Gruel jusqu'à Pont-Haut, sous le cens annuel de trois livres de poivre, et de deux livres d'encens.

Léger mourut le 3 août 1084, suivant l'Obituaire de Saint-André-les-Avignon, où il avait fondé un anniversaire.

26. — RODOLPHE II ou RAOUL (1084-1086).

Ce prélat mentionné par Chorier, et sur l'épiscopat duquel on n'a point de renseignements, dut prendre possession du siége de Gap en 1085; il donna au prieuré de Domène près de Grenoble, un mas qui était situé dans le Vaunavais (*Vallis Navensis*). C'est tout ce qu'on sait de cet évêque qui siégea deux ans à peine.

27. — OTHON ou EUDES Ier (1086-1087).

Othon vécut peu de temps après avoir été sacré évêque de Gap, et l'on ne connaît aucun acte de lui.

28. — ISOARD (1088-1091).

Il siégeait en 1090, et pendant son court épiscopat, il se montra le bienfaiteur de l'abbaye de Cluny et de Notre-Dame d'Avignon.

Suivant Artus de Lionne, ces trois précédents évêques n'ont

jamais gouverné le diocèse de Gap, et à Léger Ier succéda Armand, ce qui ne nous paraît pas probable.

29. — ARMAND (1092-1105).

Les plus anciens Bréviaires de Gap nous apprennent qu'Armand appartenait à un ordre religieux, et que la vie édifiante qu'il menait le fit élire au siége épiscopal de Gap. Il ne changea pas ses habitudes du cloître, et tint toujours une conduite conforme à sa première profession. Son sacre paraît avoir eu lieu en 1092. C'est lui qui, le 13 juin 1104, trente ans après la mort de saint Arnoux, fit l'ouverture du tombeau de ce prélat dans l'église de Saint-Jean-le-Rond, en présence d'un grand concours de prêtres et de fidèles. Il descendit dans le caveau, et, à son grand étonnement, comme nous l'avons dit, il trouva le corps et les vêtements du saint aussi intacts qu'au jour de ses funérailles. Il ordonna la translation des reliques du saint évêque dans l'église qui, depuis, a porté et porte encore le nom de saint Arnoux.

C'est à Armand que fut adressée la sentence d'excommunication rendue au concile de Clermont, en 1095, par le pape Urbain II, contre Hugues, comte du Gapençais, qui, seul d'entre tous les seigneurs français, n'avait point répondu à l'appel fait à son courage et à sa foi pour la croisade. Urbain II mit alors ses terres en interdit et délia ses vassaux du serment de fidélité. Armand mourut en 1105.

30. — LÉGER II (1105-1122).

L'acte de la fondation de la chartreuse de Durbon constate qu'il monta en 1105 sur le siége de Gap. Léger, par acte de l'an 1115, donna à l'abbaye de Saint-Victor de Marseille les églises de Trescléoux. Ce fut pendant la célébration d'un synode diocésain, le 17 novembre 1116, onzième année de son épiscopat, qu'il favorisa l'établissement de la chartreuse de Durbon, sur un terrain d'une étendue immense auprès d'Aspres-sur-Buëch, dans le diocèse de Gap, qui fait aujourd'hui partie de la paroisse de Saint-Julien-en-Beauchêne. Au commencement du XIIe siècle, ce terrain dépendait du comté de Forcalquier, et appartenait à l'ancienne et noble famille de Beaudinar. En l'an 1116, les chefs de cette famille cédèrent Durbon à une colonie de la grande Chartreuse qui, sous la conduite de dom Lazare, vint s'établir dans ce lieu. La charte de donation fut lue dans la cathédrale le jeudi 19 du même mois à la clôture du synode.

Léger approuva la donation, et renonça pour son compte, en faveur des Chartreux, à tous les droits qu'il pouvait avoir sur le territoire de Durbon; le clergé en fit autant, et les moines demeurèrent seuls légitimes possesseurs de ces vastes domaines. Cinq ans après, le 1er octobre 1121, Léger consacra l'église de ce monastère et fut assisté dans cette cérémonie par Etienne, évêque de Die, et par un grand nombre d'ecclésiastiques du diocèse de Gap et des diocèses voisins. A cette occasion, de nouvelles donations furent faites aux Chartreux. Telle fut l'origine de la chartreuse de Durbon dont l'établissement suivit de près la mort de saint Bruno, fondateur de l'ordre des Chartreux.

Léger mourut au commencement de l'année suivante.

31. — PIERRE DE GRAFFINEL (1122-1129).

Il succéda à Léger l'année même de la mort de ce dernier, ainsi que le constatent divers actes de la chartreuse de Durbon. En 1123, il consentit à l'établissement des Pères de Saint-Antoine dans la ville de Gap, et les affranchit de la dîme. En 1126, il homologua l'acte par lequel Bertrand de Roux disposait de tous ses biens en faveur de dom Lazare, prieur de Durbon. En 1129, il donna à l'abbaye de Saint-Victor de Marseille l'église de Saint-Pierre et de Saint-Romain de Souribes.

Quelques auteurs ont avancé que Pierre de Graffinel administra les derniers sacrements à Augier, évêque de Riez, mort à Gap, le 14 mars 1123, en allant à Rome visiter le tombeau des saints Apôtres. Cette date n'est point exacte, puisque Augier signa, en 1124, ainsi que Pierre lui-même, les actes du concile qui fut tenu à Vienne cette année contre les usurpateurs des biens de l'Église, et qui fut présidé par Pierre de Léon, légat du Saint-Siége, et plus tard anti-pape. C'est plutôt Guillaume Ier qui eut à rendre ce service à l'évêque de Riez en 1133, année précise de son décès.

Pierre de Graffinel termina sa carrière à la fin de 1129. C'est sous son épiscopat que Pierre de Bruys, natif de Vallouise, répandit ses erreurs et exerça ses cruautés dans le diocèse de Gap.

Simple laïque, il enseignait qu'il ne fallait point donner le baptême aux enfants, et qu'il était inutile à tous ceux qui ne pouvaient pas faire un acte de foi en le recevant. Il condamnait l'usage des églises, des temples, des autels, et les faisait abattre; il condamnait le culte des croix et les faisait briser, croyait la messe inutile et en défendait la célébration; il enseignait que les aumônes et les prières étaient inutiles aux morts, et défendait de chanter les louanges de Dieu. Ces erreurs quelque absurdes qu'elles fussent, trouvèrent des partisans qui affligèrent le cœur de Pierre de Graffinel; et quand on voit les protestants exalter si haut l'autorité de ce novateur, qui n'était qu'un anabaptiste, on comprend, à quelle extrémité l'on est réduit, quand on est obligé de chercher dans un pareil homme, ou dans ses adhérents, le fil de la tradition des églises protestantes.

32. — GUILLAUME Ier (1130-1149).

Sacré évêque de Gap en 1130, Guillaume gouverna cette Église pendant près de vingt ans; il confirma durant son épiscopat un grand nombre de donations faites aux Chartreux de Durbon; et assista entre autres, en 1144, à la donation qu'Isoard, comte de Die, fit à ce couvent. Ce fut lui, comme nous l'avons dit plus haut, qui dut, le 14 mars 1133, rendre les derniers devoirs à Augier, évêque de Riez. Il eut à lutter, ainsi que l'évêque de Die et l'archevêque d'Embrun, contre l'hérésie des Pétrobusiens, ou partisans de Pierre de Bruys, qui s'était répandue dans ces trois diocèses. Pierre le Vénérable, abbé de Cluny, eut en grande estime ces trois prélats, ainsi que le témoignent plusieurs lettres qu'il leur écrivit, et nous apprenons, par le passage suivant d'une de ces lettres, qu'ils étaient aussi remarquables par leur science que par le zèle et la piété qui les distinguaient. « Aux excellents prêtres de Dieu et très-honorables... Guillaume d'Embrun, Ulric de Die, Guillaume de Gap, frère Pierre, humble abbé de Cluny, salut. Puisque de tous les évêques de la province de la Septimanie ou des Alpes-Maritimes il n'y en a pas eu en qui la divine Providence ait plus particulièrement élevé la dignité épiscopale que vous avez fait par votre piété, par votre science, par votre érudition et par votre sollicitude pastorale..... pour cela je rends grâces à Dieu qui n'a pas voulu que votre travail fût tout à fait inutile, mais l'expérience fait voir qu'il a presque anéanti par vos sueurs les ennemis de la religion chrétienne, et par conséquent du salut des hommes. » Ces hérétiques furent, vers 1146, totalement expulsés du diocèse de Gap, et leur chef fut brûlé à Saint-Gilles l'année suivante. Guillaume mourut le mercredi 2 novembre 1149, suivant le Nécrologe de Saint-André-les-Avignon.

33. — RAIMOND Ier (1150-1157).

Ce prélat ne nous est connu que par une charte du monastère de Durbon en 1150, et par une autre charte en vertu de laquelle il confirme, en 1156, une donation faite par Raimond de Montbrun à Bertrand, prieur de cette même chartreuse. Il mourut cette même année, ou au plus tard en 1157.

34. — GRÉGOIRE Ier (1157-1180).

Le successeur de Raimond prit possession du trône épiscopal en 1157, et, cette même année, il donna au couvent de Durbon la chapellenie de Saint-Julien-en-Beauchêne, donation qu'approuvèrent et ratifièrent Guillaume de Champsaur, archevêque d'Embrun, le doyen et le chapitre de Gap, et que confirma également une bulle du pape Alexandre III, le 7 décembre 1169.

L'empereur Frédéric Barberousse par une bulle donnée à Arles le 31 juillet 1178, investit Grégoire de tous les droits régaliens, sous la réserve de l'hommage qu'il lui rendit le même jour. Ce fait se trouve consigné dans les registres de la chambre des comptes d'Aix, et dans le *Livre rouge* de la maison consulaire de Gap. Le prince adressa à l'évêque cette bulle avec la suscription suivante qu'on retrouve dans le *Livre des Annales des Capucins. « Venerabili viro et dilecto principi nostro Gregorio Vapincensi episcopo.* » A notre cher et vénérable prince Grégoire, évêque de Gap. Dans cet acte, l'empereur constate que le prélat lui a fait hommage et prêté serment de fidélité; puis, il l'investit de toutes les régales, lui donne et lui confirme tout ce qu'il possède légitimement, ainsi que ce qu'il pourra désormais acquérir par des voies justes. Il défend à l'avenir que ni comtes ni marquis, ni aucune personne au monde, quels que soient d'ailleurs ses titres ou qualités, trouble ou moleste ledit évêque ou son Église, en sa personne ou en ses biens, et cela sous peine d'une amende de vingt livres d'or, dont une moitié sera versée dans la mense épiscopale, et l'autre dans le trésor impérial. Ainsi l'empereur Frédéric assura les mêmes prérogatives aux successeurs de Grégoire qui prirent dès lors le titre de princes du Saint-Empire.

Cette investiture dût un peu consoler notre évêque du privilége que le pape Alexandre III avait, deux ans auparavant, accordé au chapitre de Gap. Par une bulle de 1176, ce Pape avait soustrait les chanoines de la juridiction de l'Ordinaire pour les assujettir à celle de leur doyen. Cet acte, souvent argué de faux par les successeurs de Grégoire, devint entre eux et leur chapitre un ferment de discorde; de même que l'investiture féodale occasionna de longues querelles entre eux, le pouvoir municipal, et les comtes de Provence et de Forcalquier.

Avant d'obtenir tous ces honneurs temporels, Grégoire avait, en 1167, pieusement entrepris un pèlerinage au tombeau de saint Jacques à Compostelle. L'année suivante, Bertrand II, comte de Forcalquier, ayant disposé d'une partie de ses biens en faveur des Hospitaliers de Saint-Gilles, pria Grégoire de défendre cette libéralité contre les prétentions de Guillaume son frère et son héritier naturel, à qui il abandonnait sa portion du comté de Forcalquier, et lorsque celui-ci, par le décès de Bertrand, eût recueilli l'héritage de son frère, Grégoire fut présent à l'assemblée des parents du nouveau comte de Forcalquier qui n'était point encore parvenu à sa majorité. L'évêque de Gap mourut vers la fin de 1180.

35. — GUILLAUME II (1180-1203).

Né à Gap même, il était depuis 1172 abbé de Saint-Denys, en France, quand il fut élevé au siége épiscopal de sa ville natale ; il paraît avoir conservé le gouvernement de ce monastère jusqu'au 10 mai 1186, époque où, quoique gouvernant avec autant de zèle que de sagesse, il déplut à Philippe-Auguste, et où Hugues Foucaud prit en main le sceptre abbatial. Ce qui est certain, c'est que Guillaume ne trouvant pas assez explicites les prérogatives accordées par Frédéric Barberousse, aux évêques de Gap, obtint du même empereur, le 29 septembre 1184 et en 1186, des lettres-patentes qui le maintenaient en la jouissance des priviléges et des droits régaliens dans l'étendue de son diocèse, et notamment de ceux qu'il possédait dans la ville de Gap et dans les communautés de Rambaud et de Rabon. Il était dit de plus, dans le second acte impérial, que nul ne pouvait acquérir de fief dans l'étendue des terres de l'Eglise, sans le consentement de l'évêque. Il termina, sans que nous puissions en préciser l'année, un différend qui s'était élevé entre les Templiers de Lus et les Chartreux de Durbon, au sujet des pâturages dont les uns et les autres se disputaient la propriété.

On trouve la signature de Guillaume sur un acte du 3 novembre 1185 par lequel le même empereur Frédéric confirmait à la demande de Lantelme, abbé de la Chaise-Dieu, tous les biens de ce monastère.

Guillaume, avant d'embrasser la vie monastique, avait étudié la médecine, et était un homme fort instruit pour son époque. Il s'était appliqué à l'étude du grec, genre de connaissance alors très-peu répandu en Europe. Il traduisit en latin l'éloge de saint Denys l'Aréopagite, composé par Michel Syncelle, patriarche de Jérusalem, et une vie anonyme du philosophe Secundus. Ces écrits et plusieurs autres qu'on lui attribue, sont restés inédits. Nous ignorons la date précise de la mort de Guillaume, mais on ne peut guère la fixer avant l'an 1203; quelques annalistes, il est vrai, prétendent bien qu'en 1201, il eut sur le siége de Gap, un successeur appelé Grégoire, mais comme ils n'apportent aucune preuve de l'administration d'un prélat de ce nom, sur lequel les catalogues sont muets, nous sommes autorisés à croire que Guillaume ne mourut que vers l'an 1203, ou peut-être même en 1204. On peut consulter sur Guillaume de Gap, l'*Histoire littéraire de la France*, tome XIV, page 374.

36. — GUILLAUME III DE GIBELIN (1205-1212).

Un acte qui existait aux archives de la chartreuse de Durbon, du temps d'Artus de Lionne, constate qu'en 1205, Guillaume de Gibelin, prieur de ce couvent, fut élevé au siége épiscopal de Gap. Cet acte est une donation que fit Azon de Bénévent, à la chartreuse, de tout ce qu'il possédait à Valserres. Trois ans après, le 8 juin 1208, il rendit avec Pierre de Grimaldi, évêque de Vence, une sentence arbitrale, réglant des contestations qui s'étaient élevées entre Raimond, archevêque d'Embrun, et le chapitre de cette métropole, relativement à l'argent qui provenait des mines de l'Argentière. L'affaire fut portée devant le pape Innocent III, qui commit l'évêque de Fréjus et celui de Riez, pour connaître de la cause, et terminer les débats. Ces deux prélats firent comparaître à leur tribunal les parties, et après avoir consulté Pierre, évêque de Digne, et Guillaume de Gibelin, ils prononcèrent une sentence arbitrale, qui confirmait un premier jugement rendu, quelques années auparavant, par le même Guillaume de Gap, et l'abbé de Boscaudon.

Par ce jugement, auquel les parties étaient tenues de se conformer, sous peine d'excommunication, on ordonna qu'il y aurait la paix entre l'archevêque et ceux de l'Eglise d'Embrun qui suivaient son parti, et le prévôt et les autres chanoines ses adhérents. Les juges ordonnèrent au prévôt, avant toutes choses, de rendre en tout le respect et l'obéissance qu'il devait à l'archevêque, comme à son père et son supérieur, et qu'aussi l'archevêque chérirait et honorerait le prévôt comme son fils. L'on procéda ensuite à un règlement de partage...; et pour les mines d'argent, il fut dit que le revenu en serait partagé par égales portions, et le reste, en proportion suivant ce qui en avait été décidé par l'évêque de Gap et l'abbé de Boscaudon, et qui avait été confirmé par le pape Luce III.

Deux ans auparavant, en 1206, sous l'épiscopat de Guillaume de Gibelin, saint François d'Assise passa à Gap, et y laissa quelques-uns de ses disciples pour y fonder une maison de son Ordre.

Guillaume se trouva au concile qui s'ouvrit à Avignon, le 6 septembre 1209, sous la présidence du légat Milon, qui mourut peu de temps après; on y excommunia les Toulousains, pour n'avoir pas chassé les hérétiques de leur ville. Notre évêque consentit à l'établissement des religieux Trinitaires à la Motte du Caire, paroisse de son diocèse, située de l'autre côté de la Durance. Enfin, malgré le diplôme impérial de 1178, qui soumettait les évêques de Gap à ne reconnaître pour suzerains que les empereurs d'Occident, Guillaume, sur l'ordre du pape Innocent III, en 1212, rendit hommage à Raimond Bérenger, comte de Provence et de Forcalquier. Il mourut cette même année.

37. — GRÉGOIRE II (1212-1214).

Ce ne peut être que par une erreur de copiste que le nom de Grégoire au lieu de Guillaume se trouve avec ceux de Guillaume de Bénévent, archevêque d'Embrun, et de Pierre de Saint-Paul, évêque d'Apt, sur un acte conservé dans les archives d'Aix, et portant la date de 1210. Grégoire ne dut être élu à l'évêché qu'en 1212 au plus tôt, et n'occupa que fort peu de temps le siége. Ce fut pendant son administration que l'on jeta les fondements du couvent des Frères-Mineurs.

38. — HUGUES (1214-1217).

Les archives de l'Église de Gap et celles de la chartreuse de Durbon mentionnent ce prélat sous la date de 1215, mais il était sur le siége dès l'année précédente, puisqu'il approuva une donation faite aux religieuses de Berthaud, par Rimbaud d'Aurésia, et les trois frères Rostaing d'Agoult, Guiraud de Simiane et Rimbaud d'Agoult, de toutes les seigneuries et de tous les droits qui avaient appartenu à Guillaume Hugon dans le lieu et mandement de Ventavon. On marque sa mort en 1217.

39. — GUILLAUME IV D'ESCLAPON (1217-1235).

Issu d'une noble et ancienne famille de Provence qui n'est pas encore éteinte, et qui, de nos jours, a donné un vénérable prélat à l'Église de Verdun; il était, depuis 1212, abbé de Lérins, qu'il gouvernait avec sagesse, lorsque son mérite le fit tirer du cloître pour ceindre la mître épiscopale. C'était en 1217. Par acte du 18 octobre 1222, le dauphin Guigues André rendit hommage à Guillaume pour tout ce qu'il possédait ou pourrait posséder à l'avenir dans le diocèse. Cet hommage fut reçu par le prélat dans un pré situé hors des murailles de la ville en face de la maison du dauphin et en présence de plusieurs hauts et puissants seigneurs du Dauphiné. Guigues André se trouvant à Romette, le 26 juin 1235, dans le verger appartenant aux Bénédictins établis dans cette petite ville, y approuva, ainsi que Guillaume d'Esclapon, une donation de la terre de Montbrand et de la moitié de celle de la Baume-des-Arnauds, faite par Guillaume Augier, seigneur de Montbrand, qui venait de prendre l'habit religieux chez les Chartreux, en faveur de son frère Roger, prieur d'Aspres. Le 30 avril précédent, Guillaume avait sanctionné diverses libéralités faites à la chartreuse de Durbon. Il mourut à la fin de cette même année.

Ce prélat portait pour armoiries : *de gueules, fretté de six lances d'or, accompagnées de petits écussons de même, semés dans les interstices.*

40. — ROBERT (1236-1252).

Il appartenait à l'Ordre de Saint-Dominique et reçut, en 1236, la consécration épiscopale. Il est mentionné dans le testament d'André, dauphin de Viennois, fait le 4 mars 1237. Ce prince lui recommande, ainsi qu'à d'autres archevêques et évêques, sa femme, Béatrix de Montferrat, Guigues son fils et ses vassaux. Au mois d'avril 1238, Robert se rendit à Turin et y fit hommage à l'empereur Frédéric II pour les villes et les châteaux épiscopaux de son diocèse. Ce prince, par une bulle, consignée dans le *Livre rouge* déposé aux archives de l'hôtel-de-ville de Gap, confirma en sa faveur les priviléges des droits régaliens que les empereurs avaient accordés à ses prédécesseurs. Les châteaux qui y sont dénommés sont ceux de la Bâtie-Neuve, de la Bâtie-Vieille, de Tallard, de Monestier et autres. Elle fut donnée en présence de Jean, archevêque de Vienne, d'Aimar, archevêque d'Embrun, de Pierre, évêque de Grenoble, de Boniface de Montferrat et de Mainfroi, marquis de Saluces. A son retour, Robert s'arrêta à Embrun, et parvint à mettre d'accord et à concilier Aimar, archevêque d'Embrun avec les habitants de cette ville qui avaient méconnu l'autorité de leur prélat. L'esprit de justice et de conciliation qui lui était particulier, le fit nommer, par le pape Grégoire IX, arbitre d'un différend qui s'était élevé entre ce même prélat et le dauphin Guigues VII, au sujet du serment que ce dernier devait à l'archevêque d'Embrun et qu'il avait prêté à Raimond Bérenger IV, comte de Provence. Robert, soutenu par le souverain Pontife, parvint à terminer cette affaire, car Guigues rendit hommage non pas à Aimar, mais à Humbert, son successeur, le 15 novembre 1245, dans la maison du prieuré de Romette, et l'évêque de Gap en dressa l'acte authentique.

Deux ans après, Guigues VII ratifiait une convention intervenue en 1210 entre son père Guigues VI, dauphin de Viennois, Eudes III, duc de Bourgogne, et Raimond Sédu, archevêque d'Embrun. Robert, évêque de Gap, en dressa aussi l'acte, le 7 juin 1247, dans un verger qui était attenant à la maison des

Pères de Saint-Antoine, à Gap. Le 12 octobre 1251, il fut témoin avec Amblard, évêque de Digne, et Guillaume Ribot, évêque de Vence, de l'enregistrement de la bulle par laquelle Conrad, roi des Romains, avait accordé, le 6 janvier 1147 aux archevêques d'Embrun, d'Arles et de Vienne, les régales impériales, la justice, la monnaie et les péages.

L'évêque Robert mourut le mercredi, 14 février 1252, suivant notre manière de compter les années, et fut inhumé dans l'église du couvent des Frères-Prêcheurs de la Baume-les-Sisteron, paroisse du diocèse de Gap, située sur la rive gauche de la Durance, église dont il avait posé la première pierre, le 1er décembre 1248. C'était pendant la durée de son épiscopat que ces religieux étaient venus s'établir en cet endroit. Robert avait aussi approuvé diverses donations en faveur de la chartreuse de Durbon, et avait obtenu, en 1245, la confirmation des priviléges de la Bâtie-Neuve, de la Bâtie-Vieille et de Tallard, ainsi qu'il résulte d'un diplôme qui était conservé dans les archives de la chambre des comptes d'Aix.

41. — OTHON ou EUDES II DE GRASSE (1252-1282).

Issu de l'illustre famille de ce nom, l'une des plus nobles de la Provence, Othon, petit-fils de Raimond de Grasse, avait pour père B. de Grasse, pour frère R. de Grasse et pour sœur Béatrix. D'anciens titres conservés dans la maison de Grasse, constatent qu'il eut pour neveux et pour nièces Guillaume, Bertrand, Hermeline et Thiburge. Othon était prévôt de l'église métropolitaine d'Aix depuis 1251, lorsqu'il fut, l'année suivante, appelé au siége épiscopal de Gap, où presqu'aussitôt une grande division éclata entre lui et les habitants. Dès le 19 juin de cette année 1252, le dauphin Guigues lui rendit hommage pour tout ce qu'il possédait dans la ville et dans le comté de Gap.

En 1256, Othon approuva une donation faite à la chartreuse de Durbon par Adalaisie, femme de noble Géraud Arnoux, seigneur de Sigoyer. Inde, abbesse de Saint-Pierre de Souribes, le 31 mars 1261, du consentement des religieuses ses sœurs, et de l'évêque Othon, légua à l'ordre des Chartreux et spécialement à la maison de Berthaud, l'église de Vidauban, diocèse de Fréjus, sous la retenue d'un cens de cinq sous et à la condition de pourvoir pendant leur vie aux besoins des religieuses. Le 4 juillet 1262, le dauphin lui céda, pour le prix de trois mille sous viennois, la juridiction qu'il avait acquise de Roland de Manteyer, sur la ville de Gap. L'acte en fut passé près de Corps, en présence de plusieurs nobles seigneurs, Raimond de Montauban, Guillaume de Rovère, commandeur de Saint-André de Gap, Lantelme de Saint-Marcel, chanoine de la cathédrale, Pierre M..... de la maison de Chauvet, et de plusieurs autres gentilshommes et ecclésiastiques.

Le 30 octobre 1265, Othon rendit une ordonnance par laquelle il interdisait l'entrée des vins étrangers dans sa ville épiscopale. Depuis le commencement de son épiscopat, Othon avait voulu exercer d'une façon presque souveraine, dans Gap, l'autorité que les bulles impériales avaient accordée à ses prédécesseurs, mais non moins jaloux de soutenir les droits de la cité que Frédéric II avait, en 1240, mis sous sa protection, les Gapençais prennent les armes et Othon est obligé d'implorer le secours de son grand vassal, le dauphin Guigues VII. Par un traité du 13 décembre 1267, l'évêque de Gap et le dauphin promirent, avec serment, de se prêter un mutuel appui contre leurs ennemis réciproques, « à la réserve, dit Juvénis, du pape et de l'empereur, du côté de l'évêque; de l'empereur et du comte de Provence, du côté du dauphin, à la condition que si l'évêque se servait des forces du dauphin contre ses ennemis, tout ce qu'il gagnerait serait partagé entre eux, et si l'évêque acquérait quelques nouveaux droits dans la ville ou ailleurs, ces droits seraient également partagés, moyennant qu'il en ferait hommage à son Eglise, qu'il obtiendrait permission du pape pour les posséder, et du comte de Provence de lui en faire hommage. » Ce traité fut passé à Corps et scellé du sceau des parties contractantes. Mais Guigues étant venu à mourir deux ans après, les habitants de Gap recherchèrent la protection du dauphin, Jean Ier son fils, alors sous la tutelle de Béatrix de Savoie sa mère, et ils l'obtiennent en lui cédant, le 11 décembre 1271, les droits du consolat, ainsi que les terres de Montalquier et de Furmeyer, avec plusieurs autres choses, et en s'obligeant à lui fournir en temps de guerre, cent hommes armés et équipés à leurs frais; ainsi qu'il se voit dans l'acte de reconnaissance et d'hommage, et dans la consultation de 1460 des docteurs régents de Turin.

Saisi d'une violente colère à cette nouvelle, Othon, par un acte fait à Aix dans le palais archiépiscopal, près de l'église de Saint-Sauveur, le 19 du même mois de décembre 1271, requiert

Guillaume de Gonesse, sénéchal de Provence, muni des pouvoirs de Charles d'Anjou, roi de Sicile, comte de Provence et de Forcalquier, d'avoir à lui prêter main-forte contre ses diocésains. Le sénéchal ne voulut rien accorder à Othon, qu'au préalable il n'eut fait hommage et prêté serment de fidélité à Charles d'Anjou, en sa qualité de comte de Forcalquier, et Othon se reconnut vassal du roi de Sicile, et soumit même les habitants de ses terres à des prestations inconnues jusqu'alors. En revanche, Charles d'Anjou lui accorda, ainsi qu'à son Eglise, les seigneuries de Sigoyer, de Malpoil et de Reynier, une rente de trente livres tournois sur la recette de Digne, lui restitua à charge d'hommage, ses droits sur le château de Manteyer, moins le droit de propriété qui ne lui appartenait pas, s'obligea de défendre les terres épiscopales, à la condition que l'évêque reconnut la justice royale dans les affaires particulières qui lui surviendraient, et enfin lui céda son droit sur le consolat de la ville de Gap avec la juridiction de la police qui y était attachée, si toutefois Charles d'Anjou avait sur ce consolat quelques droits. Ces conventions furent arrêtées dans l'église métropolitaine d'Aix et ratifiées à Rome par le roi de Sicile, le 16 mai 1272.

A la même époque, l'irascible Othon avait aussi quelques démêlés avec son chapitre, car on le voit, en 1271, fulminer une sentence d'excommunication contre le doyen, le prévôt, le sacristain et quelques chanoines. Le traité entre Charles d'Anjou et l'évêque Othon, alluma une guerre nouvelle à laquelle prit part toute la noblesse de la contrée, et qui ne fut terminée que le 29 janvier 1274, par un traité fait par l'intermédiaire de Raimond de Mévolhon, prieur des Frères-Prêcheurs de la Baume-les-Sisteron; peu après, évêque de Gap, Rambaud de Savines, religieux du même Ordre; Guillaume de Rovère, commandeur de Saint-André; Guillaume de Belmond, archidiacre de Gap, et Lantelme de Saint-Marcel, chanoine de la même Eglise, devenu, en 1290, évêque de Grasse.

La paix fut conclue dans un pré proche du prieuré de Saint-André, à un quart de lieue de Gap. Par ce traité, Othon reconnut les priviléges de la cité, les confirma, et promit de ne jamais rien innover à l'avenir. Ce traité toutefois soumit la ville à recevoir parmi ses officiers municipaux, un chanoine et un chevalier, ainsi que deux bourgeois et un artisan qu'on choisirait chaque année au jour de saint Vincent, pour assembler le conseil et traiter toutes les affaires de la ville; il fut stipulé en outre que cette paix ne nuirait en rien au traité que la ville avait fait avec la comtesse dauphine et son fils, et à la donation qui lui avait été faite du consolat.

En 1277, Rambaud de Manteyer céda au prélat ce qu'il possédait dans ce village, consistant en juridiction, hommes, terres, prés et autres droits. L'année suivante, la dauphine Béatrix, qui n'était point disposée à se dessaisir du consolat et des droits qui y étaient attachés, commit Guillaume de Montorcier dit le Noir, et quelques autres personnes, pour en percevoir les revenus et pour administrer les terres que la ville lui avait cédées. Othon, renfermé dans son château de Rambaud, fulmina contre eux, le 8 décembre 1278, une sentence d'excommunication, et les Gapençais, excités par les agents de la dauphine, se lèvent indignés, courent à la maison épiscopale, se saisissent d'Othon, et dans leur fureur aveugle, le retiennent quelque temps en prison. Rendu à la liberté, Othon, après avoir mis à la raison le prieur du couvent de Berthaud, qui prétendait se soustraire à quelques redevances en blé, sollicita de nouveau en 1279, la protection du roi de Sicile et de son fils le prince de Salerne, qui se trouvait alors en Provence (Charles le Boiteux), et par acte signé à Sisteron le 1er mai 1281, Othon leur céda la moitié de la juridiction temporelle de la ville de Gap. Le prince Charles de Salerne servant alors le ressentiment du prélat, s'avança vers Gap, et fit, en avril 1282, le siége de la ville, qui peu après se soumit à des conditions assez dures, puisqu'elle fut obligée de donner à Charles ses fouages, ses fours banaux, ses fossés ou patègues, et ses gabelles. Ce fut aussi à la fin de cette année 1282, qu'Othon mourut, après trente années d'un épiscopat des plus orageux.

Il portait pour armoiries : *d'or, au lion de sable, armé, lampassé et couronné de gueules.*

42. — RAIMOND DE MÉVOLHON (1282-1289).

Raimond de Mévouillon ou mieux de Mévolhon (*Raimundus de Medullione*), appartenait à une famille de Sisteron qui n'est pas encore éteinte et qui, outre la souveraineté des Baronnies, possédait beaucoup de terres dans le Gapençais, entre autres celles de Pomet et de Barret dans le canton actuel de Ribiers. Né près de Sisteron en 1235, Raimond, que ses parents firent élever avec le plus grand soin, renonça de bonne heure aux avantages de sa naissance pour entrer dans l'Ordre de Saint-Dominique. Il fit profession au couvent de la Baume près de Sisteron en 1256, et, à son exemple, plusieurs de ses parents embrassèrent le même institut, notamment son père, appelé Raimond, comme lui, et qui, vers 1269, après le décès de Sibille, sa femme, prit l'habit religieux et mourut saintement dans cette pieuse retraite, où il décéda vers la fin de l'année 1273 ou au commencement de l'année suivante. On le distingue dans les actes de ce temps par le surnom de *senior*, le vieux, comme son fils par celui de *junior*, le jeune. Ces actes nous apprennent aussi que le fils, un des exécuteurs testamentaires de son père, ne put acquitter les legs du défunt, qu'en vendant pour la somme de 2,000 livres le château de Mollans, à son frère nommé aussi Raimond, seigneur de Mévolhon, à la condition que ces 2,000 livres seraient données, selon le vœu de leur père, aux Frères-Prêcheurs d'Avignon, pour bâtir un dortoir dans leur couvent. Nous trouvons de plus, dans ces mêmes actes, un autre Raimond de Mévolhon, fils de celui-ci et neveu de l'évêque, qui, en 1294, fit construire au Buis, chef-lieu de la Baronnie, une maison pour les Dominicains. On voit que toute cette famille fut la bienfaitrice de l'Ordre des Frères-Prêcheurs.

Le P. Echard (*Scriptores ordinis Prædicatorum*, t. Ier, p. 434) et Valbonnais (*Hist. de Dauphiné*, t. II, p. 104), qui ont débrouillé la généalogie des Mévolhon, beaucoup mieux que Chorier (*Hist. génér. de Dauphiné*, t. II, p. 181 et 187), ont fait observer combien s'étaient trompés les frères de Sainte-Marthe (*Gallia christ.*, édit. 1656), suivis mal à propos par Fontana dans son *Theatrum Dominicanum*, et par Altamura (*Bibliotheca Dominicana*), en supposant que Raimond de Mévolhon ne devint évêque de Gap, puis archevêque d'Embrun, qu'après la mort de sa femme : erreur introduite par la ressemblance des noms dans l'histoire de cette noble famille. Ces estimables historiens ont ici confondu le père et le fils.

Les services de Raimond de Mévolhon dans la prédication et l'enseignement le désignèrent au choix de ses confrères pour les plus importantes fonctions de l'Ordre : prieur de la Baume-lès-Sisteron, il fut en 1264, dans le chapitre de sa province tenu à Avignon, élu prédicateur général, titre alors fort élevé dans l'Ordre des Frères-Prêcheurs; il est ensuite nommé par divers chapitres généraux à Bologne en 1267, associé du provincial; à

Milan, en 1270, adjoint au définiteur; à Bologne en 1275, définiteur.

C'est en 1271, après le vote du chapitre de Milan, qu'il reçut de Henri de Suze un honorable témoignage d'estime : ce cardinal, ancien archevêque d'Embrun, en léguant à l'Ordre de Saint-Dominique une très-belle Bible avec des miniatures d'or et d'azur, qu'il avait achetée à Paris, voulut, par une disposition spéciale, que frère Raimond de Mévolhon en eût l'usage pendant sa vie.

Les actes du chapitre général assemblé en 1278 dans la même ville de Milan, le chargent d'une commission qui atteste encore plus la confiance qu'avaient inspirée depuis longtemps son habileté et sa fermeté : « Nous enjoignons expressément, y est-il dit, à frère Raimond de Mévolhon et à frère Jean Vigarosi, de se rendre en toute hâte en Angleterre et d'y faire une enquête exacte sur la conduite des frères, qui, au scandale de l'Ordre, sont accusés de mal parler des écrits du vénérable frère Thomas d'Aquin. Nous leur donnons, dès ce moment, plein pouvoir sur le chef et les membres, et les autorisons à punir ceux qu'ils auront en cela trouvés coupables, à les faire sortir de la province et à les priver de leurs offices. Que si l'un des deux est empêché par quelque motif légitime, l'autre n'en poursuivra pas moins cette recherche, pour laquelle les prieurs sont tenus, toutes les fois qu'ils en auront été requis, de leur fournir les coopérateurs jugés par eux-mêmes les plus propres à les seconder. »

Les Dominicains anglais avaient sollicité du chapitre général cette mesure sévère, lorsque, au lieu de recourir à de tels moyens de répression, ils auraient bien pu, ce semble, défendre eux-mêmes les opinions de l'*Ange de l'école*, soit contre les religieux des autres Ordres, auxquels sans doute il était permis d'user d'un droit de controverse dont les Frères-Prêcheurs s'étaient souvent prévalus, soit contre les attaques de leurs propres confrères, non moins excusables alors de critiquer les écrits d'un homme dont l'Église n'avait point encore sanctionné les doctrines en le mettant au nombre des saints.

La rigueur de cette mission inquisitoriale s'explique par les antiques usages de la subordination, dans toutes les sociétés monastiques, et cette inflexible discipline explique aussi leur puissance. L'Ordre de Saint-Dominique ne pouvait empêcher Henri de Gand, Gilles de Rome, Jacques de Viterbe, d'attaquer certaines propositions de Thomas d'Aquin. Il fallait bien surtout, qu'il se résignât à subir publiquement et tous les jours, la redoutable rivalité des Frères-Mineurs, mais l'intérêt même de son pouvoir, que des querelles intestines sur des questions théologiques auraient ébranlé au dedans et au dehors, l'obligeait à réprimer, par tous les moyens possibles, cette espèce de guerre civile, et la règle de l'obéissance, lui servait en ce point, comme en tous les autres, à resserrer les liens de l'unité.

Il n'est pas sans intérêt de faire connaître ici l'origine de la controverse dont les esprits s'étaient émus. Un disciple de Bonaventure, Jean Peckham, frère Mineur, ancien adversaire de Thomas, à Paris, avait combattu en Angleterre, où il fut bientôt archevêque de Cantorbéry, cette proposition de l'Ange de l'école : « Il n'y a dans l'homme que la forme substantielle. » Peckham, qui soutenait la multiplicité des formes, se justifiait contre ceux qui lui reprochaient d'insulter à une illustre et sainte mémoire, en disant qu'il avait été longtemps, lui aussi, de l'opinion de Thomas, et l'avait défendue avec zèle, jusqu'au jour où il l'avait vue attaquée par les théologiens de Paris, et où il avait entendu Thomas lui-même, se soumettre, dans son humilité, au jugement que portaient sur cette question et la faculté de théologie, et Etienne Tempier, évêque de Paris. Il ajoutait que l'archevêque son prédécesseur, Robert Childwardby, quoique dominicain, avait condamné à Oxford cette même proposition, et que pour lui, ce n'était point récemment, comme le disaient ses adversaires, mais depuis plusieurs années, qu'il y avait opposé en public la doctrine contraire, celle de Bonaventure et des Frères-Mineurs, soit à Paris, soit en Angleterre, soit à Rome. Il ne devait pas être aisé de donner tort, au moins dans la forme, à un homme qui se défendait si bien, mais le nom de Thomas d'Aquin était déjà sacré pour l'Ordre de Saint-Dominique; Peckham avait entraîné dans son parti plusieurs religieux de cet Ordre, qui pouvaient même s'appuyer de l'autorité d'un dominicain, du dernier archevêque de Cantorbéry, promu au cardinalat, et il était à craindre que l'Angleterre ne devînt infidèle au Docteur angélique, à cette nouvelle gloire des Frères-Prêcheurs. Les deux envoyés ne cédèrent pas : leur voix, interprète d'un Ordre puissant, fut entendue, et la plupart des transfuges rentrèrent dans la doctrine du maître, par crainte ou par conviction.

Raimond de Mévolhon rendit compte de sa mission, dans le chapitre général de l'Ordre, tenu à Paris en mai 1279. Quoiqu'elle eût réussi, le chapitre porta encore le décret suivant : « Le vénérable frère Thomas d'Aquin, d'heureuse mémoire, ayant fait beaucoup d'honneur à notre Ordre, par la sainteté de sa vie et par ses ouvrages, comme il est juste de ne point souffrir que l'on parle de lui ou de ses écrits d'une manière peu respectueuse, même en pensant autrement que lui, nous enjoignons aux prieurs provinciaux ou conventuels, et à leurs vicaires, ainsi qu'à tous les visiteurs, de ne point manquer de punir sévèrement ceux qu'ils auront trouvés coupables d'un tel excès. » I est à remarquer que cet article est déjà moins rigoureux que celui du chapitre de Milan : on voulait sans doute éviter l'éclat qu'auraient pu produire quelques résistances. Une politique non moins habile, fit transporter à Oxford le chapitre général de l'année suivante. Dans celui de 1279, Raimond de Mévolhon fut nommé pour la seconde fois définiteur, c'était récompenser son zèle et encourager celui des autres.

La reconnaissance de l'Ordre de Saint-Dominique réservait à cet illustre religieux, un plus haut prix de ses services. « Il était temps, dit le dominicain Touron, que cette lumière fût placée sur le chandelier de l'Église. » En 1282, après la mort d'Othon, évêque de Gap, les chanoines réunirent leurs suffrages sur Raimond de Mévolhon, et le pape Martin IV ne tarda pas à confirmer ce choix. Cette même année, le chapitre provincial de Carcassonne l'autorisa à désigner quelqu'un de ses parents, pour professeur de physique, dans le couvent de Sisteron, ce qui fait juger que cette maison voyait toujours en lui un protecteur et un patron. Le 13 juin 1286, un bref du pape Honorius IV, daté de Rome, près Sainte-Sabine, chargea Raimond avec Raoul de la Tourette, archevêque de Lyon, et Jacques, évêque d'Autun, de faire une enquête sur la conduite de Louis de Savoie, qui avait retenu prisonnier Guillaume de Valence, archevêque de Vienne, et lui avait extorqué des promesses que Guillaume de Sassenage, évêque de Grenoble, avait eu la faiblesse de lui faire ratifier par des serments.

Le prince de Salerne, qui fut plus tard Charles II, s'était, en avril 1282, comme nous l'avons dit, rendu maître de Gap, où l'avait appelé l'évêque Othon. Par suite de cette guerre, la ville fut contrainte de céder au vainqueur tous les biens qu'elle possédait en commun. Peu de temps après, les malheurs qui vinrent fondre sur le prince de Salerne, le portèrent à rentrer en lui-même. Touché de repentir, il voulut rendre au successeur d'Othon, à Raimond de Mévolhon, toutes les choses dont il s'était emparé à Gap, à la charge par ce prélat de les restituer à la ville, en se faisant rembourser ce que l'Église avait souffert par le soulèvement des habitants contre Othon. Or, tout compte fait, les frais et dépens supportés par Raimond de Mévolhon, s'élevant à 2,000 livres environ, *les habitants*, dit le Livre des Annales des Capucins de Gap, *lui donnèrent pour tout cela, les quatre fours qu'ils avoient donnés au dit roi* (Charles II) *à perpétuité.* Il fut de plus stipulé que ces mêmes habitants *seroient obligés de cuire leur pain en iceux, en payant un pain sur trente, ou trois deniers par settier, au choix des débiteurs*, que *dans cinquante années, la communauté pourroit avoir lesdits quatre fours, en payant trois mille sols tournois, et que ledit évesque pourroit faire faire deux autres fours qui lui resteroient.* Cet acte porte la date du 2 janvier 1287.

Cette même année, le prince Charles de Salerne, comte de Provence, l'envoya à Rome, avec Geoffroi de Lincel, prévôt de l'Église d'Apt, pour soumettre à l'approbation pontificale un projet de traité entre lui et la cour d'Aragon, par la médiation d'Édouard, roi d'Angleterre. Le Pape, de l'avis du Sacré-Collége, par son bref du 4 mars, rejeta ce projet comme injurieux pour l'Église romaine, et désavantageux au prince; mais il permit à celui-ci, d'après la demande de son ambassadeur, de faire célébrer, durant sa prison de Barcelone, la messe et l'office divin pour lui et pour sa suite, malgré l'interdit de Catalogne. Il est probable que Raimond de Mévolhon alla ensuite trouver le prince en Espagne, mais qu'il revint promptement dans son diocèse où il demeura encore deux ans.

Après sept ans d'administration épiscopale, Raimond fut transféré, le 8 octobre 1289, à l'archevêché d'Embrun, au grand regret de son peuple qui, dit un ancien chroniqueur, était dans le deuil par la perte qu'il faisait d'un si bon prélat.

Pour rappeler en peu de mots les principales circonstances de cette nouvelle gestion, nous le voyons, en 1290, accorder pour dix ans, à une compagnie d'entrepreneurs, le droit d'exploiter une mine d'argent dans le territoire de Châteauroux, et le samedi 12 août de cette année, présider un concile provincial où l'on ne fit presque que confirmer les statuts promulgués précédemment par Henri de Suze, archevêque d'Embrun, depuis cardinal d'Ostie, dans le concile qu'il tint en 1267. Raimond de Mévolhon, le 13 juillet 1292, apposa son sceau, conjointement avec d'autres évêques, à la charte par laquelle le dauphin Humbert et Anne sa femme confirment la donation qu'ils avaient faite de tout le Dauphiné et de la baronnie de la Tour, à Jean, leur fils aîné, ne se réservant que l'usufruit, leur vie durant. Cet acte fut passé en présence de Guillaume de Valence, archevêque de Vienne, de Jean Valentin, évêque de Die, de Gui, évêque d'Annecy, et de Guillaume de Sassenage, évêque de Grenoble.

Le 3 février 1293, on voit Raimond de Mévolhon recevoir de Charles II, roi de Naples et comte de Provence, qui l'appelle dans sa lettre *son cher cousin*, la commission de fixer lui-même la valeur de divers châteaux dont l'échange était négocié avec l'Église d'Embrun. Le 18 avril suivant, il réunit le monastère de Sainte-Croix et l'église de Beauvoir à l'abbaye bénédictine de Boscaudon. Raimond voulut assister au chapitre général de l'Ordre des Frères-Prêcheurs qui s'ouvrit à Montpellier le 7 juin 1294, et donner aux religieux qui le composaient de nouvelles preuves de sa libéralité. A son retour de ce chapitre, il tomba malade au Buis, petite ville du Dauphiné, où un de ses neveux venait de fonder une nouvelle communauté de son Ordre, et c'est là qu'il mourut saintement, au milieu de ses anciens confrères, le lundi 28 juin 1294. Suivant la volonté qu'il en avait exprimée, son corps fut transporté à la Baume-lès-Sisteron, pour y être inhumé dans la chapelle de Sainte-Madeleine, au couvent des Dominicains.

Par les plaintes qu'un chanoine d'Embrun adresse à Guillaume de Mandagot, successeur de Raimond de Mévolhon, contre les Dominicains de Sisteron, le 25 juin 1295, et où la date de la mort de celui-ci est fixée, sans doute, par erreur de copiste, *au mois de juillet, le jour des apôtres Pierre et Paul*, qui ne tombe pas au mois de juillet, on voit que ces religieux s'étaient approprié et avaient emporté chez eux, peut-être, d'après les dernières volontés du mourant, ses anneaux, ses mitres, sa crosse, ses calices, son argenterie, toute sa chapelle, plusieurs livres, tels que les ouvrages de Vincent de Beauvais, et d'autres choses précieuses que ce chanoine redemande pour l'Église d'Embrun. Malgré d'incessantes réclamations, les Dominicains s'adjugèrent la meilleure portion de la succession de Raimond de Mévolhon, sous le prétexte qu'il avait pris l'habit religieux dans leur couvent. A l'époque de la révolution de 1789, on y voyait encore une épitaphe qui indiquait le tombeau de cet illustre prélat; aujourd'hui, cette même église sert d'écurie.

Tels sont tous les faits suffisamment attestés que nous avons pu recueillir sur Raimond de Mévolhon : si nous cherchions maintenant un des témoignages les plus anciens et les plus dignes de foi sur le caractère de ce prélat, nous pourrions dire, après Léandre Alberti (*De viris illustribus ordinis Prædicatorum, liber III*), « qu'il se fit remarquer par une certaine douceur d'âme, qu'il gouverna d'une manière honorable deux importants diocèses pendant treize ans environ, et que le dernier chapitre général de son Ordre auquel il assista, fut illustré par la régularité de ses mœurs et l'élégance de ses vertus. » Rien, dans les autres documents qu'on a sur lui, ne contredit cette autorité.

Il reste fort peu d'écrits qu'on puisse attribuer avec certitude à Raimond de Mévolhon. La critique historique doit regretter surtout son rapport au chapitre général de Paris en 1279, sur les Dominicains d'Angleterre, accusés de déserter les doctrines de saint Thomas d'Aquin, car ce compte rendu par le délégué de l'Ordre de Saint-Dominique eût été certainement plus digne d'attention que la plupart de ses actes épiscopaux. Les autres ouvrages qui portent son nom ne sauraient avoir le même intérêt. Voici ceux dont le P. Echard le croit auteur, du moins en partie :

1° Les actes d'un synode tenu à Rieti en Italie, et qu'il passe pour avoir présidé. Ce serait pendant son voyage de l'année 1287, mais ce fait n'est point à l'abri du doute. Nous ne voyons point à quel titre Raimond aurait présidé un synode dans un diocèse qui lui était complétement étranger.

2° Une lettre, en date du 15 novembre 1288, où l'évêque de Gap se réfère à une bulle du pape Nicolas IV, adressée au provincial des Frères-Prêcheurs, statuant que tout religieux dudit Ordre qui en aura quitté l'habit pendant son noviciat, ne pourra être promu à aucune dignité que par une dispense du souverain Pontife. La *Gallia christiana nova* (tome I, col. 465), fait mention de cette lettre d'après les archives des Dominicains de Béziers.

3° Le même ouvrage lui attribue, sans indiquer de preuve, des statuts pour l'administration de son diocèse de Gap, renouvelés ensuite par son successeur, Geoffroi de Lincel. Gui Allard (*Biblioth. de Dauphiné*, Grenoble, 1680, in-16, p. 150), dans une notice très-courte sur Raimond, se contente de dire d'une manière générale, « qu'il fit des statuts pour son Eglise, qui ont été trouvés si beaux et si raisonnables qu'ils ont été reçus en plusieurs diocèses. »

4° Le seul écrit que nous puissions lire aujourd'hui, parmi ceux où il semble avoir eu quelque part, est la rédaction en quatre articles des actes du concile provincial d'Embrun, ouvert le 22 août 1290. Ces actes, omis dans les conciles du P. Labbe, ont été publiés d'après un manuscrit de l'Eglise de Digne par dom Martène et dom Durand. On voit par le début, qu'il tint ce concile avec Guillaume de Porcelets, évêque de Digne; B., évêque de Glandèves; Lantelme de Saint-Marcel, évêque de Grasse; Bertrand de Seguret, évêque de Senez; Guillaume de Sisteron, évêque de Vence; Hugues, évêque de Nice, ses suffragants, et Pierre de Correo, abbé de Boscaudon. Il y confirma les statuts d'un de ses prédécesseurs, Henri, d'heureuse mémoire, archevêque d'Embrun, cardinal d'Ostie (Henri de Suze), comme très-convenables et très-utiles, de l'avis et du consentement exprès de ses suffragants, et veut qu'ils soient observés fidèlement et à perpétuité dans la ville, le diocèse et la province d'Embrun, sans entendre néanmoins préjudicier par ces statuts à ceux qui auraient pu être canoniquement établis dans les dites Églises, ou aux usages qu'on y a précédemment suivis.

A ce début, qui est compté comme premier article, succèdent trois canons. Le premier enjoint de n'admettre à la cléricature que ceux qui peuvent prouver qu'ils sont nés d'un légitime mariage et présenter des lettres en règle qui attestent qu'ils ont reçu la tonsure.

Le second canon prescrit des prières spéciales qui doivent être dites chaque jour aux messes des églises paroissiales et des couvents, pour demander à Dieu d'écarter les afflictions et les persécutions dont les églises sont menacées. Une de ces prières, composées exprès, est un vœu pour le prompt amendement de ceux qui envahissent les biens et violent les droits du sanctuaire.

Le troisième statut, de l'avis et du consentement des évêques présents, accorde à tous les fidèles, qui, véritablement pénitents et confessés, auront récité chaque jour quelque oraison à cette intention, vingt jours d'indulgence des pénitences imposées. Et les suffragants, de leur côté, accordent vingt autres jours.

On peut croire que lorsque l'archevêque recommandait avec tant de zèle et de publicité le respect des biens de l'Eglise, il songeait aux dommages et aux usurpations que devait entraîner depuis longtemps la guerre entre le dauphin et le comte de Savoie, qui, après des négociations imparfaites, et de nouvelles ruptures, ne parut un moment terminée que par le traité de paix du mois de juin 1293, où des concessions réciproques firent cesser enfin, pour quelques années, les hostilités entre les deux Etats. Peut-être aussi Raimond de Mévolhon avait-il en vue surtout, sans l'avouer ouvertement, les luttes assez vives qu'il avait soutenues lui-même contre les dauphins pour les droits féodaux de l'Eglise d'Embrun, et que l'héritier de son titre archiépiscopal, Guillaume de Mandagot, poursuivit avec non moins d'ardeur et de succès.

Plusieurs des écrits de Raimond avaient été traduits en grec sous ses yeux, et cette traduction s'est conservée. Le manuscrit qui renferme cette version grecque de divers ouvrages dont la plupart semblent être en effet de notre prélat, appartenait autrefois à l'abbaye de Saint-Germain des Prés : c'est un volume in-8° en parchemin, de 222 feuillets de 23 lignes, chacun, portant la date de 1292, et que Montfaucon a soigneusement décrit en 1715 (sous le n° 379, *olim.* 36) dans son catalogue des manuscrits grecs de M. de Coislin, évêque de Metz, légués depuis à l'abbaye de Saint-Germain (*Bibliotheca Coisliana,* p. 585). Les PP. Quétif et Echard (*Scriptores ordinis Prædicatorum,* t. I, p. 397), qui ont connu ce manuscrit, et qui, en 1719, ajoutent quelques détails aux extraits de Montfaucon, où ils avaient remarqué ces mots : ἐν τῷ κάστρῳ Μεδουλλιόνης, n'ont point cru cependant que ce volume grec eût aucun rapport avec Raimond de Mévolhon et, ils ne le rappellent même pas dans ce qu'ils disent de cet archevêque. On a été plus hardi de notre temps, le dernier critique qui ait fait mention du manuscrit pense que tout ou presque tout ce qu'il contient est traduit des œuvres latines de l'archevêque d'Embrun.

L'exemplaire unique peut-être où se trouvent ces traductions grecques, et qui devrait être aujourd'hui avec les autres débris des manuscrits de Saint-Germain à la Bibliothèque impériale de Paris, a été transporté, comme quelques autres de la même origine, par suite de la catastrophe qui en détruisit ou en dispersa plusieurs en 1794, à la Bibliothèque impériale de Saint-Pétersbourg, ainsi qu'on l'apprend du Catalogue rédigé par M. Edouard de Muralt qui, sous le n° 24, a donné de ce volume une nouvelle description (*Catalogus codicum Bibliothecæ imperialis publicæ græcorum et latinorum*, Petropoli, 1840, in-folio, fasciculus primus, col. 24-25). Voici le sujet des neuf ouvrages dont se compose ce recueil.

1° Le premier, qui est sans titre comme le second et le quatrième, et qui est écrit, comme ils le sont tous, dans un grec assez souvent défiguré par des locutions latines, est une sorte d'exposition de la vie chrétienne. *Agitur hic*, dit Montfaucon, *de modo vivendi christiane.*

2° Le second ouvrage, adressé à des moines et à des religieuses et dédié à un abbé, a pour sujet la charité chrétienne et ses quinze signes. Le prédicateur s'élève contre ceux qui s'aiment tellement eux-mêmes, qu'ils ne craignent point de recourir à des médecins juifs, prouvant ainsi qu'ils n'ont point la foi, l'espérance et la charité d'Agathe qui, par confiance en Jésus-Christ, ne voulut point être guérie de la main d'un apôtre, et annonçant de plus qu'ils ne tiennent aucun compte de l'Évangile, ni de la défense des apôtres, ni du danger de fréquenter les méchants, ni même de la santé du peuple.

3° Le troisième a pour titre : « Tableau de la vie spirituelle « Σύνοψις βίου πνευματικοῦ. » Ce discours, comme le second, offre de magnifiques éloges de la profession monastique.

4° Autre discours ascétique sans titre, précédé d'un prologue. Θύγατερ — περιέχεται. L'auteur raconte ensuite la vision d'une abbesse.

5° « Dialogue didactique sur les éléments de la foi catholique. » Le traducteur avait dit, d'après son texte et la croyance de l'Église romaine, que le Saint-Esprit procède du Fils; une autre main, fidèle au schisme grec, a ensuite gratté ces mots.

6° « Objections contre ce qui vient d'être dit. » Ce sont trois réponses à ceux qui prétendent que l'Ecriture sainte ne doit être lue ni par les enfants, ni par les laïques.

7° « La philosophie catholique et divine, fournissant les moyens d'anéantir les ruses du grand Antechrist et de tous ses membres, discours adressé à la sainte assemblée des Romains. » Partout, en effet, dans ces divers opuscules, l'Eglise romaine est placée à la tête de la chrétienté. Suivent 24 canons sur le même sujet. Au folio 132, on réprouve la révolte de la Sicile contre la maison d'Anjou : les vêpres siciliennes sont de 1282. Au folio 147, on compte douze siècles depuis la destruction du temple par Titus.

8° « Règles pour discerner les vrais et les faux prophètes. »

9° « Homélie sur la signification du mot de quatre lettres, tant en hébreu qu'en latin, pour l'explication du mystère de la Trinité, à frère Pierre du Puget. » Montfaucon fait remarquer que les lettres hébraïques sont écrites dans l'Homélie sur la Trinité, comme on les écrit aujourd'hui, mais que la prétendue interprétation du mot hébreu n'est qu'une chimère. Quétif et Echard ne témoignent pas non plus beaucoup de confiance dans la doctrine exposée par l'orateur. Ce discours et tout le manuscrit se terminent par les lignes suivantes : « Donné au château de Mévolhon, trois jours avant la fête de la bienheureuse amie du Seigneur, Marie-Madeleine (19 juillet), l'an de sa venue mil deux cent quatre-vingt douze. Fin de l'homélie. »

Montfaucon ne dit rien sur l'auteur de ces traités rédigés en grec et se contente de traduire les mots ἐν τῷ κάστρῳ Μεδουλλιόνης, par *in castro Medulliones*. Quétif et Echard, quoique cette date leur rappelle l'archevêque d'Embrun, regardent aussi l'auteur comme anonyme et ne le réclament point pour leur Ordre. M. de Muralt, qui, d'ailleurs, n'a point su que ces derniers avaient parlé du manuscrit, conjecture que ces diverses œuvres, traduites selon lui du latin en grec, appartiennent toutes ou presque toutes au dominicain Raimond de Meüillon, qui, selon la *Gallia christiana*, dit-il, se trouvait à Vienne le 13 juin 1292. Et il est difficile de ne point partager cette opinion, surtout si on l'appuie de beaucoup d'indices de détail qu'il serait trop long d'exposer. Seulement M. de Muralt s'est trompé quand il a dit que Raimond de Meüillon était entré dans l'Ordre de Saint-Dominique en 1270, puisqu'il fit profession beaucoup plus tôt, et qu'il mourut en 1294 au Buis dont il était évêque; *Buxii* (et non *Baxii*) *cujus episcopus erat*. Le Buis était le nom d'une de ses baronnies, et Raimond mourut archevêque d'Embrun.

La singulière destinée de ces traités latins de théologie catholique, composés par un dominicain français, évêque du XIIIe siècle, et qui, si la conjecture est vraie, ne subsisteraient plus aujourd'hui que dans une traduction grecque, peut faire excuser les détails de cette analyse et de cette discussion que nous avons en grande partie empruntés à l'*Histoire littéraire de la France*, tome XX.

Raimond de Mévolhon portait pour armoiries : *d'azur, à trois têtes de lion, arrachées d'or, languées de gueules.*

43. — GEOFFROI DE LINCEL (1289-1314).

Fils d'Imbert, seigneur de Lincel près de Forcalquier, et de Thiburge d'Alamanon, Geoffroi né à Manosque, fut élu prévôt de l'église cathédrale d'Apt le 2 novembre 1283, et se trouva présent au traité fait, en 1288, entre Charles II, roi de Sicile et comte de Provence, et la ville de Marseille. L'année suivante, il fut appelé au siége épiscopal de Gap, devenu vacant par la translation de Raimond de Mévolhon à l'archevêché d'Embrun, et peu de jours après son installation, il reçut l'hommage de Renaud de Montauban pour son château de Montmaur. Pierre Reynier, doyen de l'Église de Gap, lui rendit également hommage en 1290, pour la terre de Manteyer. Geoffroi eut ensuite quelques démêlés avec les habitants de Gap, à raison des fours devenus épiscopaux, mais ils furent terminés par une transaction amiable du 7 juillet 1291. Deux ans après, il présida un synode diocésain, dans lequel furent dressés les statuts du chapitre; et le 28 décembre 1295, il rendit à la requête des habitants de la Bâtie-Neuve, une ordonnance qui défendait l'introduction d'aucun bétail dans les pâturages de cette communauté. De graves différends s'étant élevés entre Geoffroi et Charles II, comte de Provence, au sujet du traité ratifié le 16 mai 1272, le pape Boniface VIII dut intervenir, et les commissaires qu'il nomma par une bulle du 8 juillet 1296, rendirent, le 25 mars 1297, une sentence qui homologuait une convention de ce jour, par laquelle Geoffroi se reconnaissait vassal des comtes de Provence et de Forcalquier, et se soumettait à l'hommage, à la charge par ceux-ci de lui prêter main-forte contre tous ses ennemis, quand ils en seraient requis.

Cette même année Geoffroi se trouva à Chorges et à Embrun avec Pierre Gautier, prévôt de l'Église de Gap, au moment où le dauphin Jean II, refusa l'hommage et le serment de fidélité à l'archevêque Guillaume de Mandagot, alors à Rome, pour travailler au sixième livre des Décrétales, hommage et serment que lui avait ordonnés Charles II, roi de Sicile et comte de Provence, et au sujet desquels protestaient énergiquement les grands vicaires du prélat, ainsi que l'attestent les actes de protestation dans lesquels Geoffroi et le prévôt figurent comme témoins.

De nouveaux différends s'élevèrent entre Jean II, comte du Gapençais, fils aîné du dauphin Humbert, et l'évêque Geoffroi, relativement à l'exécution d'un traité signé en 1271, le comte demandait à l'évêque une indemnité de dix mille marcs d'argent. Des juges furent nommés par Charles II, roi de Naples, pour terminer les questions litigieuses. Après d'assez longs débats, les droits des parties furent réglés par sentence arbitrale du 6 septembre 1300, prononcée par Guillaume de Mandagot, archevêque d'Embrun, et Jacques de Euse, évêque de Fréjus, qui plus tard devint pape sous le nom de Jean XXII. Les parties s'engagèrent solennellement, sous peine d'une amende de mille marcs d'argent, à s'en tenir à la sentence qui interviendrait.

En vertu de leur mandat, les deux prélats réglèrent donc que le consolat de Gap (Leude, minage, droit seigneurial qui se prélevait sur les grains), le civerage des blés, légumes et autres qui en dépendaient, et qui jadis étaient exercés par les consuls, appartiendraient désormais au comte de Gap, et à son successeur à perpétuité, ainsi que la moitié de la terre de Montalquier et les droits qui y sont attenants. Les clefs de la ville, dont la garde avait été autrefois confiée aux consuls, appartiendront exclusivement à l'évêque, et à ses successeurs, qui les gardera ou les fera garder comme il l'entendra. Les proclamations se feront à son nom, et il nommera, chaque année, conjointement avec le comte, un juge qui sera chargé de connaître des causes dans lesquelles il s'agira de fonds ou d'héritage. En cas de contestation sur le choix de ce juge commun, il sera nommé pour l'année alternativement par l'évêque et le comte.

Dans le cas où le comte de Gap devra faire la guerre dans l'étendue de son comté, ou dans le Dauphiné, la Communauté sera tenue de lui fournir, tous les ans, cent hommes de pied, bien équipés, et que pendant trente jours seulement elle entretiendra à ses frais. Passé ce temps, le comte sera obligé de les entretenir lui-même à ses dépens, et s'il ne le fait, ils auront le droit de refuser le service, à moins cependant que ce comte ne fut assiégé dans une de ses places.

Quant aux chanoines, la sentence les dépouillait du droit que de temps immémorial ils avaient eu d'être représentés dans le consolat, par la nomination d'un des leurs. Toutefois, comme le chapitre n'avait pas démérité, on voulut le dédommager de ce qu'il n'entrerait plus désormais de chanoine dans le consolat, et on lui assigna un revenu annuel de soixante sols tournois, dont trente seraient payés par l'évêque, et les trente autres par le comte de Gap.

L'évêque Geoffroi, le dauphin Humbert Ier, le comte Jean, son fils, du consentement de son père, parce qu'il était encore mineur; Rodolphe du Puy, syndic du chapitre et de la Communauté de Gap, jurèrent d'observer les articles de ce concordat, qui fut signé près de Sisteron, le 6 septembre 1300, en présence des sus-nommés et d'un grand nombre d'autres seigneurs.

De nouvelles dissensions s'élevèrent entre la ville de Gap et son évêque, mais une transaction du 1er février 1303 y mit heureusement un terme. Le 9 août suivant, Geoffroi maintint les habitants de Mison dans la possession de moudre leur blé et de parer leurs draps aux usines qu'il possédait dans cette paroisse.

Par acte du 10 juin 1305, les habitants de la ville de Gap, tant nobles que roturiers au nombre de treize cents chefs de famille, vinrent rendre hommage à Geoffroi, leur évêque, et lui prêtèrent serment de fidélité. Ce fut au son de la cloche qu'eut lieu cet acte solennel par lequel les Gapençais, la main étendue sur les saints Evangiles, se reconnurent hommes-liges du prélat et de son Eglise. L'année suivante, Geoffroi obtint du roi Charles II des lettres de commission adressées au juge d'Aix, afin de mettre un terme à des différends qui s'étaient élevés entre lui et Guillaume Augier, seigneur de la vallée d'Oze, Pierre Reynier, son frère, et Onésime Flotte, seigneur de la Roche-des-Arnauds, au sujet de la juridiction de la terre de Manteyer qu'ils avaient usurpée à son préjudice.

Hugues de Saint-Genis, prieur de Romette, lui céda, par acte du 15 mai 1307, les dîmes que son couvent percevait à Piégut, à Saint-Charbonnières et à Venterol, et en échange, Geoffroi confirma le droit de patronage qu'avait le prieur sur diverses églises ou chapelles de son diocèse.

L'année suivante, quinze habitants de Tallard-le-Vieux, qui avaient été vassaux de la commanderie du Temple, lui prêtèrent serment de fidélité, et le 16 septembre de la même année 1308, les seigneurs de Manteyer furent tenus de le reconnaître, lui et ses successeurs, pour suzerain, et pour en conserver la mémoire, il fut arrêté, par sentence arbitrale, que les évêques de Gap auraient désormais le droit de faire apposer leurs armes et élever leur étendard sur le château de Manteyer pendant tout un jour de chaque année; d'y demeurer pendant le même espace de temps avec leur maison, et de prendre dans les forêts qui en dépendaient le bois nécessaire à leur chauffage.

Le 13 novembre 1309, Geoffroi acquit de noble Lantelme, seigneur de Saint-Marcel, pour le prix de dix mille florins, le château de Charance et une partie de ses dépendances, et le 16 décembre suivant, il rendit hommage à Robert de Jérusalem, roi de Sicile, comte de Provence et de Forcalquier, pour la moitié de la seigneurie de Gap et pour les châteaux de Tallard, Rambaud, la Bâtie-Vieille, la Bâtie-Neuve, La Fare, Poligny, etc... et toutes leurs appartenances, comme aussi pour le Noyer, Sigoyer-Malpoil, et généralement tout ce qu'il possédait au nom de son Eglise tant dans l'étendue du comté de Forcalquier que dans la cité de Gap, à la réserve du château de Redortiers, situé dans le diocèse de Sisteron. L'évêque de Fréjus, qui était chancelier du roi de Sicile, fut présent à cet hommage. En 1311, l'évêque de Gap obtint des lettres de commission qui enjoignaient à Guillaume de Valserres, co-seigneur d'Avançon, et à ses vassaux, de ne plus le troubler à l'avenir en la possession de la ville et du territoire de la Bâtie-Neuve.

Geoffroi occupait encore le siége de Gap, lorsqu'après la suppression des Templiers, dont les biens furent donnés aux Hospitaliers de Saint-Jean-de-Jérusalem, Béraud de Baux, chevalier de Rhodes, fils de Bertrand, comte d'Aselin, fut fait, le 13 juillet 1312, premier commandant de Gap. En 1313, il permit aux Frères-Prêcheurs de s'établir à Gap; en 1314, il fit investir par son procureur la communauté de Reynier des lieux à elle vendus par dame Mathilde, femme de noble Guillaume du Caire, et mourut au commencement de juin de cette même année 1314.

Il portait pour armoiries : *de gueules, à un fer de lance d'argent posé en bande.*

Chorier et quelques autres auteurs font siéger à Gap, en 1304, un évêque du nom de GANTELME, que mentionnent, disent-ils, des actes de l'abbaye de Lérins, et après lui, placent un autre évêque sous le nom de GEOFFROI II. Comme aucune preuve n'est donnée à l'appui, nous n'avons pas cru devoir suivre leur sentiment. L'épiscopat de Geoffroi de Lincel est d'ailleurs trop bien connu pour ne pas pouvoir assurer que Chorier et les autres auteurs n'ont pas été bien renseignés.

44. — GAUCHER Ier (1314-1315).

Cet évêque, sur la famille duquel nous n'avons trouvé aucun renseignement, et qui n'occupa que quelques mois le siége de Gap, fut élu au mois d'octobre 1314, et reçut le 24 décembre suivant l'hommage de noble Jean Bonfils, devenu seigneur de Montalquier, pour tous les biens, fiefs et juridictions qu'il tenait dans la ville et le territoire de Gap, dans lesquels se trouve enclose cette seigneurie. Gaucher mourut vers le mois de février 1315.

45. — OLIVIER AYMAR DE LAYE (1315-1316).

Issu d'une famille noble qui n'est pas encore éteinte, mais qui est bien déchue de son ancienne illustration, Olivier, chanoine de la métropole d'Embrun, doyen de l'église cathédrale de Gap, et seigneur de la terre de Laye, prit possession vers le mois de mai 1315 du siége épiscopal de Gap; il présida au mois d'octobre suivant, un synode diocésain dont les statuts prescrivirent que le chapitre cathédral tiendrait chaque année deux assemblées générales. Pierre de Reynier, coseigneur de Mollans, seigneur de Manteyer, lui rendit hommage, le 28 février 1316, au nom de dame Sibille Bonfils, son épouse, pour le château de Manteyer. Un des ancêtres du connétable de Lesdiguières eut maille à partir avec ce prélat, auquel il était soumis pour sa terre de Lesdiguières, et s'il faut en croire Videl, qui ne nomme pas ce terrible seigneur féodal, il jeta Olivier par les fenêtres de son château patrimonial. Olivier mourut cette même année.

Il portait pour armoiries : *d'argent, à la croix de sable.*

46. — BERTRAND DE LINCEL (1316-1318).

Bertrand de Lincel était neveu de l'évêque Geoffroi de Lincel, et prévôt du chapitre de Gap, lorsqu'en 1316, à ce que l'on croit, il succéda à Olivier de Laye. La *Gallia christiana* ne fait pas mention de ce prélat, mais Chorier, Artus de Lionne, MM. Gautier et Aucel disent qu'il fut élu, en 1316, évêque de Gap, ou au commencement de 1317; un vieux manuscrit des archives du chapitre de Gap le désigne en cette qualité à la date du 20 septembre de cette dernière année. Le 15 octobre suivant, Bertrand accordait aux habitants de Gap, à cause des bons services qu'ils avaient rendus à son oncle Geoffroi ainsi qu'à lui-même, des lettres patentes par lesquelles il leur permettait de démolir le chemin de traverse qui passe par Lettret et conduit le long de l'Avence à Montgardin, de telle sorte que les gens à pied et à cheval fussent obligés de passer par Gap, permission confirmée par des lettres du dauphin Humbert II, le 24 novembre 1336, moyennant cent florins d'or payés par la ville. Bertrand promit le même jour de faire dresser un cadastre et d'obliger toute personne qui acquerrait des immeubles dans la ville de Gap et dans son territoire, de contribuer à tous les impôts, quand bien même elle n'y élirait point domicile. Enfin ce généreux évêque fonda et dota dans l'église cathédrale une chapelle qu'il dédia à Notre-Dame, et après deux ans environ d'épiscopat, mourut au commencement de 1318. Son nom se trouve parmi ceux des évêques pour lesquels le chapitre célébrait un anniversaire.

Il portait pour armoiries : *de gueules, à un fer de lance d'argent, posé en bande.*

47. — GUILLAUME V D'ESTIENNE (1318-1328).

Il y avait en Provence trois familles nobles de ce nom, mais toutes nos recherches n'ont pu réussir à nous faire découvrir à laquelle des trois appartenait l'évêque qui nous occupe ici, et que la *Gallia christiana* appelle à tort Guillaume Gibelin qui vivait plus d'un siècle auparavant. Artus de Lionne, mieux informé, fait observer qu'il a trouvé le nom de ce prélat *Guillelmus Stephani,* Guillaume d'Estienne, dans un vieux manuscrit conservé aux archives du chapitre. Il était prieur de la chartreuse de Durbon, quand il fut élévé à l'épiscopat en 1318, et le 18 octobre de cette année, il acquit de Bertrand, coseigneur de Reynier, la vingt-quatrième partie de cette seigneurie dont les évêques de Gap avaient le majeur domaine.

Le 17 juin 1319, il termina, par une sentence arbitrale rendue avec le chevalier Pierre des Eglises et Rodolphe ou Raoul de la Fare, le procès qui s'était élevé entre la ville de Gap et la communauté de Romette, relativement à la propriété de la montagne de Bayard. Le 22 juillet suivant, il était au couvent des Dominicains de la Baume-lès-Sisteron, lorsqu'il donna des lettres au sujet d'une sentence rendue par Bertrand de Deaux, prévôt d'Embrun, et plus tard archevêque et cardinal, relativement aux dîmes d'Aspremont, et pour l'exécution de laquelle le pape Jean XXII l'avait commis.

Le 16 juin 1320, Guillaume et le chapitre ne pouvant se réunir à Gap pour des causes connues à cette époque de tous, mais que les titres anciens ne mentionnent pas, furent obligés de se rendre à Carpentras, où ils remplacèrent par de nouveaux statuts les anciens qui furent abrogés. La même année, Guillaume fonda dans sa ville épiscopale une maison de Dominicains, et acquit de Mathilde, femme de noble Guillaume du Caire, la part qu'elle possédait dans la seigneurie de Reynier. L'année suivante, il reçut les hommages de ses vassaux de Château-Vieux, de Lettret et de la Bâtie. Ce fut sous son épiscopat, le 6 juillet 1321, que le dauphin Guigues, fils de Jean, fit hommage à Robert, roi de Sicile, du comté de Gap, dans le couvent des Frères-Prêcheurs d'Avignon.

Guillaume d'Estienne assista au concile des trois provinces ecclésiastiques d'Arles, d'Aix et d'Embrun, qui se réunit à Avignon dans le monastère de Saint-Ruf, le 18 juin 1326, et où l'on dressa cinquante-neuf canons sur la juridiction ecclésiastique, la discipline des Eglises, les abus et les mœurs, et sur le gouvernement des réguliers.

L'évêque de Gap, ne survécut pas longtemps à ce concile, car, selon la commune opinion, il mourut en 1328. Nous ferons remarquer que Guillaume d'Estienne se trouvait régulièrement aux deux assemblées capitulaires qui se tenaient le jour de l'Ascension et le jour de saint Arnoux, mais il y assistait non point comme évêque, mais comme chanoine, ce qui ferait penser que l'évêque de Gap n'était considéré dans ces assemblées par le chapitre qu'à titre de premier chanoine.

Nous avons dit qu'il ne nous était pas possible de dire à laquelle des trois familles du nom d'Estienne, appartenait ce prélat. Il nous semble toutefois présumable, d'après certains indices, que Guillaume d'Estienne était né à Aix, et frère de Bertrand d'Estienne, consul de cette ville en 1350. Des recherches ultérieures pouvant amener la découverte de quelque titre ou sceau, qui faciliterait les moyens d'établir sa généalogie, nous allons donner les armoiries de ces trois maisons de Provence. L'une portait : *d'azur, à trois bandes d'or.* — L'autre : *de gueules à la bande d'or, accompagnée d'un gland de chêne et d'un besant d'or, au chef d'azur, chargé de trois étoiles d'or.* — La troisième enfin portait : *d'azur, à la fasce d'or accompagnée de trois besants d'argent, deux en chef, un en pointe.*

48. — DRAGONNET D'ARTAUD DE MONTAUBAN

(1328-1348).

Il appartenait à l'illustre famille de Montauban célèbre dans les annales de la Provence et du Dauphiné, et qui tenait le quatrième rang entre les chefs de la noblesse de cette dernière province. Les dauphins avaient érigé en baronnie en faveur de l'aîné de cette maison la terre de Montmaur et lui donnèrent la charge de grand-veneur qu'ils rendirent héréditaire.

Dragonnet fut appelé dans les premières années du quatorzième siècle, vers l'an 1306, à l'évêché de Saint-Paul-Trois-Châteaux, et accompagna Guasbert Duval, archevêque d'Arles, son métropolitain, au concile qui se réunit le 18 juin 1326, au monastère de Saint-Ruf à Avignon. Il fut élu à l'évêché de Gap vers le mois de novembre 1328, et le 10 janvier suivant, il assista à l'assemblée générale du chapitre *ut canonicus, non ut præsul.* Par suite de cette distinction, si nous en croyons M. l'abbé Aucel, il aurait, en sa qualité de chanoine, prêté serment, la main sur les saints Evangiles, de garder et d'observer les statuts de l'Eglise de Gap, et comme évêque, il jura de maintenir et de faire conserver les priviléges et les libertés du chapitre, même les exemptions accordées par le pape Alexandre III en 1176. Dans cette même assemblée capitulaire, il fut décidé que, pour se mettre à l'unisson des diocèses voisins et de l'église métropolitaine d'Aix, on réformerait le Bréviaire de l'église cathédrale et du diocèse de Gap.

Le 24 juillet de cette même année, Dragonnet se rendit à Sisteron pour faire hommage à Robert, roi de Sicile, comte de Provence et de Forcalquier, de tout le temporel de son évêché entre les mains de Jean d'Eaublanche, sénéchal des deux comtés. Cet officier royal ordonna, le 4 août suivant, qu'en vertu des traités conclus, l'étendard du roi-comte son maître serait hissé pendant toute une journée sur les tours du palais épiscopal.

Dragonnet assista par frère Lantelme d'Esparron, prieur d'Allons, son procureur au concile qui se tint à Avignon depuis le 25 avril jusqu'au 3 septembre 1337, et où on obligea tous les ecclésiastiques à prendre l'office romain. Cinq ans auparavant, en 1332, il fit, de concert avec son chapitre, une transaction avec le dauphin Guigues VIII : le chapitre et lui se reconnurent feudataires du dauphin, non-seulement pour la terre de Saint-Laurent, mais pour tout ce qu'ils possédaient dans le dictrict et territoire de Roissard, en deçà et au delà de la rivière du Drac. En 1340, il acquit le droit de faire moudre cinquante charges de blé au moulin de Tallard, en consentant à ce que l'on fit usage de l'eau du canal dérivé de la Durance dans le territoire de Lettret, dont il était seigneur.

L'année suivante, il établit dans sa cathédrale l'office de la Vierge à perpétuité. Peu après, il eut avec le prieur de la Baume-lès-Sisteron quelques démêlés que termina en sa faveur une sentence arbitrale rendue le 19 mai 1344 par Jean de Corbeau, évêque de Toulon. Dragonnet mourut en 1348, mais l'on ne peut préciser la date exacte de son décès. Il portait pour armoiries : *d'azur, à trois châteaux d'or, maçonnés de sable.*

49. — HENRI DE POITIERS (1349-1353).

Il était le cinquième fils d'Aimar IV, comte de Valence et de Die, et de Sybille de Baux, et eut pour frères Guillaume, évêque de Langres, et Othon, évêque de Verdun. Nommé le 9 juillet 1349 à l'évêché de Gap, Henri fit peu de chose pour ce diocèse, où il eut à combattre une révolte des habitants de sa ville épiscopale, qui, indignés du meurtre commis par Hault-de-Cœur, bâtard de Poitiers, sur Ismidon de Montauban, parent de Dragonnet, son prédécesseur, avaient pillé son palais et l'avaient obligé de sortir de Gap en 1350. Après diverses rencontres, on signa un accommodement qui permit à Henri de revenir dans sa ville épiscopale où il demeura jusqu'à ce qu'il fut transféré à Troyes, par Clément VI, le 22 février 1353.

Il paya pour sa première Église, à la Chambre apostolique, le 9 décembre 1354, et pour la dernière le 8 juillet 1361.

Quelques titres de cette époque le qualifient de conseiller du roi et de gouverneur et de bailli de Troyes. Il obtint sans doute ces honneurs par suite des incursions que les Anglais firent dans son diocèse, sous la conduite de Robert Kernolle et d'Eustache d'Aubrécicourt. Aussi brave guerrier que pieux évêque, Henri de Poitiers mit Robert en déroute au moment où, après avoir brûlé le château d'Aix-en-Othe, il allait s'emparer de la ville de Troyes; puis joignant les troupes qu'il commandait à celles d'un aventurier lorrain, nommé Broquard de Fénestrange, et aux hommes d'armes du comte de Vaudémont, seigneur de Joinville, il défit et prit Eustache dans les plaines de Nogent-sur-Seine (1358-1359).

En 1362, il reçut l'hommage de Jeanne de Château-Villain. Il assista, le mercredi 6 décembre 1368, en l'église de Saint-Paul, à Paris, au baptême du dauphin, qui fut depuis Charles VI; fit, le 21 août 1370, son testament entre les mains d'Erard, curé de Précy-Saint-Martin, et mourut le dimanche, 25 du même mois, dans sa maison de la rue de la Montée-Saint-Pierre, après avoir comblé son Eglise de bienfaits. Il fut inhumé en face du grand autel de la cathédrale.

Henri de Poitiers portait pour armoiries : *d'azur, à six besants d'argent, au chef d'or.*

50.— GILBERT DE MENDEGACHES, DE MENDREGACHES OU PLUTÔT DE MONDRAGON (1353-1357).

Il fut nommé à l'évêché de Gap, par la bulle du 22 février 1353, en vertu de laquelle le pape Clément VI transférait à Troyes, Henri de Poitiers. Le 14 mai suivant, il avait déjà pris possession du siége, puisque ce même jour, il rendit hommage à Louis d'Anjou, comte de Provence, et à Jeanne son épouse, entre les mains de Foulque de Pontevez, sénéchal des comtés de Provence et de Forcalquier. Il reconnut tenir d'eux en fief, tout ce qu'il possédait dans le comté de Gap, à l'exception du château de Redortier, et de la *bastide* de Charance, dont ses prédécesseurs avaient fait l'acquisition postérieurement au traité ratifié le 16 mai 1272.

L'année suivante, le comte et la comtesse le déléguèrent pour aller recevoir en leur nom avec le sénéchal Foulque de Pontevez, et Jean de Vidame, jugemage, à Aix, l'empereur Charles IV, qui se rendait en Italie, pour aller ceindre, selon l'usage, la couronne de fer. Gilbert fut, avant le 8 novembre 1357, transféré à l'évêché de Lodève, où il mourut avant le 21 juillet 1361, comme il résulte d'une lettre de ce jour, écrite par le pape Innocent VI, et dans laquelle il s'agit des cas réservés au souverain Pontife, et confiés à Gilbert.

Gilbert de Mondragon portait pour armoiries : *écartelé, au* 1 *et* 4 *de gueules, au lion d'or, au* 2 *et* 3 *d'or, au dragon de gueules* ou *de sinople au chevron d'or, chargé de trois trèfles d'azur.*

51. — JACQUES Ier DE DEAUX (1357-1362).

Issu d'une famille noble du diocèse d'Uzès qui avait fourni un prélat à l'Église d'Embrun, et à laquelle vers cette même époque, l'Église de Nîmes sembla inféodée, Jacques était sacriste d'Avignon et docteur en décrets; il est nommé dans les constitutions de l'Église de Rodez, publiées en 1354 par son oncle, qui, par son testament du samedi 17 octobre 1355, le fit son exécuteur testamentaire.

Jacques de Deaux fut nommé à l'évêché de Montauban le 24 décembre 1355; il fut transféré en 1357 à Gap, où son passage n'a guère laissé de traces, et promit pour ce siége à la Chambre apostolique le 20 décembre 1357. Il quitta encore ce siége le 6 avril 1362 pour aller occuper celui de Nîmes, et succéder à Jean de Blanzac, l'un de ses cousins, qu'Innocent VI avait revêtu de la pourpre. Jacques fit son entrée solennelle à Nîmes le 2 mai 1362, mais Dieu lui laissa à peine trois mois et demi gouverner cette Église. Il mourut le 22 juillet de cette même année, et des actes constatent qu'à ses funérailles, les consuls de Nîmes donnèrent huit flambeaux aux armes de la ville et un poële de drap d'or pour couvrir son cercueil.

Jacques de Deaux portait pour armoiries : *De gueules, au chef d'or.*

52. — GUILLAUME VI FOURNIER (1362-1365).

Issu de la maison des seigneurs d'Aultanne et chanoine de Fréjus avant son élévation à l'épiscopat, Guillaume fut élu en décembre 1362, et reçut peu après le titre de lieutenant au gouvernement de Dauphiné. Charles le Mauvais, roi de Navarre, le chargea, en janvier 1363, d'aller avec Pierre de la Judie, archevêque de Narbonne, complimenter à Avignon le pape Urbain V sur son exaltation. Guillaume déjà souffrant de la maladie à laquelle il succomba, se fit représenter au concile tenu à Apt du 14 au 30 mai 1365, par Jean, prieur de Volonne, en son diocèse, concile auquel se trouvèrent les évêques des trois provinces d'Arles, d'Embrun et d'Aix, et où l'on fit un décret de discipline en trente articles.

Guillaume mourut le 1er novembre 1365, il portait pour armoiries : *d'or, à trois bandes de gueules, chargées d'une étoile d'argent, et un chef d'azur au lion issant d'argent couronné d'or, adextré d'une étoile de même.*

53. — JACQUES II ARTAUD DE MÉZEL (1365-1383).

Sur la démission donnée par un chanoine appelé Othon, que le chapitre avait élu pour succéder à Guillaume Fournier, Jacques Artaud, que certains historiens ont aussi appelé Jacques

Bertrand, fut désigné pour le siége épiscopal de Gap. Depuis le 30 juillet 1364, il occupait le siége de Saint-Paul-Trois-Châteaux, et avait, en mai 1365, assisté en personne au concile d'Apt.

Jacques appartenait à une bonne famille de la province de Dauphiné ; il était de Mézel, à deux lieues de Digne; voilà pourquoi on lui donne ce nom, qui n'était point son nom patronymique. Après sa translation à Gap, les chanoines de Saint-Paul-Trois-Châteaux ne pouvant pas s'accorder sur le choix du successeur à lui donner, le pape Urbain V chargea Jacques de gouverner cette Église en qualité d'administrateur; et Jacques conserva ce titre jusqu'à la fin de 1367, ainsi qu'il résulte des lettres données par lui, le 18 octobre de cette année, à Pierre de Robin, prêtre et hebdomadier de Saint-Paul-Trois-Châteaux, qui avait été chargé de la chancellerie de l'évêché, pour certifier que cet ecclésiastique avait rendu un bon et légal compte de sa gestion. Cette même année, Jacques avait transigé avec les bourgeois sur les priviléges municipaux, et les avait confirmés.

A peine avait-il pris possession du trône épiscopal de Gap, que de graves différends s'étaient élevés entre lui et les habitants de cette ville, au sujet d'une somme de trente mille florins qu'il disait avoir avancés pour éloigner du diocèse des bandes armées qui voulaient le traverser pour se rendre en Provence. Les Gapençais, d'accord avec les autres vassaux du prélat, soutinrent que jamais pareille somme n'était sortie de la bourse de Jacques, dont l'official, n'osant comparaître devant les commissaires délégués par Urbain V, fut condamné par défaut le 13 mars 1367.

A cette même époque, il eut à défendre ses terres contre les prétentions d'Arnaud de Trian, neveu du pape Jean XXII, et depuis peu seigneur de la vicomté de Tallard, mais grâce à la médiation de Rodolphe de Commiers, seigneur de la Bâtie de Champrond, les contendants et leurs vassaux signèrent un traité de paix le 28 avril 1369.

Ses démêlés avec les habitants de Gap durèrent malheureusement plus longtemps, ils ne prirent un terme que par les soins de François Borelli, frère Mineur et grand inquisiteur de la foi dans les provinces d'Arles, d'Aix, d'Embrun et de Vienne. Par une transaction qui devint sa grande charte et qui fut signée le 7 mai 1378, la ville de Gap fut maintenue dans ses libertés et priviléges, et surtout dans son droit de s'imposer sans être tenue de soumettre à l'approbation d'aucune autorité, les rôles de ses contributions. Le seigneur évêque déchargea, sans avoir égard à ces priviléges, la noble dame Françoise de la Bréoulle de la part qu'elle devait rapporter dans une contribution pour les fortifications de ville. Les consuls protestèrent contre la dispense accordée par l'évêque, la regardèrent comme nulle et non avenue, et persistèrent à exiger la contribution de la dame. Après de longs débats, la transaction du 7 mai 1378 régla les droits des uns et des autres. Jacques Artaud jura sur les saints Évangiles, tant pour lui que pour ses successeurs, de respecter et d'observer inviolablement toutes les conditions de ce traité, ce qui prouve que la souveraineté temporelle des évêques de Gap était alors fort limitée; il retira à Françoise de la Bréoulle l'exemption qu'il lui avait donnée, et la noble dame, replacée sous la loi de l'égalité, se vit obligée, comme les bourgeois et les *manants,* de contribuer à l'entretien des murailles de la ville.

Malgré cet acte, de nouvelles difficultés s'élevèrent entre le prélat et les bourgeois de Gap, qui chassèrent, en 1382, quelques-uns de ses officiers pour ne pas en avoir exécuté les dispositions. Jacques transféra alors sa cour de justice à Lazer; mais enfin, grâce encore au frère Borelli, un traité de paix fut signé le 15 mai 1383 au château de Tallard-le-Vieux, et Jacques, par l'ordre du souverain Pontife lui-même, Clément VII, fut obligé de rétablir à Gap le siége de sa juridiction. Fatigué de tant de luttes, Jacques Artaud demanda à passer dans un nouveau diocèse, et celui de Sisteron étant vacant par la mort du cardinal Renoul de la Gorce, depuis le 15 août 1382, il lui fut donné au mois de juillet de l'année 1383.

Il gouverna cette Église avec un peu plus de tranquillité. Le premier acte qu'on a de lui est une ordonnance pour la promulgation d'un bref pontifical qui soumettait les prêtres et les clercs à diverses taxes destinées à la restauration des murailles de Manosque. On le trouve mentionné comme présent à une charte donnée, le 10 décembre 1385, en faveur de la ville d'Arles, par Louis, roi de Sicile et comte de Provence. Les autres personnages, dont la présence est marquée dans cet acte, sont Jean le Fèvre, évêque de Chartres, chancelier de ce prince; Raimond d'Agoult, seigneur du Sault, grand chambellan; Foulque d'Agoult, vicomte de Reillane, sénéchal de Provence; Robert de Dreux, Lionel de Coësme, chevaliers français, chambellans du roi; Elzéar, seigneur d'Oraison; François, seigneur de Baux; Foulque de Pontevez, seigneur des Vaux, de Cotignac, de Carcès et de Barrème, Blacas de Pontevez, seigneur de Château-Renard; Gui de Simiane, seigneur de Caseneuve, et plusieurs autres nobles gentilshommes.

Les Observantins de Manosque avaient vu leur couvent détruit en 1358, par les bandes dévastatrices de l'archiprêtre Arnaud de Cervolle. Ces religieux, voulant se mettre à l'abri de nouvelles incursions, s'étaient réfugiés dans l'enceinte même de la ville, avec l'approbation du Saint-Siége. En juin 1360, les consuls, au nom de la communauté, et Donando, bailli de Manosque, leur concédèrent un emplacement vers l'ancienne rue des Juifs, pour la construction de leur nouveau monastère. Plusieurs années s'écoulèrent avant que les religieux pussent être mis en possession du terrain qui leur avait été concédé. Le chapitre de Forcalquier et l'évêque de Sisteron avaient suscité divers obstacles; le premier leur refusait une place ou cour pour le couvent, le second persistait à ne pas vouloir leur accorder un cimetière particulier. Artaud de Mezel finit cependant par entendre raison, et, en 1387, il bénit en personne le cimetière de cette communauté.

Le 7 juillet 1389, il assista Marie, reine de Sicile, dans un compromis qu'elle conclut, avec Jean le Meingre, maréchal de France.

Artaud de Mezel fut appelé, en 1403, à l'archevêché d'Arles, par les soins de Louis II, roi de Sicile et comte de Provence. Installé sur ce siége métropolitain en février 1404, il posa, au nom du pape Benoît XIII, le 22 février de l'année suivante, la première pierre de l'église cathédrale de Carpentras, et, le 5 mars suivant, son nom figure sur un acte passé dans son palais en faveur de Michel Martin, maître apothicaire. Cette même année, il fit exécuter, pour y déposer le chef glorieux de saint Étienne, premier martyr, une châsse en vermeil qu'il enrichit de pierreries.

Artaud paraît encore dans les hommages que lui rendirent, le 3 et le 27 septembre, Nicolas de Montfaucon et Bertrand du Puget, fils de Villele de Foz. On le trouve également mentionné dans un acte du 19 septembre 1406, et dans une sentence arbitrale rendue le 15 janvier 1409, au château de Salon, sur un procès qu'il avait relativement à la terre de Saliers, avec les chevaliers hospitaliers de Saint-Jean de Jérusalem. Il y est qualifié d'archevêque d'Arles et de prince.

Les actes du concile de Pise, publié au tome VI du *Spicilège* de dom d'Achéry, page 362, comptent Artaud au nombre des prélats qui se firent représenter à cette assemblée par des ecclésiastiques de leur diocèse. Benoît XIII, en considération des dommages que le diocèse de Toulon avait soufferts pendant le schisme, lui remit, par une bulle, une portion des dîmes, et Artaud, en qualité de métropolitain, donna, pour la promulgation de cet acte pontifical, des lettres scellées de son sceau, représentant d'un côté les figures de saint Étienne et de saint Trophime, et de l'autre ses armoiries dont on ne peut, toutefois, préciser l'émail. Par un acte passé, en 1409, devant le notaire Pierre Bertrandi, le sacristain de la cathédrale d'Arles fut tenu de restituer, sur le prix de sa pension annuelle de 30 florins d'or, le prix de vases sacrés en argent, perdus par sa négligence, et ce, jusqu'à concurrence de 20 marcs d'argent. Il était également fait mention d'Artaud dans des actes reçus, le 10 juillet 1410, par Antoine Olivari ou Olivier, notaire à Arles; mais ce prélat mourut le samedi, 1er novembre de cette même année.

Jacques Artaud de Mezel portait pour armoiries : *d'azur, à trois chevrons d'argent, surmontés d'un lambel à trois pendants du même.*

54. — JACQUES III D'ARTAUD DE MONTAUBAN

(1383-1399).

Cet évêque, qu'on a trop souvent confondu avec son prédécesseur, était issu de la famille de Montauban, l'une des plus nobles maisons du Dauphiné, issue des anciens comtes de Die, et qui avait déjà donné un évêque au diocèse de Gap. Jacques d'Artaud fut nommé, le 5 septembre 1379, à l'évêché de Grasse, et par une ordonnance du 13 août 1380, fixa le montant des dîmes à percevoir dans la ville d'Antibes, et céda tous ses droits, le 11 septembre suivant, à un nommé Antoine Garnier. Le 15 décembre de la même année, après avoir donné divers avertissements à un de ses chanoines appelé Hugues de Laudurentio, il rendit une sentence, en vertu de laquelle ce chanoine fut condamné à perdre sa prébende, par suite de son refus de venir résider à Antibes, et défense fut faite au chapitre de lui payer aucune rétribution.

En 1382, Jacques d'Artaud promit avec serment à Louis

d'Anjou, d'aller combattre en personne, ou de lui donner du secours, pour la délivrance de la reine Jeanne, que Charles de Duras retenait prisonnière à Naples. Élu vers le mois de septembre 1383, à l'évêché de Gap et non pas de Sisteron, comme l'ont dit tous les auteurs, Jacques assista en 1390 à l'assemblée des trois États de Provence, tenue à Aix, pour s'opposer aux troubles suscités dans le pays par Raimond de Turenne.

Le 12 mai 1392, il confirma aux habitants de la Bâtie-Neuve, de la Bâtie-Vieille, de la Fare, de Poligny et du Glaisil, les libertés et les franchises dont ils avaient joui sous ses prédécesseurs. Déjà à cette époque, Jacques avait eu quelques contestations avec les habitants de Gap au sujet de la dîme du vin, car on voit que par une transaction du 11 juin 1392, indépendamment de la dix-huitième partie des raisins perçue pour la dîme, la ville s'engagea encore à fournir à l'évêque et au chapitre, sept cuves d'une grande dimension. L'année suivante, Jacques fit rédiger à l'usage de son diocèse, le plus ancien bréviaire que l'on connaisse.

Par une sentence arbitrale qu'il rendit le 22 septembre 1394, il régla les tailles des deux communautés de la Bâtie-Neuve et de la Bâtie-Vieille, et traça les limites de leur territoire.

Il semblait être dans la destinée de Jacques d'Artaud d'avoir à soutenir de continuelles luttes. Cette même année 1394, le châtelain de Champsaur ayant empiété sur la juridiction de l'évêque, dans les terres par lui possédées dans la vallée du Drac, Jacques d'Artaud en porta plainte à Jacques de Montmaur, gouverneur du Dauphiné; celui-ci, ayant reconnu la légitimité des réclamations de l'évêque, lui fit rendre justice, et par acte dressé dans le cimetière de Saint-Bonnet le 30 octobre 1394, il fit audit châtelain défenses et inhibitions d'empiéter à l'avenir sur les droits épiscopaux.

Jacques d'Artaud de Montauban cessa de vivre en 1399, car un acte du 3 septembre de cette année marque qu'à cette époque le siége de Gap était vacant.

Jacques portait pour armoiries : *Ecartelé*, *au* 1er *et au* 4e *de gueules*, *à trois tours en forme de châteaux d'or*, *maçonnées de sable et posées* 2 *et* 1, qui est Artaud; *au* 2e *et au* 3e *d'azur*, *au vaisseau d'argent flottant sur une mer de même, au chef cousu de gueules chargé de trois étoiles d'or*, qui est Montauban.

55. — RAIMOND III DU BAR OU MIEUX DE LINCEL (1399-1405).

Raimond du Bar, que plusieurs auteurs appellent avec plus de raison Raimond de Lincel, n'est pas mentionné par les auteurs de la *Gallia christiana*. Nous trouvons cependant le nom de ce prélat dans les manuscrits d'Artus de Lionne, dans Chorier, dans divers actes des archives de la préfecture de Gap, nous ne devons donc point le passer sous silence.

Il était doyen de l'Église de Gap même avant 1392, car son nom figure dans une transaction passée la même année. En 1399, il fut appelé au siége épiscopal de cette ville. Le 14 octobre de la même année, il rendit hommage à Louis II, roi de Sicile et de Jérusalem, comte de Provence et de Forcalquier, en son palais royal à Aix, pour tous les biens possédés par l'évêché de Gap dans le comté de Forcalquier. Trois jours après, Raimond du Bar arriva à Gap et se présenta devant la porte Colombe qu'il trouva fermée, conformément aux dispositions de la grande charte du 7 mai 1378 dont il ignorait les dispositions. Il ne put pénétrer dans sa ville épiscopale qu'après avoir juré entre les mains de noble Justet de Bardonnenche, conseigneur de Sigoyer et consul de Gap, de respecter et d'observer les franchises, libertés et priviléges de la cité, tels qu'ils étaient consignés dans le précieux *Livre des libertés*, autrement dit, *Livre rouge*.

En 1400, Raimond confirma les libertés et les priviléges pour la levée des dîmes, accordés par son prédécesseur aux habitants de Poligny, de la Fare et du Glaisil dans le Champsaur; et le 1er septembre 1401, il transigea avec toutes les communautés rurales dont il était le seigneur. Cette même année, il eut l'occasion de recevoir à Gap saint Vincent Ferrier, accompagné de plusieurs de ses disciples, qui parcouraient le Dauphiné, annonçant la parole de Dieu dans toutes les villes, tous les bourgs et dans les villages; ils s'arrêtèrent principalement dans la Vallouise où ils arrachèrent un grand nombre de Vaudois à leurs criminelles et infâmes erreurs.

Raimond alla jouir d'une meilleure vie vers le mois de janvier 1405.

Il portait pour armoiries : *de gueules, au fer de lance d'argent en bande.*

56. — JEAN Ier DE SAINTS (1405-1409).

Jean de Saints appartenait à une noble famille de Picardie et était chanoine des Églises de Beauvais et de Meaux, lorsque, par bulles du 27 avril 1405, il fut pourvu de l'évêché de Gap par le pape Benoît XIII dont la France suivait alors l'obédience, et qui, le lundi 11 mai suivant, conféra à un ecclésiastique appelé Pierre Franchomme, la prébende canoniale que Jean occupait dans la cathédrale de Beauvais. Jean donna, le 1er février 1406, procuration pour prendre en son nom possession du temporel de l'évêché et jurer d'observer les priviléges de la ville. L'empereur Robert III, par un diplôme du 17 de ce mois, lui accorda la permission de tenir en fief toutes les terres dépendantes de son évêché et d'en exiger les droits. Jean fit, le 8 octobre de cette année, son entrée solennelle à Gap et reçut ce jour-là, en présent de sa ville épiscopale un navire en argent, sorti des mains artistiques d'un orfèvre d'Avignon. Le 3 février 1407, il fit dresser, de concert avec les consuls de Gap, un règlement de police relatif aux denrées et aux comestibles vendus dans les rues de la ville.

Louis, roi de Sicile et comte de Provence l'envoya, en mars 1409, comme son ambassadeur au concile de Pise, ainsi que le rapportent les actes de cette assemblée publiés dans le *Spicilège* de dom d'Achery, tome IV. A son retour, Alexandre V, par une bulle du 20 août de la même année, l'appela à succéder sur le siége de Meaux à Pierre Fresnel, transféré le même jour à l'évêché de Noyon.

Jean de Saints fit, le 27 novembre suivant, son entrée dans sa nouvelle Église et se fit porter par ses vassaux depuis Saint-Père de Cornillon jusqu'à la cathédrale. Les mémoires de l'Église de Meaux constatent qu'en cette circonstance, il emprunta au chapitre un drap de soie, destiné à parer le fauteuil sur lequel il devait être porté, et qu'il s'obligea sous caution de le rendre, parce qu'on appréhendait que ses vassaux ne s'en saisissent. Selon un ancien usage de cette cathédrale, il n'était alors permis à aucun chanoine, ni à qui que ce fût du chœur d'y entrer pour assister à l'office, lorsqu'on avait chanté le *Gloria Patri* du premier psaume. Par délibération capitulaire du 20 octobre 1410, Jean de Saints obtint pour lui et sans tirer à conséquence pour ses successeurs, de ne point être assujetti à ce règlement. Il assista le 20 décembre 1415 au sacre de Philippe de Boisgiloud, évêque de Chartres, et mourut à Meaux le mardi 20 septembre 1418. On trouve un Jean de Saints, échanson du roi Louis XII, et sous le même règne, en 1507, un autre Jean de Saints, seigneur de Marigny, pannetier du roi, qui fut envoyé en ambassade en Angleterre.

Ce prélat avait pour armoiries : *de gueules, semé de croissants d'argent, au lion de sable, brochant sur le tout.*

57. — ANTOINE JUVÉNIS (1409-1411).

Né à Gap, il appartenait à la famille dont est issu le chroniqueur Raimond Juvénis, le même qui, vers la fin du XVIIe siècle, fut procureur du roi au bailliage de Gap, et subdélégué de l'intendant de Grenoble, et qui a laissé une *Histoire du Dauphiné*, des *Notes* et des *Mémoires*. Dans ce dernier ouvrage, Raimond Juvénis prétend que la famille de Juvénis descendait des vicomtes de Marseille par le moyen d'un Geoffroi et d'un Guillaume qui fut appelé Juvénis à cause qu'il était le plus jeune de ses frères. Ce qu'il affirme avoir lu dans un mémoire de l'an 1410, transcrit à la marge d'un registre de la maison consulaire de Gap, et du livre en parchemin du chapitre de cette même ville.

Quoi qu'il en soit, ce qui paraît hors de doute, c'est que notre évêque descendait d'une origine assez illustre, puisque, en 1383, son père était chambellan et capitaine de Louis Ier, de la seconde maison d'Anjou, roi de Sicile et de Jérusalem, comte de Provence et de Forcalquier, et qu'il eut un frère aîné nommé Jean qui assista de ses conseils et de son bras la reine Marie et Louis II, son fils, en la guerre du vicomte de Turenne.

Nous avons peu de détails sur les premières années comme sur l'épiscopat d'Antoine Juvénis. Nous savons cependant que son savoir et son expérience des affaires lui valurent la charge de chancelier du roi Louis II qui se fit représenter par lui à l'assemblée du clergé de France tenue à Paris de novembre 1406 au 16 janvier 1407, pour arriver à l'extinction du schisme qui désolait l'Église, et à celle qui se réunit pour le même objet du 11 août au 5 novembre 1408. En qualité de chancelier, il suivit le roi Louis II, l'an 1409, au concile qui se célébrait à Pise.

L'un des partisans les plus exaltés de Pierre de Lune qui siégeait à Avignon sous le nom de Benoît XIII, Antoine fut à cette époque détenu pendant quelques mois au Louvre, ainsi que Philippe de Villette, abbé de Saint-Denys en France, par ordre du roi Charles VI, qui s'était déclaré pour Grégoire XII, siégeant à Rome. Ce fut pour le récompenser de son zèle et de sa fidélité que Pierre de Lune, quoique déposé canoniquement, le 26 juin 1409, au concile de Pise, le nomma au mois de septembre suivant à l'évêché de Gap, auquel, de son côté, avait pourvu le pape Alexandre V, solennellement élu dans le même concile.

Nous devons cependant faire observer que le P. Berthier, dans son *Histoire de l'Église Gallicane*, et quelques autres auteurs, nomment Jean de Saints comme l'évêque de Gap, qui fut prisonnier au Louvre. Ce qui est certain, c'est que, après avoir assisté à la cérémonie de l'investiture que le pape Alexandre V donna à Louis II, du royaume de Sicile, Antoine Juvénis vint en personne prendre possession de l'évêché de Gap, et le 21 septembre 1410, fut invité de se trouver au chapitre comme chanoine, et que ce jour-là, il jura de garder et de faire garder les statuts, libertés et priviléges du chapitre.

La mort d'Antoine, arrivée en juin 1411, laissa François-Alexis de Siregnio possesseur du siége épiscopal.

Antoine Juvénis portait : *d'azur, à trois pals d'or, au chef d'argent chargé de trois mouchetures d'hermines de sable.*

58. — FRANÇOIS Ier ALEXIS DE SIREGNIO OU DE SIREGNON (1411-1412).

En transférant Jean de Saints à l'évêché de Meaux, le pape Alexandre V, par une bulle du 20 août 1409, avait nommé pour lui succéder à Gap, François-Alexis de Siregnio. Il était religieux de l'Ordre des Frères-Mineurs, issu d'une famille originaire de Milan. Avant d'être pourvu de l'évêché de Gap, dit Luc Vading, au tome Ve de *ses Annales*, il avait été nommé à celui de Bobio, ville de la haute Italie, près des Apennins, suffragant de Gênes.

Repoussé par la majorité du chapitre de Gap, qui avait pris parti pour Antoine Juvénis, François ne put se mettre en possession de l'évêché. Les chroniqueurs ne s'accordent même pas sur l'époque de sa nomination à ce siége. Les uns la placent en

1409, d'autres, en 1410, et quelques-uns, le 20 août 1411. D'après le notaire B. de Motta, dans un manuscrit cité par Artus de Lionne, et qui était conservé dans les archives du chapitre de la cathédrale, Antoine siégeait encore en septembre 1410, et ce ne fut que le 26 novembre 1412, que la présence de François de Siregnio se révéla à Gap, par le serment qu'il fit, suivant la coutume de ses prédécesseurs, de garder et de faire garder les statuts, libertés et priviléges du chapitre. La veille, bien qu'il lui fût survenu un nouveau compétiteur en la personne de Léger Saporis, nommé le 27 août 1411, il avait donné des lettres datées de Gap, par lesquelles il prescrivait à tous les prêtres, curés et prieurs du diocèse, de prélever cent florins d'or sur les legs pieux faits aux diverses paroisses, pour être employés aux réparations de la chartreuse de Durbon.

Ce prélat, aussi recommandable par sa science que par sa piété, ne fit que passer sur le siége de Gap; car très-peu de temps après son installation qui eut lieu le 6 décembre 1412, Jean XXIII voulant laisser celui qu'il avait nommé, seul et légitime possesseur de l'évêché de cette ville, transféra, par une bulle datée du même jour, François-Alexis à l'évêché de Plaisance, pour succéder à Branda de Castiglione qu'il venait de décorer de la pourpre. Il gouverna sagement cette dernière Eglise pendant de longues années, et l'historien italien, Locatus, nous apprend que la mort vint le surprendre à Crémone, le mercredi 1er janvier 1449. Son corps fut transporté à Plaisance, et inhumé dans l'église cathédrale de cette ville.

59. — LÉGER III SAPORIS D'EYRAGUES (1411-1429).

Né à Montpellier d'une famille illustre dans les fastes consulaires de cette ville, Léger Saporis y fit d'excellentes études en droit, et, après avoir reçu le bonnet de docteur, ne tarda pas à acquérir comme jurisconsulte une assez grande réputation. Il était doyen de la collégiale de Saint-Pierre de Larroumieu, au diocèse de Condom, quand, par une bulle du 27 août 1411, le pape Jean XXIII l'appela au siége épiscopal de Gap, dont Léger ne fut en possession paisible qu'après la translation de François-Alexis de Siregnio à l'évêché de Plaisance. En 1413, il renouvela l'ordre donné par ce dernier prélat, de prélever cent florins d'or dans toute l'étendue du diocèse, en faveur de la chartreuse de Durbon.

Une procédure close le 1er août 1416, constate que Léger d'Eyragues, avait fixé le droit de péage sur la Durance à dix sous par radeau, lequel droit était perçu à son profit dans ses terres de Lettret et de Châteauvieux.

Sous l'épiscopat de Léger, un impôt sur l'avoine et sur le foin fut autorisé par le vicaire général de ce prélat, le 16 juillet 1417. Le produit devait être affecté à la réparation des murailles et des fossés de la ville. Tout étranger qui couchait dans Gap avait à payer un patac, pour chaque bête qu'il conduisait; c'était une valeur de deux deniers tournois. Le maître d'hôtel chez lequel il logeait, et qui fournissait le foin et l'avoine, percevait cette petite contribution qu'il versait ensuite dans la caisse du receveur municipal.

Une quittance, datée du 28 janvier 1418, constate que Léger était chancelier de Louis III, roi de Sicile et comte de Provence, conseiller du roi de France Charles VI et du dauphin, et qu'en cette qualité, il touchait une pension annuelle de mille livres tournois. Yolande, reine de Sicile et comtesse de Provence, duchesse d'Anjou, lui donna la seigneurie d'Eyragues et le fit, en 1421, membre de son conseil privé. Les Gapençais ne voulurent pas, en 1425, reconnaître la suzeraineté du roi Louis. César de Nostradamus prétend que Léger fut accusé alors de félonie contre ce roi pour avoir entretenu des intelligences avec les habitants de Gap, ses diocésains. Il est probable que Louis III avait voulu, à cause de la guerre, imposer quelque nouvelle taxe. Les habitants protestèrent, refusèrent de se soumettre, et il est à présumer qu'en cela ils suivirent l'avis de leur évêque. Par suite de cet acte de résistance, les Gapençais furent condamnés par le roi à envoyer, à leurs frais, cent hommes d'armes à Marseille qui était menacée d'une descente de la part des Catalans. Léger fut puni par l'exil et par la confiscation de la seigneurie d'Eyragues au profit de Charles de Châtillon. Le prélat dépossédé se retira dans son château de Seyne, et c'est de là que, le 3 juillet 1425, il écrivit aux consuls de Gap; en disant que depuis quelque temps il ne leur avait point donné de ses nouvelles, que le prieur de Saint-Donat l'avait averti qu'il ne pouvait pas revenir en sûreté dans Gap, parce que cela obligerait les Provençaux d'y venir avec des troupes auxquelles la ville ne pouvait s'opposer; il ne voulait pas qu'elle souffrît à cause de lui quelque dommage; qu'il était en toute sûreté dans ce château; qu'il avait beaucoup de soutiens et d'amis; qu'il ne demandait que justice, qu'ils le soutinssent dans son droit, qu'il leur enverrait un officier notable dont ils seraient satisfaits et consolés; et il leur recommandait tout ce qu'il avait fait.

César de Nostradamus nous apprend que, peu de temps après, les habitants de Gap obtinrent leur pardon. L'évêque reçut également sa grâce, et put rentrer dans son diocèse.

Toutes ces tracasseries, et peut-être aussi le désir de revoir sa ville natale, décidèrent Léger Saporis à demander sa translation à un autre siége. Des lettres du pape Martin V, datées du 11 février 1429, l'autorisèrent à permuter son évêché avec Guillaume Forestier, alors évêque de Maguelone. Préconisé pour ce nouveau siége dans le consistoire du 18 mai suivant, il vint tout aussitôt prendre possession de cette Eglise.

Le premier acte qu'il fit dans le diocèse de Maguelone, fut la bénédiction de la petite chapelle de Notre-Dame de Bonne-Nouvelle, fondée et bâtie par les habitants de Montpellier, quand ils eurent reçu, au mois de juillet 1429, une lettre du roi Charles VII, qui leur apprenait la levée du siége d'Orléans par les Anglais, et son sacre dans l'église métropolitaine de Reims. La même année, Léger Saporis reçut le serment de fidélité de Guérin Thauleri, commandeur de l'hôpital du Saint-Esprit de Montpellier, et l'hommage d'Antoine de Murviel, chevalier du diocèse de Béziers, pour la terre de Saussan.

En 1430, Léger confirma la donation d'une chapelle fondée par Elzéar de Palma, dans l'église de Ganges, et en investit Pierre Gosselin, curé de ce lieu. Il délégua Pierre André, prieur de Saint-Martin, pour exiger les reconnaissances d'emphythéose, des habitants des villages de Murviel et de Casillac. Il assista, par procureur, le 19 mai 1430, au concile présidé à Narbonne, au nom de François de Conzié, archevêque de cette ville, par Pierre de Cotigny, évêque de Castres, et où l'on s'occupa de plusieurs règlements de discipline ecclésiastique, et d'un décret sur les appellations à l'official et la juridiction de la métropole. Les actes publiés par dom Martène (*Anecdota*, tome IV, col. 351), indiquent comme initiale de l'évêque de Maguelone, qui se fit représenter à cette assemblée, la lettre B, qui désignerait Bertrand Robert, successeur de Léger Saporis. Comme il est constant par divers titres, que Bertrand Robert ne devint évêque de Maguelone, qu'un an après la tenue du concile de Narbonne, cette initiale doit être remplacée par l'initiale L.

Léger Saporis mourut vers le mois d'avril 1431.

C'est sans doute par une erreur de copiste que l'on trouve, à la date du 19 décembre 1426, un évêque de Gap appelé *Ludovicus* (Louis), dans une reconnaissance donnée au sujet d'un procès entre les consuls de Gap, André Rambaud, percepteur du droit de cosse, et le procureur général du Dauphiné. *Ludovicus* aura été mis pour *Leodegarius* (Léger).

60. — GUILLAUME VII FORESTIER (1429-1442).

Guillaume Forestier appartenait à une honorable famille de la province de l'Ile-de-France, et d'Aigrefeuille, le principal historien de Montpellier, le nomme à tort Guillaume Leroy, en le confondant avec un autre évêque qui siégea à Maguelone en 1487 seulement. Abbé de Saint-Corneille de Compiègne depuis le 25 décembre 1411, Guillaume avait assisté, en 1414, à Aix-la-Chapelle, au sacre de l'empereur Sigismond, et à quelques sessions du concile de Constance. Il avait été l'un des ecclésiastiques chargés, le 14 juin 1417, par le roi Charles VI, de la direction des subsides accordés à l'Etat par le clergé du royaume. Son mérite était pleinement reconnu à la cour romaine, aussi lorsqu'une bulle du 3 décembre 1423, transféra le bienheureux Louis Aleman à l'Église d'Arles, Martin V lui donna le même jour Guillaume pour successeur sur le siége épiscopal de Maguelone.

Le nouveau prélat fit, en décembre 1424, son entrée solennelle dans son Église, à la grande joie de son clergé et de tous ses diocésains. L'année suivante, il alla trouver à Paris, Jean, comte de Foix, gouverneur de Languedoc et de Guienne, et en obtint des lettres de sauvegarde contre les troupes qui désolaient alors son diocèse et les diocèses voisins. En 1426, ce même prince exempta en sa faveur les juridictions épiscopale et consulaire de la taxe qu'il réclamait aux habitants de Montpellier. Vers ce même temps, Guillaume reçut le serment de foi et hommage de Jeanne de Montlaur, pour la terre de ce nom.

Une bulle donnée à Rome par le pape Martin V, à la demande de Louis Aleman, le 1er décembre 1422, avait réuni la faculté de théologie de Montpellier au corps de l'Université de cette ville, à la condition que les fonctions de recteur ne pourraient jamais être exercées par des religieux d'Ordres mendiants. Ces derniers, on le pense bien, n'accueillirent point avec faveur la bulle pontificale. Guillaume Forestier, en sa qualité de chancelier de l'Université, réunit dans la chapelle de l'évêché le recteur, le prieur de l'une et l'autre faculté de droit, et le doyen de la faculté de théologie, et dans cette réunion, aplanit par sa sagesse et sa prudence toutes les difficultés qui s'étaient élevées entre les professeurs, et un acte d'accord, signé le 12 mars 1428, en sanctionnant les règlements présentés par le recteur Robert Pignon, consomma l'union des deux facultés de droit et de théologie.

Ainsi qu'il résulte, tant des lettres données à Rome le 11 février 1429, par Martin V, que de la bulle adressée par lui le même jour à François de Conzié, archevêque de Narbonne, ainsi que des registres du Vatican, Guillaume Forestier, nous ne savons pour quel motif, permuta le 28 mai suivant son évêché avec Léger Saporis, évêque de Gap.

En 1434, les habitants de la Bâtie-Neuve et ceux de *Rivo Merdoso,* conclurent, avec son agrément, une transaction sur quelques prétentions réciproques. Guillaume fut peu aimé à Gap, parce qu'il eut la faiblesse de s'entourer de personnes peu recommandables par leur conduite, et en 1441, on vit le peuple se lever en masse et courir en tumulte au palais épiscopal pour lui demander la révocation et la déposition de son official, à cause de ses extravagances et des divisions que, depuis plusieurs années, il fomentait entre l'évêque et les habitants. Guillaume céda d'abord, mais peu après, il rétablit cet ecclésiastique dans sa charge. Ayant résisté à une nouvelle émeute populaire, notre prélat s'aliéna les meilleurs esprits, et les consuls de Gap se virent contraints de présenter requête au légat d'Avignon afin d'en obtenir justice. Toutefois, la mort de l'évêque, arrivée au mois d'août 1442, rendit nulle toute plainte dressée contre lui.

Guillaume Forestier, que les Bénédictins n'ont point indiqué dans leur série des évêques de Gap, portait pour armoiries : *d'or, à trois tourteaux de gueules.*

61. — GAUCHER II DE FORCALQUIER (1442-1486).

Gaucher issu en ligne directe des anciens comtes de Forcalquier et de la branche de Céreste, était le deuxième fils de Raimond, baron de Céreste, qui, le 12 février 1407, avait épousé Angélique de Brancas, sœur de Pierre-Nicolas de Brancas, archevêque de Cosenza, puis cardinal, évêque d'Albano, mort à Florence, le 1er juillet 1412.

Né vers 1410, Gaucher fut pourvu de bonne heure de nombreux bénéfices, fut successivement chanoine de l'Église métropolitaine d'Aix, prieur de Meyrargues, prévôt de la cathédrale de Marseille en 1438, archidiacre de celle de Fréjus, protonotaire apostolique et référendaire du Pape.

Nommé en 1440, administrateur de l'évêché de Sisteron, il prit comme titulaire, possession de ce siége le 5 février 1441, et fut transféré à Gap vers le mois d'octobre de l'année suivante. Gaucher, qui, à cette époque, se trouvait à Florence, donna, par un acte du 18 décembre de cette même année, pouvoir de prendre en son nom possession du siége, à Barthélemi de Brancas, seigneur de Céreste, son oncle; à Jacques de Forcalquier de Céreste, son frère; à Pierre Villon, prévôt de Barjols; à Palamède de Carette, prévôt de Saint-Didier d'Avignon, et à plusieurs autres seigneurs tant ecclésiastiques que laïques. De tous ces illustres personnages, deux seulement, Jacques de Forcalquier et Pierre Villon, se présentèrent, le 9 février 1443, pour remplir les intentions du prélat. Les consuls de Gap, nobles Raimond-le-Vieux et Jacques d'Obverche, ainsi que Pierre Gruel, licencié en droit et avocat de la ville, reçurent les fondés de pouvoir de l'évêque dans la nouvelle chapelle de la Trinité de l'église des Cordeliers, où, suivant la coutume, ils jurèrent au nom du prélat, de maintenir et observer les priviléges, immunités et franchises de la communauté de Gap.

Peu de temps après avoir fait son entrée solennelle à Gap, Gaucher eut quelques démêlés avec le dauphin Louis II, depuis Louis XI, qui fit saisir son temporel et mit garnison dans ses châteaux et dans ses terres. Gaucher fut alors obligé de sortir du diocèse et ne se réconcilia avec le prince que par la médiation du souverain Pontife Nicolas V, en 1447. L'année suivante, en décembre 1448, il assista à la translation des reliques des saintes Maries.

Rétabli dans sa juridiction, il exigea des habitants de Gap, le 19 avril 1452, une reconnaissance générale de tous ses droits et priviléges comme souverain temporel, que lui disputaient sourdement et le dauphin et René d'Anjou, comte de Provence et roi de Sicile.

Gaucher assista au concile qui fut célébré à deux reprises à Avignon, savoir, le 7 septembre 1457 et le 23 mars 1458. Pierre, cardinal de Foix, de l'Ordre des Frères-Mineurs, archevêque d'Arles et légat du Saint-Siége, présida la première assemblée;

on y confirma ce qui s'était fait en la trente-sixième session du concile de Bâle, touchant l'opinion de l'Immaculée-Conception de la Sainte Vierge; on y défendit, sous peine d'excommunication, de prêcher le contraire; on ne permit pas même d'en disputer en public, et l'on enjoignit encore aux curés de publier le décret qui contenait ces dispositions.

L'année suivante, commencèrent à Gap des troubles suscités par les prétentions exorbitantes de Gaucher, et qui ne finirent qu'à la mort du prélat. L'histoire ne mentionne pas d'une manière précise quelles étaient les exigences de Gaucher, mais peu après, les habitants de Gap les repoussèrent, jaloux de leurs droits et de leurs priviléges. Le peuple avait manqué au respect et à l'obéissance qu'il devait à son évêque et seigneur. Gaucher de Forcalquier ne put souffrir cette insolence, et résolut d'infliger aux rebelles le châtiment qu'ils méritaient.

En conséquence, il appela les lieutenants de Dauphiné et de Provence, qui se rendirent à Gap avec des troupes; les habitants, de leur côté, prirent les armes, on livra plusieurs combats sans résultat définitif, et les parties belligérantes remirent aux mains d'arbitres choisis par elles la solution de leurs différends. Les habitants de Gap furent condamnés à une amende de douze mille florins d'or, envers l'évêque, payables par la saisie de leurs biens et de leurs personnes, à la réserve de trente ou trente-six, au choix de l'évêque; et que, de plus, quatorze ou quinze des principaux de la ville seraient mis au pouvoir de Gaucher, pour en disposer à vie ou à mort selon sa volonté. Au lieu de pardonner, le terrible pasteur fait élever des potences aux cinq portes de la ville, et dresser un échafaud devant l'église de Saint-Jean-de-Jérusalem, où Jean de Montorcier, chevalier, docteur ès-lois et citoyen de Gap, s'était réfugié avec plusieurs autres nobles personnages, condamnés à mort par le prélat, appuyé du concours des soldats qu'il avait fait venir de Provence.

Vainement le Pape Pie II, auquel les habitants de Gap avaient eu recours, confirma, par la bulle du 15 mai 1461, conservée aux archives de l'hôtel-de-ville, les priviléges, libertés et franchises de la ville; vainement le souverain Pontife nomma, l'année suivante, des commissaires pour connaître des plaintes portées par les Gapençais, contre des clercs et des laïques qui les avaient sérieusement outragés, Gaucher n'en continua pas moins d'attenter aux franchises et aux libertés de la ville épiscopale, devenue presque déserte, et où il ne restait que les malheureux retenus dans les prisons ou qui avaient trouvé un refuge dans les immunités de l'Église.

On vit alors, pendant les rigueurs de l'hiver, sept cents familles errer misérablement dans la vallée du Champsaur, où plusieurs de ces fugitifs périrent dans les neiges. Jean de Montorcier avait cependant trouvé le moyen de faire parvenir ses plaintes au parlement de Grenoble, nouvellement institué, qui fit défense à Gaucher de poursuivre l'exécution de l'inique sentence qu'il avait obtenue. Un commissaire, député par le parlement, entra ensuite dans la ville avec les fugitifs. Gaucher déclina ses pouvoirs et lui déclara fièrement qu'il ne reconnaissait d'autre suzerain que le roi René, comte de Provence. Le dauphin fit saisir aussitôt le temporel du prélat, qui est assigné à comparaître devant la cour, et les habitants de Gap recouvrent leur liberté, à l'exception de Jean de Montorcier, qui cherche un refuge dans l'église des Cordeliers. Gaucher fait aussitôt élever un échafaud devant cette église, mais le commissaire du parlement, Jean de Marcoux, parvient à enlever Jean de Montorcier, qu'il emmena avec lui à Grenoble. A peine ont-ils quitté la ville, que Gaucher exige de nouveau le paiement des douze mille florins d'or; alors les syndics eurent recours à Louis XI, et lui demandèrent de vouloir bien intervenir entre les habitants et leur évêque. Ce prince, par lettres-patentes, expédiées de Toulouse, en date du 11 juin 1463, donna commission à Guillaume de Vernac, bailli des montagnes, de se rendre à Gap, pour voir, modérer ou réformer la fameuse sentence, et satisfaire d'une autre manière à l'évêque, en cas que sa plainte serait trouvée juste; défendant néanmoins très-expressément de comprendre en cette amende les vassaux du dauphin et ses sujets de la rue droite de la ville, aujourd'hui rue de Provence et rue de France, jusqu'à l'entrée de la rue Pérolière, et ceux de Montalquier.

Le bailli arriva à Gap au mois d'août, et fit immédiatement signifier à l'évêque la commission qu'il avait reçue. Celui-ci protesta d'abord lui-même; puis, il envoya à Guillaume de Vernac, un bachelier en droit nommé Bertrand Chaix, pour renouveler ses protestations, et exposer avec détail tout ce qui s'était passé. Bertrand Chaix remontra au bailli les injures que les habitants de Gap avaient faites à l'évêque, de quelle manière ils avaient pris les armes et s'étaient soulevés contre lui, il dit ensuite que Gaucher avait été obligé de recourir au cardinal de Foix, légat du Saint-Siége, qui avait commis l'évêque d'Amasie pour juger cette affaire; que le roi avait été mal informé, que les lettres qu'il avait données étaient contre le droit et la justice, parce qu'il n'avait nulle juridiction ni sur lui, ni dans Gap.

Le bailli ne crut pas devoir s'arrêter à ces raisons, et, nonobstant tout ce que put dire Bertrand Chaix, il fit sa procédure. Puis, ne pouvant obtenir que de bonne volonté on ouvrit les portes, il les fit forcer, et ordonna qu'on abattît les potences qui avaient été dressées pour la punition des coupables.

En 1464, on voit encore le prélat et la ville s'adresser cependant de mutuels reproches au sujet des troubles qui continuent, bien que les uns et les autres eussent consenti à prendre le Pape pour arbitre de leurs différends.

L'année suivante, le dauphin cédait au comte de Provence ses droits sur la ville et sur Montalquier en échange de la terre de Vandolle, puis il rompit le traité, faisant arborer son étendard sur la plus haute tour épiscopale, malgré les droits du roi René et l'opposition de Gaucher, à qui, indépendamment des droits utiles, il ne restait guère que la haute, la moyenne et la basse justice. Toutefois René d'Anjou, comte de Provence, étant mort le 10 juillet 1480, Gaucher, sans s'inquiéter de la vengeance qu'en pourrait tirer Louis XI, fit hommage le 20 du même mois à Charles d'Anjou, comte du Maine et successeur de René, pour toutes les terres possédées par l'Église de Gap dans l'étendue de l'ancien comté de Forcalquier. Heureusement pour lui, Louis XI hérita, le 12 décembre 1481, de Charles d'Anjou, et prit possession du comté de Provence.

Le testament de Gaucher de Forcalquier, daté du jour de la fête de sainte Madeleine, 22 juillet 1483, et dans lequel il se qualifie d'évêque de Gap et de seigneur de Céreste, nous apprend qu'il était, depuis 1440, abbé de Saint-Eusèbe au diocèse d'Apt, abbé du Thoronet au diocèse de Fréjus, prieur de Notre-Dame de Moutiers, prieur de Chardavon au diocèse de Sisteron, et prieur de Montfavet près d'Avignon. Il légua diverses terres à Gaucher de Brancas, fils de Barthélemi de Brancas, et frère d'Angélique de Brancas, sa mère. Il institua pour son héritier son neveu, Georges de Castellane, fils de sa sœur Alix de Forcalquier, avec charge de substitution, en faveur de diverses tiges de la maison de Brancas, dans l'ordre désigné par lui. Si ces deux branches venaient à s'éteindre, son autre cousin, Roux de Brancas, leur était substitué. Mais dans le cas où tous ces héritiers viendraient à disparaître sans laisser de postérité, les biens de Gaucher passeraient par égales portions à son église cathédrale et à la chapelle de Sainte-Marie-Madeleine fondée par lui en la même église.

Gaucher de Forcalquier mourut fort âgé, le lundi 5 avril 1484, et fut inhumé selon ses désirs, dans la chapelle de Sainte-Marie-Madeleine, après un épiscopat agité d'environ quarante-deux ans.

Il portait pour armoiries : *d'azur, au pal d'argent chargé de trois tours de gueules, soutenu par quatre jambes de lion d'or mouvantes des deux flancs de l'écu.*

62. — GABRIEL Ier DE SCLAFANATIS (1484-1526).

A la mort de Gaucher de Forcalquier, le chapitre cathédral, en vertu de la pragmatique sanction, nomma pour lui succéder, Thibaud de la Tour, fils naturel de Bertrand, comte d'Auvergne et de Boulogne, et seigneur de la Tour. Le pape Innocent VIII, de son côté, appela à l'évêché de Gap un ecclésiastique italien, nommé Gabriel de Sclafanatis, et l'envoya dans cette ville avec deux lettres de recommandation, l'une de sa part, datée du 5 octobre 1484, l'autre de la part des cardinaux, datée du 22 décembre de la même année.

Le souverain Pontife et le chapitre voulant tenir chacun son élection bonne et valable, il s'éleva entre les deux compétiteurs une contestation qui dura dix ans, sans édifier personne. Le Pape fulmina contre Thibaud de la Tour une sentence que déclara nulle, en septembre 1486, un arrêt du conseil de Provence. Enfin Thibaud ayant été élu en 1492, évêque de Sisteron, Gabriel demeura seul titulaire et paisible possesseur de l'évêché de Gap.

Né à Parme et issu d'une noble famille de Milan, d'où elle avait été chassée à cause de la part qu'elle avait témoigné de prendre aux intérêts de la France, neveu du cardinal Jean-Jacques de Sclafanatis, évêque de Parme, Gabriel, que le Pape avait pourvu de la prévôté de l'église métropolitaine d'Arles, le 4 mai 1489, ne prit en personne possession du siége, que le 22 avril 1495, après avoir prêté entre les mains des consuls le serment ordinaire.

Loin de chercher à restreindre les libertés et les priviléges des habitants de Gap, ce prélat en augmenta l'étendue dans un traité qu'il fit avec eux le 24 mars 1496, traité dressé par les consuls de la ville et dont il sanctionna tous les articles, à l'exception de deux. L'un interdisait à l'évêque d'acheter du poisson pour sa table, à plus bas prix que les autres habitants, et l'autre bien plus important, autorisait les boutiquiers à tenir leurs boutiques ouvertes les jours des fêtes, à l'exception des fêtes annuelles et de la Sainte Vierge. Comme on le pense bien, les consuls durent rayer cet article qui contrevenait aux lois formelles de l'Eglise.

Le conseil général de Gap se réunit le 24 août 1511, et le consul noble Antoine de Saint-Germain, prit la parole pour montrer les avantages qu'il y aurait pour la ville, de se réunir au Dauphiné, et fit connaître en même temps les conditions de cette réunion. Le conseil se prononça pour l'annexion; il commit huit des principaux du pays, leur donnant plein pouvoir de traiter en son nom avec le roi-dauphin ou avec ses délégués. Les commissaires se rendirent à Grenoble et conclurent avec le parlement et la chambre des comptes, un traité en sept articles, dans lequel le roi-dauphin était reconnu en qualité de supérieur et souverain seigneur au temporel de Gap, tout en réservant les franchises et libertés de la cité, comme aussi les droits légitimes de l'évêque. L'article 6 porte, que pour l'utilité et la commodité des habitants de Gap, le roi-dauphin établirait le siége du bailliage dans cette ville et y joindrait la châtellenie du Champsaur, toujours sans préjudice de la juridiction temporelle de l'évêque. La cour du parlement approuva ces dispositions, le 8 septembre 1511; le roi Louis XII les confirma par lettres-patentes données à Blois au mois de décembre de cette année, enregistrées au parlement, le 16 janvier 1512, et à la cour des comptes, le 7 juin suivant.

Gabriel eut à défendre ses priviléges contre les officiers du roi de France qui, après avoir empiété sur sa juridiction, ordonnèrent que le siége du bailliage serait transféré de Serres à Gap, et que les habitants de cette dernière ville devraient porter leurs appels devant le parlement de Grenoble. Notre prélat avait vu avec beaucoup de répugnance la réunion de la ville de Gap au Dauphiné; en conséquence, il refusait de reconnaître le roi-dauphin, et continuait à rendre hommage au roi-comte de Provence. Cette conduite lui attira de la part du parlement de Grenoble une foule de tracasseries : ses biens furent saisis; plusieurs de ses officiers furent emprisonnés ; il fut lui-même obligé de prendre la fuite, et de se retirer, en février 1511, au château de Tallard, qui se trouvait encore hors de la juridiction du dauphin. Enfin, après une lutte qui ne pouvait se prolonger, Gabriel de Sclafanatis se détermina à traiter avec le gouverneur-général de Dauphiné, Jean de Matheron. Il reconnut le roi-dauphin pour son seigneur suzerain, et il lui rendit hommage, le 19 juillet de cette année, entre les mains du gouverneur-général, dans la chapelle de Sainte-Madeleine. Le dauphin alors délia l'évêque des serments prêtés au comte de Provence; il ordonna la main-levée des biens de son évêché, et il lui accorda les droits de cosse perçus sur les blés et les légumes, ainsi que la haute, la moyenne et la basse justice, sur les villes et terres dont il était seigneur. Par une clause de cet acte reçu de Me Antoine Farel, notaire, il fut de plus stipulé que l'évêque aurait des juges d'appel pour les causes en seconde instance. Toutefois, la sentence de ces juges pouvait être attaquée devant le parlement de Grenoble, qui jugeait en dernier ressort.

Gabriel ayant refusé de contribuer aux dépenses faites par les consuls pour les réparations des portes de la ville et de fournir aux portiers le pain et le vin dont ils avaient le plus pressant besoin, fut condamné sur ce point par un arrêt du parlement de Grenoble, en date du 23 juin 1525.

Parvenu à une extrême vieillesse, il mourut à Gap le dimanche 11 novembre 1526. Malgré les troubles et les luttes qui marquèrent son gouvernement, ce prélat trouva cependant le temps de s'occuper de liturgie; ce fut lui qui termina l'impression du Missel, du Diurnal et du Bréviaire à l'usage du diocèse, imprimé à Gap en 1499, et dans lesquels il ajouta à son titre de seigneur de Gap, celui de *comte de Charance.* On avait dans le temps publié contre lui un mémoire dans lequel on lui reprochait d'être étranger et de faire passer beaucoup d'argent en Lombardie. Ce mémoire prouve que Gabriel n'était point naturalisé français.

Il portait pour armoiries : *d'argent, à un pont chargé de deux tourelles de gueules maçonnées et crénelées de sable, accompagné en chef d'un bouclier d'azur chargé d'une fasce d'or, et en pointe, de deux fasces de sinople, un franc quartier senestre, de gueules à l épée haute en pal d'argent.*

63. — GABRIEL II DE CLERMONT (1527-1568).

Ce prélat était de la plus illustre noblesse du Dauphiné; il appartenait à cette ancienne famille de Clermont qui a donné à l'Église et à l'État tant d'hommes remarquables. Un de ses ancêtres, Eynard II de Clermont, au commencement du XIIe siècle, leva à ses frais une armée, la conduisit contre l'anti-pape Maurice Bourdin, et fut assez heureux pour rendre à l'Eglise son souverain légitime, en ramenant à Rome le pape Calixte II, qui avait été obligé de fuir. Ce pontife, par une bulle qui porte la date de 1120, voulut rendre à la foi et au courage d'Eynard un hommage éclatant, et pour perpétuer le souvenir des services qu'il en avait reçus, il lui accorda de nombreux priviléges, l'autorisa à porter dans ses armoiries les clefs de Saint-Pierre, avec une tiare d'or pour cimier, et lui permit, ainsi qu'aux membres de sa famille qui garderaient le titre de Clermont, d'emprunter, quand ils seraient admis à baiser les pieds du pape, les paroles du prince des Apôtres à Jésus-Christ : *Etiamsi omnes te negaverint, ego non te negabo*. La maison de Clermont porte encore aujourd'hui, dans son écu, les clefs de Saint-Pierre en sautoir, surmontées d'une tiare, avec cette devise : *Etiamsi omnes, ego non*.

Gabriel était le deuxième fils de Bernardin, comte de Clermont et vicomte de Tallard, et d'Anne de Husson de Tonnerre qu'il avait épousée le 13 février 1496; il eut pour frère Théodore-Jean qui fut évêque de Senez en 1551, et vice-légat d'Avignon en 1553. Nommé au commencement de 1527 à l'évêché de Gap, Gabriel en prit possession par procureur le 20 avril de cette même année, et fit son entrée solennelle en personne le 30 mai 1528.

Par acte du 19 juillet 1529, il accorda à ses vassaux de Sigoyer-de-Malpoil une réduction sur les droits de fournage qu'il percevait dans cette seigneurie. Le 23 avril 1531, il approuva les priviléges et les franchises des habitants de Rambaud sur les bois et les pâturages épiscopaux situés dans cette paroisse. Le 21 septembre suivant, il intervint entre ce prélat et son chapitre une transaction qui détermina dans quelles proportions l'évêque devait contribuer aux réparations de l'église cathédrale, et à diverses autres dépenses dont le détail se trouve consigné dans le texte de la transaction. Les témoins de cet acte furent Louis Rostollan, chanoine de la métropole d'Embrun; Étienne de Montorcier, seigneur de Sigoyer; François Duplessis, viguier de Tallard; Jacques de Saint-Germain, citoyen de Gap, et le vibailli Claude Olier, le même qui, en 1515, au nom de tous les ordres de la ville, eut l'honneur de haranguer François Ier, à son passage à La Rochette.

Le 10 octobre de cette même année 1531, Gabriel de Clermont signa, au château de la Bâtie-Neuve, avec les habitants de Gap représentés par les consuls et les députés, un traité qui réglait quelques points controversés de leurs priviléges respectifs. Les consuls et les députés de la cité avaient à leur tête le vibailli Claude Olier; après d'assez longues discussions, les parties finirent par s'entendre. On convint que, suivant les anciennes coutumes, l'évêque ferait l'aumône aux pauvres de la ville et de son territoire, le dimanche et le jeudi de chaque semaine; qu'avant d'entrer en exercice, ses officiers jureraient l'observation des libertés municipales; qu'ils ne pourraient faire emprisonner aucun citoyen qu'après information et pour des causes capitales, et que ni ces mêmes officiers, ni le prélat ne pourraient imposer aucune charge aux habitants. Gabriel prit dans cet acte le titre de seigneur de Gap et de comte de Charance.

En 1540, il reçut l'hommage de Jehan Abon, coseigneur de Reynier, et lui-même, le 27 février de cette année, prêta serment, au roi François Ier, devant la chambre des comptes d'Aix, pour cette terre de Reynier et pour celle de Sigoyer-de-Malpoil, situées en Provence.

Le 22 juillet 1542, il commit Antoine de Rosset, son vicaire général et prévôt de la cathédrale, et Gaspard Finetti, chanoine, pour recevoir l'hommage et le serment de fidélité que Jehan de Bonne était tenu de lui prêter en vertu d'un arrêt du parlement pour la seigneurie de Lesdiguières. Gabriel prêta, le 25 mai 1551, le serment prescrit par les constitutions municipales de Gap, formalité que les consuls avaient négligée lors de son entrée en 1528.

Quelques années après, à la voix de Guillaume Farel, le plus fougueux des novateurs et le plus violent des iconoclastes, l'hérésie de Calvin s'introduisait dans le diocèse de Gap. Cet ardent prédicateur de la Réforme s'empara, le 8 octobre 1562, de la maison d'école pour y tenir ses assemblées, sans faire attention aux réclamations et aux plaintes qu'il soulevait. Enhardi par tout cela, Farel prêcha publiquement ses fausses doctrines le 16 et le 17 novembre suivant dans la chapelle de Sainte-Colombe de Gap. Profondément indignés de cette hardiesse, et se souvenant que les églises consacrées au culte catholique étaient protégées par un édit royal, les consuls de la cité signalèrent à Lamotte Gondrin, lieutenant général de la province, l'infraction dont Farel s'était rendu coupable, et ils en demandèrent la répression. Le 24 novembre, le lieutenant général, en l'absence du duc de Guise, adressa aux consuls une lettre par ordonnance au vibailli à se saisir du prédicateur et à lui faire son procès, non point comme ministre, ni pour sa doctrine, mais pour la rébellion et désobéissance qu'il avait commise.

On exécuta immédiatement les ordres du lieutenant général; le vibailli accompagné du sergent, se rendit à la chapelle de Sainte-Colombe, où on se saisit de Farel, qui, sans crainte, continuait à prêcher; on le fit prisonnier. Les Huguenots se soulevèrent à Romans, puis à Valence. Le 25 avril 1562, Lamotte Gondrin, tomba en leurs mains, fut tué, et deux jours après pendu aux fenêtres de son hôtel. Les jours suivants, les Huguenots s'emparèrent des principales villes de la province, et le 1er mai, ils se rendirent maîtres de Gap.

Farel qui avait trouvé moyen de sortir de sa prison et de quitquitter la ville avant même qu'elle eût été prise, y revint triomphant et donna un libre cours à son zèle, quelques catholiques embrassèrent la Réforme, et l'évêque Gabriel de Clermont, abandonnant la foi de ses pères, et le salut du peuple qui lui avait été confié, se révolta contre l'Église sa mère et son épouse tout à la fois, en se rendant au temple où il n'a pas honte de prendre part à la cène calviniste en habits pontificaux. Devenu odieux à la majorité de son troupeau demeurée fidèle à la foi catholique, l'évêque apostat est contraint de quitter Gap en même temps que les Huguenots, le 23 septembre de la même année. Il se retira dans sa terre de Celles en Berry dont il était seigneur, où il fit son séjour ordinaire le reste de sa vie. Le 1er février 1561, la ville de Gap et Gabriel de Clermont son seigneur, d'accord pour la dernière fois, avaient transigé sur la propriété des fours banaux.

Quelques chroniqueurs rapportent, mais sans preuves certaines toutefois, qu'il consomma son apostasie en s'engageant dans les liens du mariage. Il continua néanmoins d'administrer le temporel de l'évêché par quelques fondés de pouvoirs jusqu'à ce que *pour satisfaire au bon plaisir et volonté du roi*, il céda, par acte du 11 novembre 1571, à Pierre Paparin de Chaumont, tous les droits spirituels et temporels qu'il avait sur cet évêché, moyennant une somme de deux mille livres tournois de pension viagère payable à Lyon à l'époque de Noël. Gabriel de Clermont mourut quelques années après.

Il portait pour armoiries : *de gueules, à deux clés d'argent passées en sautoir*, et pour devise : *Etiamsi omnes, ego non.*

ETIENNE-ANDRÉ D'ESTIENNE, ÉVÊQUE NOMMÉ (1568-1570).

Issu de la famille des Estienne de Saint-Jean de la Salle et de Montfuron, qui avait fourni plusieurs présidents au parlement en Provence, fils d'Honoré d'Estienne et de Marguerite d'Antoine, il était chanoine de l'église métropolitaine d'Aix, et docteur en droit, lorsque, sur la recommandation du chapitre où il jouissait d'une grande influence, le roi Charles IX, l'appela, en 1567, à succéder sur le siége d'Aix, à Jean de Saint-Chamond, qui avait abdiqué l'archevêché en reniant la foi catholique, et s'était mis à la tête d'un régiment protestant. Le Pape ne voulut point confirmer sa nomination, parce que le roi s'opposa à ce qu'on exprimât dans les bulles, que Jean de Saint-Chamond avait été privé de son siége pour crime d'hérésie, par une sentence de la cour de Rome. Ce jugement était, en effet, contraire aux libertés de l'Église gallicane, qui attribuent aux seuls évêques de France, la connaissance des causes de l'espèce dont il s'agissait. Voir une décrétale de Boniface Ier, *Can. decrevimus, quæst.* 3. Le roi nomma alors André d'Estienne, en 1568, à l'évêché de Gap. Le 13 novembre de cette même année, les consuls de cette ville écrivirent à l'évêque récemment nommé, pour le prier d'arriver le plus tôt possible parmi eux, afin de mettre ordre à la désolation dans laquelle ils étaient.

Quand Étienne-André d'Estienne reçut la lettre des consuls, quoiqu'il ne fût encore ni sacré, ni même préconisé par le Pape, il écrivit aux catholiques de Gap, pour leur annoncer qu'il venait de prier Antoine, comte de Tende, gouverneur de Provence, de les délivrer du joug que faisaient peser sur eux les protestants, maîtres de la plupart des villes importantes, et leur promettant que bientôt il serait lui-même au milieu d'eux, pour les consoler et les encourager.

Il demanda à la même époque, au clergé et aux notables habitants de Gap, de faire auprès du Pape de pressantes démarches afin que Sa Sainteté voulût bien lui donner l'institution canonique. Mais en ce moment, dit un chroniqueur, la cour de Rome marchait avec des pieds de plomb pour accorder des bulles aux Français..... elle prenait auparavant bien des précautions et des instructions sur les sujets, à cause de l'apostasie et du naufrage que plusieurs évêques français avaient fait en la foi, et comme Etienne-André d'Estienne avait été nommé évêque de Gap par Charles IX, sur la résignation de Gabriel de Clermont, peut-être paraissait-il suspect de simonie ou d'hétérodoxie.

Au commencement de 1569, il se rendit en personne à Gap, où il reçut de la part des hérétiques tant d'affronts, d'injures et d'outrages, qu'il fut obligé, le 22 février de cette même année, de retourner à Aix, en laissant deux vicaires généraux pour y faire les fonctions nécessaires en son absence.

Quoi qu'il en soit, ce prélat eut un compétiteur dans la personne de Paparin de Chaumont, et l'ancien officier de Moncontour finit par l'emporter sur le chanoine d'Aix, qui écrivit au roi, pour donner la démission de son évêché.

Étienne-André d'Estienne mourut le 5 juin 1580, après avoir été appelé, le 25 janvier 1572, à l'évêché de Béziers, et avoir encore vu sa nomination annulée le 27 avril 1573, pour des causes qui sont demeurées inconnues. On l'inhuma dans l'église métropolitaine de Saint-Sauveur d'Aix.

Il portait pour armoiries: *de gueules, à la bande d'or, accostée à dextre d'un besant d'or, à senestre d'une branche de chêne glandée et feuillée de même, au chef cousu d'azur chargé de trois étoiles d'or.*

64. — PIERRE II PAPARIN DE CHAUMONT (1570-1600).

Né à Montbrison, en Forez, d'une famille noble, il s'occupa d'abord de belles-lettres, et fut ensuite guidon d'une compagnie de gendarmes de M. d'Alençon, son oncle, lieutenant général de la province de Forez, où il fit des merveilles contre les hérétiques. Le roi Charles IX lui donna un régiment à la tête duquel il acquit en diverses circonstances la réputation d'un des plus braves capitaines de son temps. Il commanda ensuite une compagnie de chevau-légers et se trouva en plusieurs combats et notamment le 3 octobre 1569, à la bataille de Moncontour, où il rendit de très-grands services tant de sa personne que par les conseils qu'il donna au duc d'Anjou, depuis Henri III. Peu de mois après, il quittait le service du roi pour se consacrer à Dieu en embrassant l'état ecclésiastique.

Charles IX le pourvut aussitôt du doyenné de Montbrison et du prieuré de Savigny, et enfin après l'avoir chargé d'une mission auprès de l'empereur Maximilien II, il le nomma à l'évêché de Gap par brevet du 3 juin 1570. Muni de la renonciation consentie en sa faveur par Gabriel de Clermont, le 11 novembre 1571, renonciation qu'homologuèrent des lettres-patentes du roi en date du 19 septembre 1576, Pierre Paparin obtint ses bulles le 15 septembre 1572, se rendit dans son diocèse, arriva au château de la Bâtie-Neuve, le 28 novembre et fit son entrée à Gap le 15 décembre suivant, après avoir juré, mais dans l'intérieur de la ville de maintenir les libertés et les franchises de la commune de Gap, à l'exception toutefois du dernier traité conclu par Gabriel de Clermont, au sujet des fours banaux, le 1er février 1561.

Jamais prélat n'eut à subir plus d'humiliations et d'outrages de la part des hérétiques, dont il contrecarrait avec succès les entreprises dans le diocèse. Son zèle, dit un chroniqueur, était la consolation des catholiques; il répandit la bonne odeur de sa réputation; il résista avec fermeté aux hérétiques, dont la persécution ne fut pas capable de lui faire abandonner son troupeau. Car ce prélat ne pouvant pas demeurer dans la ville de Gap pendant les différentes prises et reprises de cette ville par les huguenots, alla s'établir à la Baume-lès-Sisteron, d'où il donnait les instructions et les secours qui dépendaient de lui à son diocèse.

Son repos y fut également troublé par quelques mauvais catholiques, au nombre desquels il faut placer en première ligne Balthazar de Combourcier, sieur de Monestier, gouverneur de Gap, que Pierre Paparin accusait avec raison de favoriser les calvinistes. Les choses en vinrent au point que, le 18 octobre 1574, le prélat, ainsi qu'il résulte de ses mémoires manuscrits déposés aux archives de la préfecture des Hautes-Alpes, fut accablé d'injures, en se rendant du château de la Bâtie-Neuve, où il résidait habituellement, à Gap, où il venait relever l'esprit un peu abattu des catholiques; et il reçut dans les rues de la ville, un coup de pistolet qui l'atteignit à la jointure du genou. Pierre porta plainte de cet attentat, et quelques-uns de ses ennemis furent arrêtés; mais Balthazar de Combourcier, de retour de Lyon, envoya de nuit ses gens pour forcer les prisons, et au nom du roi, s'empara même du château de la Bâtie-Neuve, qu'il mit aux mains des protestants. Les assassins saisirent l'occasion qui leur était offerte de s'échapper; et par suite de la protection qui les couvrait, ils purent se dérober aux châtiments qui leur étaient légitimement dus.

Paparin de Chaumont, retenu dans son lit depuis plus de trois mois par suite du coup de pistolet dont il avait été frappé, résolut de se retirer en Provence, à la Baume-lès-Sisteron, parce qu'il ne se croyait plus en sûreté dans sa ville épiscopale. Avant de s'éloigner, le prélat voulut faire ses adieux à son clergé, et il fit venir à Gap, de toutes les parties de son diocèse, un nombre considérable de curés et de religieux, autant que les circonstances pouvaient le permettre.

Le 12 janvier 1575, après une messe solennelle, célébrée dans la cathédrale, les représentants du clergé du diocèse, ayant à leur tête messire Guillaume Baille de la Tour, prévôt du chapitre, se rendirent à la maison de noble Gaspard de Saint-Germain, seigneur de la Villette, où l'évêque avait été transporté lors de sa blessure, et où il se trouvait encore à cette époque. Le prélat les reçut dans sa chambre, et, après leur avoir parlé des mauvais traitements dont il avait été la victime, et de ceux qu'il avait encore à redouter, il leur fit part du projet qu'il avait de se retirer en Provence, aussitôt que sa santé le lui permettrait. Il éprouve sans doute, leur dit-il, un regret très-vif de s'éloigner de son clergé dont il aurait voulu, en ces temps malheureux, partager les misères et les calamités; mais sa sûreté personnelle et le service du roi lui imposent impérieusement l'obligation de partir, ce dont il les prie de ne point parler, de peur que les rebelles et la gendarmerie établis en la ville n'en soient instruits. Il les a réunis pour leur dire adieu et les embrasser tous; il leur promet qu'au retour de la paix, il reviendra au milieu d'eux; en attendant, il leur fera savoir le lieu de sa retraite, afin qu'ils puissent lui faire connaître leurs doléances. Il les exhorte ensuite à demeurer fidèles à Dieu et au roi, les assurant que, ce faisant, ils ne pourront *faillir et desflorir, mais prospérer*. L'évêque termina son discours en demandant à l'auguste assemblée une approbation de sa conduite, soit dans l'exercice de ses fonctions épiscopales, soit dans l'accomplissement de ses devoirs comme sujet du roi, protégeant et défendant le château de la Bâtie-Neuve, comme la ville de Gap, et résistant, selon son pouvoir, aux menaces et aux entreprises des huguenots.

Le clergé répondit à l'évêque, par l'organe du prévôt, qu'il apprenait avec un sentiment de profonde douleur la résolution à laquelle Sa Seigneurie s'était arrêtée ; que son départ lui causait la plus vive peine, mais que les considérations sur lesquelles était motivée sa détermination, avaient paru à l'assemblée si puissantes, qu'elle n'osait le prier de renoncer à son projet. Le prévôt ajouta que tous les membres du clergé offraient à leur évêque, leurs personnes et leurs biens, pour l'aider à sa retraite, et certifiaient à Sa Majesté, à Messeigneurs de son conseil privé et à tous autres à qui il pouvait appartenir, que Sa Seigneurie s'était montrée en toutes occasions, grandement affectionnée et zélée au service du roi, et au bien du peuple.

Paparin de Chaumont se retira donc en Provence à la Baume-lès-Sisteron, où il demeura deux ans; mais nous le rencontrons ensuite assistant, en 1576, à l'assemblée du clergé de France. Il se trouvait cependant à Gap, quand, dans la nuit du 2 au 3 janvier 1577, Lesdiguières suivi de trois ou quatre cents huguenots, s'approcha en silence des murailles de la ville, et avec l'aide des hérétiques du dedans, s'empara de cette cité. Le prélat se rappelant alors son premier métier, quitte sa maison épiscopale, encourage les catholiques à se défendre, combat dans les rues et ne pouvant résister au grand nombre des huguenots qui fondent sur lui et sur ceux qu'il commande, se retire à la porte Colombe, y élève une barricade et ne se rend à Lesdiguières qu'après avoir vu tomber à ses côtés quelques chanoines et reçu une blessure dangereuse de la main du futur connétable de France. Celui-ci lui permet de se retirer à Jarjayes; mais ne s'y trouvant pas en sûreté, il se réfugia à Sisteron d'abord, puis à la Baume-lès-Sisteron en Provence, où il établit de nouveau sa résidence, et qui devint, pendant plus de deux ans, le siége de son évêché. Les dîmes de cette pauvre paroisse formaient seules alors tout son revenu, et c'est de là, qu'il apprend la destruction totale de sa cathédrale. Tout le clergé de Gap et cinq cents catholiques, sortirent en même temps de la ville et suivirent le prélat dans sa retraite.

Les huguenots se livrèrent à une foule d'actes de vandalisme dans la ville de Gap, et dans le diocèse, ils réduisirent en cendres la plupart des châteaux épiscopaux, détruisirent tous les monuments de la puissance romaine ou que la piété des anciens avaient élevés. Ainsi on ruina de fond en comble, la maison épiscopale et celle du chapitre, les couvents de Saint-Dominique, de Saint-François, de Saint-Antoine, de Saint-André, de Saint-Arey, la commanderie de Saint-Jean-de-Jérusalem, et, ce qui est le plus regrettable, la superbe cathédrale d'ordre gothique, et ce temple romain *d'une structure merveilleuse*, devenu l'église paroissiale de Saint-Jean-le-Rond, sur la perte desquels le savant chroniqueur, Raimond Juvénis, a fait entendre ses tristes lamentations.

Les huguenots demeurèrent maîtres de la ville de Gap et de tout le Gapençais, Tallard excepté, jusqu'en 1581. A cette époque, le duc de Mayenne se rendit dans le Dauphiné, pour le pacifier. Il eut, avec Lesdiguières, une entrevue, à la suite de laquelle la citadelle de Puymaure, devenue le boulevart des protestants, fut démolie; et dans les derniers jours du mois de septembre de cette année, Paparin de Chaumont, sous la protection du duc de Mayenne, put enfin rentrer dans sa ville épiscopale, après une absence de quatre ans.

Le 7 mai 1579, Pierre de Paparin avait présidé à la Baume-lès-Sisteron au synode diocésain, où il publia un recueil d'ordonnances sous le titre d'*Instruction des curés;* le prélat s'attache particulièrement à prémunir son clergé, ainsi que le peuple de son diocèse, contre les erreurs des calvinistes. Cette instruction est précédée de distiques latins et d'un sonnet d'un poète lyonnais, que nous allons rapporter :

Vous qui avez été choisis pour gouverner
Le troupeau du grand Dieu en son Église sainte,
Qui le devez nourrir et garantir de crainte,
Et par le bon chemin sûrement le mener,
Qui aussi le devez si bien endoctriner,
Qu'il ait en son esprit la loi de Dieu empreinte,
Et, rejetant bien loin toute doctrine feinte,
En la sincère foi purement l'enseigner,
Venez voir ce discours, où la charge parfaite
D'un bon pasteur se lit naïvement portraite
Et suivez-la toujours en vos faits et vos dits.
Si vous faites ainsi, vous verrez vos églises
En leur premier honneur incontinent remises,
Et enfin parviendrez au port de paradis.

L'évêque de Gap fit imprimer, au mois d'octobre 1581, les statuts de ce synode diocésain ; il venait de rentrer dans sa ville épiscopale, avec le duc de Mayenne ; mais à peine ce prince eut-il quitté le Dauphiné, que les huguenots s'emparaient de nouveau des revenus de l'évêché et formaient le projet d'enlever Paparin, qui fut assez heureux de se soustraire à leurs embûches, en s'évadant la nuit par l'aqueduc de la porte Colombe.

Retiré de nouveau à la Baume, il écrivit mémoires sur mémoires pour justifier le retard qu'il apportait au paiement des décimes imposés au clergé de son diocèse, et le 28 avril 1583 il se vit forcé de reconnaître, devant Maugiron, lieutenant général de la province, et autres seigneurs dauphinois, Balthazar de Combourcier, le plus mauvais des mauvais catholiques, chevalier d'honneur et sans reproche.

Le 31 août suivant, il présidait un nouveau synode où l'on délibérait sur les décimes et dans la délibération, prend pour la première fois le titre de *comte de Gap;* ses prédécesseurs étaient seulement comtes de Charance. Ce prélat assista au concile provincial tenu à Aix en 1585, sous la présidence d'Alexandre Canigiani, archevêque de cette ville ; on y publia quarante-quatre canons de discipline, tirés du concile de Trente et des autres conciles précédents. Le dernier de ces canons soumet tous les décrets de l'assemblée au jugement de l'Église romaine, mère et maîtresse de toutes les Églises. Ce concile fut en effet approuvé par le Saint-Siége.

Pendant son séjour à la Baume, Paparin de Chaumont se rendit également aux assemblées des trois ordres de la province, qu'il présida même quelquefois. A l'avénement de Henri IV, l'évêque de Gap fit la paix avec Lesdiguières, afin de pouvoir exercer librement les fonctions de son saint ministère dans l'étendue de son diocèse. Par un traité conclu avec lui, il se soumit à lui céder les seigneuries de Glaizil et du Noyer, dépendant du domaine de l'évêché, mais il eut la présence d'esprit de rédiger secrètement, contre cette clause, une protestation dans laquelle il déclarait qu'il n'était nullement dans l'intention de faire cession de ces deux seigneuries au préjudice de ses successeurs. A cette condition, Pierre Paparin put, sans obstacle, reparaître dans sa cathédrale qu'il fit aussitôt restaurer avec le plus de soin possible.

Par acte du 28 janvier 1594, reçu par Me Castagni, notaire à Sisteron, en présence de Jehan Arthemale, praticien de Gap, et de Thomas Queyrel, marchand de la même ville, l'évêque vendit à Étienne de Bonne, seigneur d'Auriac, cousin de Lesdiguières, représenté par Hugues Davin, de Gap, le château et la terre de la Bâtie-Neuve. Cette vente fut consentie sous la réserve, en faveur de l'évêque, de la mairie directe, des droits de lods, investiture et autres droits seigneuriaux, et moyennant la rente annuelle et perpétuelle d'une charge de blé froment, et d'un écu d'or de l'ordonnance. Par transactions des 15 et 22 avril 1598, il traita des droits de fournage et de consolat avec les consuls de Gap, où sévissait alors une maladie contagieuse.

Enfin, ainsi qu'on le voit dans une requête qu'il adressa, le 8 novembre 1599, aux commissaires délégués pour l'exécution de l'édit de Nantes, il visita à cette époque et malgré son grand âge, environ deux cents églises de son diocèse, situées en Dauphiné, et constatait, avec douleur, que la plupart des paroisses étaient privées de pasteurs, et que les dix onzièmes de la population, restés fidèles à la foi catholique, se trouvaient *deslaissés de la pasture spirituelle*, car les bénéfices étaient tombés aux mains de gentilshommes protestants et même des seigneurs catholiques. Le 24 mars 1600, il traita avec les habitants de Gap, relativement à sa juridiction et à celle du juge de police. Ce fut son dernier acte. Rempli de dégoût pour les choses du monde et occupé des pensées de l'éternité, Pierre Paparin revint à la Baume-les-Sisteron, où il avait établi son séjour pendant les troubles religieux. Il y mourut après plusieurs mois de maladie dans la maison qu'il avait fait bâtir lui-même et que le peuple appelle encore aujourd'hui l'*Evescat* (l'évêché), quoiqu'elle soit devenue plus tard la propriété d'un forgeron. Pierre Paparin de Chaumont y termina sa longue et orageuse carrière le mardi, 1er août 1600. Ses restes furent déposés dans un caveau de l'église des Frères-Prêcheurs, près du maître-autel, du côté de l'évangile.

Indépendamment des statuts synodaux qu'il fit imprimer en 1581, on a de ce prélat les *Psaumes* (*octante psalmes*) *de David*, paraphrasés en français, par Pierre Paparin, évesque et seigneur de Gap en Dauphiné, avec le sens allégoric, selon la vraye intelligence des prophètes d'iceux. Ensemble, une Remonstrance aux pasteurs chrétiens et catholiques, traictant de la consommation de ce monde et du second advènement de Jesus-Christ, Paris, Nic. Chesneau, 1582, in-8o.

N'oublions pas de dire que c'est à ce prélat qu'on doit la première idée du canal exécuté plus tard par les soins de Louis-Jérôme de Suffren de Saint-Tropez, évêque de Sisteron, puis de Nevers. Pierre Paparin, pour fortifier le territoire desséché et improductif de la Baume, avait conçu le projet de le faire arroser par le moyen d'un canal qu'il se proposait de dériver du torrent de Sasse. Déjà, avec l'autorisation du roi, il avait commencé de faire percer un rocher de trois mille pas de long, qui devait servir d'aqueduc, pour amener les eaux, mais la mort qui le frappa, fit alors suspendre l'exécution de cet utile travail.

Paparin de Chaumont portait pour armoiries : *d'azur, à un chevron mi-parti d'or et d'argent, accompagné en chef de deux étoiles d'or, et en pointe, d'une coquille d'argent.*

65. — CHARLES Ier SALOMON DU SERRE (1601-1637).

Issu des seigneurs de Thèze et de Saint-Léger, Charles Salomon était fils d'Antoine du Serre, seigneur de Montorcier, gouverneur de Gap, et de Marguerite de Bonne d'Auriac; on croit communément qu'il est né dans le château du comte d'Auriac, qui se trouvait près de la Luye, non loin du Pont-Sarrazin. Préconisé à Rome par Clément VIII, le 22 août 1600, il fut sacré à Aix par Paul Hurault de l'Hospital, archevêque de cette ville, et son métropolitain, le 28 mai 1601, prit possession par procureur, le 1er juillet suivant, et fit son entrée solennelle à Gap, le 21 mars 1602.

Les Gapençais furent heureux d'avoir pour évêque un enfant du pays; ils en manifestèrent publiquement leur joie : le jour de sa prise de possession, les consuls allèrent au devant de lui, et, au nom de la ville, ils lui offrirent une croix pectorale en or, du prix de mille livres, ce qui, pour le temps et pour le pays, était une somme considérable. Ce fait se trouve consigné à la marge d'un vieil acte que M. Prosper Didier, ancien notaire à Gap, conserve dans ses archives.

L'année suivante, le 20 septembre 1603, Charles Salomon eut la douleur de voir réuni dans sa ville épiscopale, ce fameux synode protestant, dont parle Bossuet, qui fut présidé par Daniel Chamier, ministre de Montélimar. Presque tous les ministres protestants de France, députés de toutes les provinces, des calvinistes étrangers, auxquels étaient venus se joindre des luthériens du fond de l'Allemagne, se rendirent à cette assemblée.

Les consuls de Gap, sommés par Lesdiguières d'accueillir honorablement les membres du synode, mirent à leur disposition la maison consulaire, et le conseil municipal, aussi généreux que courtois, s'empressa de voter les fonds nécessaires, afin que, pendant toute la durée du synode, la ville fournît du vin aux honorables députés.

Cette assemblée, qui se réunit le 20 septembre et qui ne se sépara que le 25 octobre suivant, eut pour résultat de constater les nombreuses variations qui déjà s'étaient introduites dans le sein du protestantisme. On discuta longtemps et l'on ne put s'entendre sur rien. *Les révérends Pères* du synode finirent cependant par s'accorder pour décider, *à l'unanimité, comme articles de foi, que le pape était réellement et proprement l'antechrist, le fils de perdition, la bête revêtue d'écarlate, que le Seigneur exterminerait du souffle de ses lèvres comme il l'avait promis, et comme il commençait à le faire.*

Ce synode fut pour Salomon du Serre un motif suffisant pour imprimer une forte impulsion à la réaction catholique qui se manifesta dans son diocèse plus que sur les autres points de la France, mais il n'employa d'autres armes que celles de l'éloquence. Au milieu des désordres politiques et religieux qu'avait traversés la ville de Gap sous ses prédécesseurs, il était fort difficile de définir d'une manière précise les droits et les priviléges des évêques.

Ainsi que son devoir lui en faisait une loi, Charles Salomon chercha à rétablir l'ordre que pendant tant de siècles écoulés on avait vivement disputé à ses prédécesseurs sur le siége de Gap. Aussi dès les premières années de son épiscopat, entama-t-il, contre la commune de Gap, un procès qui eut bien des vicissitudes, et après bien des juridictions épuisées, se termina assez bien selon ses vues par une transaction, en date du 2 mai 1628. Cette transaction avait été confiée aux soins du célèbre jurisconsulte Claude Expilly, seigneur de la Maisonfort et de la Poype, conseiller du roi et président du parlement de Grenoble. Cet acte, qui renferme de nombreux articles, se trouve aux archives de la préfecture. Le livre des *Annales des Capucins* en donne une analyse assez étendue pour le faire connaître. Il réglait, entre autres choses, que les consuls paieraient à l'évêque la dîme des grains à la quote vingt-quatrième, ainsi qu'une pension annuelle et perpétuelle de deux cents livres, et une autre de cent livres au chapitre. De son côté, le seigneur évêque devait fournir chaque année, pour l'aumône des pauvres, quarante charges de bon blé *métayer* provenant des dîmes. Cette transaction a été respectée jusqu'à la révolution de 1789, époque où l'Assemblée constituante en abolit les dispositions.

Dans l'intervalle, Charles Salomon assista à l'assemblée du clergé de France en 1608, comme député de la province ecclésiastique d'Aix, et le 20 juillet 1614, établit à Gap un couvent de Capucins sur les bords du Turrelet. Il est dit dans le Livre des Annales de ces religieux, qu'on porta ce jour-là processionnellement la pierre angulaire de leur église, que l'évêque avait bénite solennellement avec tous les autres fondements, et qu'on la dédia à saint Démétrius, disciple des saints Apôtres, premier évêque de Gap, et martyr, et ayant mis la pierre à sa place, on dit la messe en cet endroit sur un autel qu'on y avait dressé; après quoi la procession s'en retourna chantant des hymnes d'actions de grâces pour l'heureux rétablissement de cette communauté. Les Capucins payèrent le droit de cité que la ville leur avait accordé, par un zèle et un dévouement qui ne se démentirent jamais. L'évêque employa ces bons religieux à des missions dans le diocèse, et leurs prédications produisirent de si bons fruits, que les huguenots réunis une seconde fois à Gap en synode, en 1618, menacèrent d'abattre leur maison avec du canon.

Nous ferons remarquer avec un bien grand étonnement qu'au nombre considérable des personnes qui abjurèrent alors le calvinisme, on trouve, dès 1613, Marguerite de Bonne d'Auriac, mère de l'évêque Charles Salomon, et sœur du zélé catholique Bonne d'Auriac, seigneur de la Bâtie-Neuve.

En 1629, ce prélat fonda un couvent de religieuses Ursulines, sur les ruines de celui des Pères de Saint-Antoine, renversé par les protestants, en 1577. Le 8 septembre de cette même année, Charles Salomon voulait aller processionnellement accomplir un vœu qu'il avait fait à Dieu et à la Sainte Vierge d'Embrun. Il ordonna donc à M. de Caumargues, recteur des pénitents blancs, de faire tenir prêts tous ses confrères, pour l'accompagner. Les pénitents se rendirent en grand nombre à l'invitation de M. de Caumargues, et quoique le gouverneur de la ville, qui était huguenot, eut défendu à la confrérie, sous peine de la vie, de faire aucune procession, tant dans la ville que dehors, on vit deux cents frères se ranger sous la bannière. L'évêque lui-même, *en habit de pénitent*, voulut présider la procession, qui traversa les rues de la ville en bon ordre, et sans que personne songeât à inquiéter la pieuse manifestation. Le 26 février 1629, le roi Louis XIII passa par la ville de Gap. Ce prince allait porter secours au duc de Mantoue, qu'il avait pris sous sa protection, et faire lever aux Espagnols, commandés par Gonzalve de Cordoue, le siége de Casal. Accompagné d'une suite nombreuse, dans laquelle on remarquait le duc d'Epernon, le cardinal de Richelieu et le R. P. Joseph de Paris, religieux capucin, le monarque fit son entrée solennelle dans Gap, par la porte Jaussaude, fut complimenté par les consuls en robe de velours, reçu avec tous les honneurs dus à la dignité royale, et conduit au palais de Monseigneur. C'est là que vinrent lui rendre hommage, les principaux personnages de la ville, qu'il reçut avec beaucoup d'affabilité.

Le 2 mai de la même année, Louis XIII, de retour de sa brillante expédition d'Italie, repassa à Gap. Sa Majesté se rendait en Languedoc, par Veynes et par la Baume, où elle passa le lendemain de la fête de l'Invention de la Croix, c'est-à-dire le 4 mai.

Sous l'épiscopat de Charles Salomon, en 1630, tandis que la peste sévissait cruellement à Gap, les Pères Capucins, qui se dévouaient aux malades, eurent la pensée de recourir à saint Roch, que l'on invoque contre ce mal, et de faire vœu, pour obtenir la cessation du fléau, de bâtir une chapelle en son honneur. Le P. André de Pertuis, communiqua ce projet à messieurs les consuls, au capitaine de la santé, et à ceux qui étaient préposés à la direction et au gouvernement de la ville; puis, ayant obtenu l'agrément de tous, le P. André de Pertuis, après avoir dit la sainte messe, dans la chapelle de l'infirmerie, en l'honneur de saint Roch, fit vœu au Dieu tout-puissant et à ce glorieux saint, au nom de la communauté et ville de Gap, de lui bâtir une chapelle, et d'y aller tous les ans en procession générale le jour de sa fête, le prenant pour leur patron, en cette urgente nécessité de la peste et le priant de leur obtenir la santé publique et particulière. Afin qu'il fût plus facile de pourvoir à l'entretien et au soin de la nouvelle chapelle, on décida qu'elle serait construite à côté de celle des Pères; et le 17 mai 1633, dernière fête de la Pentecôte, fut le jour choisi pour la pose de la première pierre. Par les ordres de l'évêque de Gap, le peuple fut averti qu'il y aurait ce jour-là procession générale, et tous es fidèles, les pénitents blancs, les membres des diverses congrégations, les religieux de tous les ordres, Pères Dominicains, Cordeliers et Capucins, et messieurs du clergé furent invités à s'y rendre. La procession partit de la cathédrale à l'issue des vêpres. Le P. gardien qui avait prêché le matin à la grand'messe de la cathédrale, fut délégué par l'évêque, pour bénir solennellement la première pierre. Elle fut posée, au nom de la ville, par Jacques de Gril, sieur de Saint-Michel, qui en était le premier consul.

Les travaux de construction commencèrent immédiatement, et, le 16 août de l'année suivante, jour de la fête de saint Roch, une nouvelle procession générale eut lieu; le P. gardien, par commission de l'évêque, bénit la chapelle, et, après une messe solennellement chantée, le même P. gardien, en vertu des mêmes pouvoirs, bénit une grande croix, qui fut plantée au devant de l'église. En souvenir de cette fête, et en exécution du vœu fait par la ville, en 1630, chaque année, le dimanche de la fête de saint Roch, le chapitre de la cathédrale se rend en procession à la chapelle de ce saint pour y célébrer l'office divin.

Après un épiscopat qui ne fut pas seulement très-long, mais encore très-laborieux, Charles Salomon du Serre mourut à Gap, le samedi 16 mai 1637, vers les onze heures du matin, âgé à peine de 59 ans. La cérémonie de ses funérailles eut lieu le lendemain, dans son église cathédrale. Il y fut inhumé dans la chapelle de Saint-Sébastien, qui se trouvait à gauche, en entrant par la porte principale. Le R. P. Arnoux d'Avignon, religieux capucin, qui l'avait assisté dans ses derniers moments, prononça son oraison funèbre. Les chroniqueurs disent que ce prélat s'employa à remplir les devoirs de sa charge, et ses œuvres prouvent que cet éloge est mérité. Il publia pour son clergé 39 ordonnances, qui témoignent de sa sagesse, et dont on trouve encore aujourd'hui quelques exemplaires.

Il portait pour armoiries : *d'azur, à un cerf d'or, au chef d'argent, chargé de trois roses de gueules feuillées d'or.*

66. — ARTUS DE LIONNE (1637-1661).

Artus naquit à Gap, le 1er septembre 1583, et était fils de Sébastien de Lionne, seigneur de Flandennes, de Leyssin et d'Aouste, et de Bonne de Portes. Reçu conseiller au parlement de Grenoble, presque aussitôt après avoir terminé ses études d'une manière brillante, il épousa, bien jeune encore, Isabelle de Servien, fille du seigneur de Biviers, et sœur d'Abel de Servien, comte de la Roche des Aubiers, et surintendant des finances de France. Cette jeune femme fut enlevée à sa tendresse lorsqu'elle avait à peine fait quelques pas dans la carrière de la vie. La mort la frappa à l'âge de 21 ans, après qu'elle eut mis au monde un fils, qui fut appelé Hugues, et qui devint, en 1661, le principal ministre de Louis XIV. Brisé par la violence de ce coup inattendu, toutes les pensées d'Artus de Lionne, qui n'avait encore que 29 ans, se tournèrent vers Dieu, il renonça à sa charge, abandonna le monde, sa piété devint exemplaire, et il entra dans les ordres. Louis XIII le nomma, par brevet royal du 13 août 1634, coadjuteur de Charles Salomon du Serre, évêque de Gap, alors perclus et infirme : ce ne fut pas sans peine qu'on lui fit accepter cette dignité. Le pape Urbain VIII confirma sa nomination le 16 janvier 1636. Nous ignorons les motifs qui firent retarder la cérémonie de son sacre.

Titulaire du siége en mai 1637, Artus de Lionne, préconisé évêque de Gap, le 11 avril 1639, reçut l'onction épiscopale à Paris le 27 novembre 1639, prit possession de l'évêché par procureur le 24 mars 1640, et fit en personne son entrée solennelle à Gap, le 19 avril suivant, jour de dimanche. On le reçut en procession à la porte Lignolles, avec toutes les cérémonies accoutumées, lui ayant fait prêter le serment ordinaire de garder les franchises, les libertés et les priviléges de la ville. Dès le 30 du même mois, le nouvel évêque commença la visite de son diocèse, s'attachant à faire disparaître partout les traces des guerres religieuses. Au milieu des troubles de ce temps, plusieurs curés de campagne avaient été dépouillés, et demeuraient sans ressources. Artus de Lionne les aida de ses deniers. La générosité du pieux prélat ne se borna point là; il fit réparer à ses dépens la cathédrale qui avait été mise, par les calvinistes, dans un état de ruine presque complète, la fit restaurer sur de nouveaux plans, et en 1646, l'évêque, le chapitre et la ville, donnèrent par adjudication la construction du clocher et la réparation du mur d'enceinte, d'après les dessins du P. Vincent Léotaud, jésuite, né dans la Vallouise. La dépense devait être supportée par portions égales.

Peu après, les Pères Jésuites du collége d'Embrun demandèrent à venir établir à Gap une maison de leur Ordre, mais leur demande fut repoussée par la délibération du conseil général de la ville en date du 13 mars 1644. Artus de Lionne, le chapitre cathédral et les moines de tous les couvents de Gap, se montrèrent aussi peu disposés à favoriser cet établissement. En 1648, Artus de Lionne fut nommé abbé commendataire de Solignac au diocèse de Limoges. On put se convaincre qu'il avait voué à son Eglise une fidélité inviolable, lorsqu'on lui vit, en 1649, refuser l'archevêché d'Embrun, de même que deux ans auparavant il avait refusé le riche évêché de Bayeux. Georges d'Aubusson de la Feuillade qui avait été nommé pour lui succéder à Gap, passa alors à ce siége métropolitain. Il montra encore qu'il avait accepté la dignité épiscopale, non pas pour l'honneur ni pour aucun des avantages humains qui peuvent y être attachés, mais par dévouement parfait, en se démettant, en avril 1661, de son siége, comme il avait dès 1657 résigné son abbaye, lorsque accablé par le poids des années, il sentit qu'il ne lui était plus possible de remplir comme il le désirait les devoirs de cette charge.

Artus de Lionne quitta sa ville épiscopale le 19 avril 1661, jour anniversaire de son entrée dans Gap; après y avoir résidé pendant vingt-deux années sur lesquelles il ne s'en était absenté que trois mois environ. Retiré à Paris, il y vécut deux ans encore, et plein d'œuvres et de mérites, il termina sa carrière le vendredi 18 mai 1663 en la 80e année de son âge. Il rendit son âme à Dieu avec une résignation tout exemplaire, après avoir reçu les derniers sacrements des mains de Pierre Marion, son successeur. L'oraison funèbre d'Artus de Lionne fut prononcée, à Gap, par le prieur de Charmes, et imprimée à Grenoble en 1675.

Il donna en mourant de nouvelles preuves de l'affection qu'il avait vouée à son diocèse. Par un codicille de son testament fait à Gap le 16 avril 1661, il légua une somme de vingt et une mille livres pour être employée par moitié à l'église et à la maison épiscopale. Il fit en outre des legs particuliers à la cathédrale et aux églises paroissiales de Lettret, de Châteauvieux, de Lazer, de la Bâtie-Vieille, de la Bâtie-Neuve, de Rambaud, de la Fare, de Poligny, de Noyer et du Glaisil. Les anciennes seigneuries de l'évêché de Gap reçurent chacune cinq cents livres.

Aussi recommandable par les vertus qu'il montra sur le siége épiscopal, que par ses hautes connaissances en mathématiques, Artus de Lionne a laissé quelques ouvrages de géométrie; il est auteur surtout d'un petit ouvrage intitulé : *Amænior Curvilineorum contemplatio*, Lyon, 1654, in-4°, publié par les soins du P. Léotaud. Ce savant prélat y considère principalement la lunule d'Hippocrate, et d'autres formées à son imitation par des cercles de rapports différents de celui de 2 à 1, ainsi que divers espaces circulaires dont il détermine les quadratures absolues. Il est le premier qui ait remarqué la quadratilité absolue des deux portions de la lunule d'Hippocrate, coupées par une ligne partant du centre du plus grand cercle, ce que Wallis annonçait en 1770, comme une remarque faite par son compatriote M. Percks en Caswel. Il y a encore dans cet ouvrage plusieurs autres exemples d'espaces circulaires absolument quarrables.

Ce prélat est aussi le premier qui tira de l'oubli le nom et la mémoire de ses prédécesseurs au siége de Gap, « pour satisfaire à la sainte intention de nos seigneurs, du clergé de France, et à la prière de MM. de Sainte-Marthe, » ainsi qu'il le dit lui-même dans le préambule de son recueil resté manuscrit, auquel il a donné ce titre : *Rolle des evesques de Gap*, *desquels nous avons pu avoir quelque mémoire*. Afin de débrouiller ce chaos, il fit faire des recherches dans toutes les archives du Gapençais et dans celles de la chambre des comptes d'Aix. Raimond Juvénis et le P. Pagi lui fournirent aussi quelques documents. Le chanoine de Saint-Genis a fait de ce travail un abrégé manuscrit que l'on a encore aujourd'hui.

Il portait pour armoiries : *écartelé : au* 1er *et au* 4e *de gueules, à une colonne d'argent*, *au chef cousu d'azur, chargé d'un lion passant d'or*, qui est de Lionne; *au* 2e *et au* 3e *d'azur, à trois bandes d'or, au chef cousu aussi d'azur au lion issant d'or*, qui est de Servien.

67. — PIERRE III MARION (1661-1675).

Né à Pàris, et fils de Pierre Marion et de Jeanne Jaubert; il abandonna la carrière des armes, où il avait acquis quelque réputation, pour entrer dans l'état ecclésiastique. Il était abbé de Saint-Paul, au diocèse de Sens, lorsque le roi Louis XIV le nomma, par brevet du 14 décembre 1661, à l'évêché de Gap, vacant depuis le 19 avril de cette année, par la démission d'Artus de Lionne, pour lors âgé d'environ 78 ans. Il fut préconisé pour cet évêché, par le pape Alexandre VII, dans le consistoire du 26 juin 1662. La cérémonie de son sacre eut lieu le 8 octobre suivant en l'église de Sainte-Geneviève du Mont à Paris; elle fut faite par Hardouin de Péréfixe, évêque de Rodez, archevêque nommé de Paris, assisté de Jean de Maupeou, évêque de Châlon-sur-Saône, et de Jean-Jacques Seguier de la Verrière, évêque de Lombez, en présence du cardinal Antoine Barberin, et d'un grand nombre de personnes de distinction. Le 7 septembre précédent, il avait prêté serment de fidélité entre les mains du roi, dans la chapelle du château de Saint-Germain-en-Laye. Après son entrée à Gap, qui eut lieu le 8 septembre 1663, Pierre Marion s'occupa de la réédification du palais épiscopal et de la discipline ecclésiastique. En 1669, il enjoignit à son clergé de toujours porter la tonsure et l'habit ecclésiastique, à moins d'un cas tout à fait exceptionnel.

La noble dame Marguerite Baud, veuve d'Albert de la Villette, seigneur de Furmeyer, donna, par testament du 1er juin 1671, mille livres pour enchâsser les reliques de saint Arnoux. Le même acte porte que la succession de ladite dame une fois liquidée, le restant de ses biens sera employé en œuvres pies, et particulièrement à la fondation d'un séminaire pour les jeunes clercs. Marguerite Baud demanda, en retour, qu'une messe basse fût célébrée, à perpétuité, dans l'église du séminaire, tous les jours de fête et les dimanches de l'année. Deux ans après, le 3 mars 1673, l'évêque de Gap, qui avait accepté les conditions de la dame de la Villette, établit le séminaire au lieu appelé Corrié, mandement de la Roche-des-Arnauds, paroisse des Baux, et peu de temps après, il en confia la direction aux Pères de la Doctrine chrétienne, à Avignon.

En cette même année 1673, Pierre Marion eut avec son chapitre quelques démêlés relativement aux annates et aux réparations de l'Église cathédrale, démêlés que termina une sentence arbitrale qui, entre autres dispositions, portait qu'une crosse donnée par Artus de Lionne serait convertie en une croix d'argent.

C'est de l'épiscopat de Pierre Marion que date surtout la dévotion de Notre-Dame du Laus, dont l'église dut alors sa construction aux libéralités et aux conseils de Pierre Gaillard, chanoine, archidiacre de la cathédrale, et qui nous a laissé sur le Laus de volumineux et intéressants manuscrits, écrits sous l'inspiration de la sœur Benoîte. Depuis cette époque jusqu'à nos jours, les merveilles que Dieu opère par l'intercession de la très-sainte Vierge n'ont pas cessé de se manifester, et chaque année plus de soixante mille pèlerins visitent pieusement le sanctuaire de Notre-Dame, aujourd'hui confié aux soins des missionnaires de

Provence, connus sous le titre d'Oblats de la très-sainte et immaculée Vierge Marie.

Pierre Marion mourut à Gap, le dimanche 25 août 1675, des suites d'une hydropisie, après avoir légué deux cents écus aux Chartreux de Durbon, et six cents livres aux Capucins, pour lesquels il professait une estime particulière, et que durant son épiscopat, il avait toujours honorés de son affection. Dans ses dispositions testamentaires, il avait désiré que son cœur fût inhumé dans l'église du monastère de Durbon, mais les Chartreux ayant déclaré qu'ils ne pouvaient recevoir le dépôt que le prélat avait voulu leur confier, sans qu'au préalable, le montant du legs n'eût été versé en leurs mains, Madame Duché, nièce de Pierre Marion, fit placer le cœur de son oncle dans la chapelle de Notre-Dame, en l'église des Capucins. Le portrait de de cet évêque a été gravé par Audran, à Lyon, en 1668, in-folio.

Les armoiries de Pierre Marion étaient : *d'azur, au croissant d'argent, surmonté d'une étoile d'or.*

68. — GUILLAUME VIII DE MESCHATIN DE LA FAYE (1675-1679).

Fils de Thomas de Meschatin de la Faye et de Marie d'Albon, il était docteur en théologie de la faculté de Paris, et depuis 1655, grand custode du chapitre noble primatial de Saint-Jean de Lyon, où il avait été chanoine-comte. Louis XIV le désigna, en septembre 1675, pour l'évêché de Gap, qui fut préconisé pour lui dans le consistoire du 22 juin 1676. Son sacre eut lieu à Lyon, en janvier 1677, dans l'église métropolitaine, et la cérémonie en fut faite par Camille de Neuville de Villeroy, archevêque de cette ville. Le nouveau prélat fit en personne son entrée solennelle dans sa ville épiscopale, le 4 décembre de la même année. Son érudition, son mérite, qui l'avaient fait désigner au roi par le P. de la Chaise, et sa rare piété, avaient fait concevoir de grandes espérances à ses diocésains, lorsque la mort l'enleva le jeudi 2 février 1679.

Ses armoiries étaient : *d'azur, au massacre de cerf d'or, au chef d'argent.*

69. — VICTOR-AUGUSTIN DE MÉLIAND (1680-1684).

Victor-Augustin naquit le 10 juillet 1626, et était le septième des enfants de Blaise de Méliand, seigneur d'Égligny, successivement conseiller, puis président des enquêtes, et procureur-général au parlement de Paris, ambassadeur de France en Suisse, mort le 15 avril 1661, et de Geneviève Hurault sa première femme, morte le 28 juillet 1635.

Pourvu d'une charge d'aumônier de la reine-mère Anne d'Autriche, il fut en 1648 nommé abbé commendataire de Saint-Étienne de Bassac, au diocèse de Saintes. Il fut désigné pour le siége épiscopal de Gap par brevet du roi en date du 21 juillet 1679. Effrayé en envisageant la responsabilité qui allait peser sur lui, le nouveau prélat se disposait à refuser la dignité qui lui était offerte, lorsque le cardinal de Bouillon, qui l'aimait et l'estimait, lui conseilla de l'accepter. Victor de Méliand s'étant rendu au désir de Son Éminence, le cardinal l'emmena avec lui à Rome où il était appelé en qualité d'ambassadeur, le présenta au pape Innocent XI, et lui en fit un portrait si flatteur que Sa Sainteté lui accorda gratuitement ses bulles. Sa préconisation eut lieu dans le consistoire du 25 septembre suivant, mais les bulles ne lui furent délivrées que dans celui du 27 mai 1680. Sacré dans le mois de juillet de cette même année, il obtint en novembre suivant, des lettres-patentes du roi portant confirmation de l'établissement du séminaire à Gap, et de la direction qui en avait été confiée aux Pères de la Doctrine chrétienne.

Le nouveau prélat fit son entrée solennelle en personne dans sa ville épiscopale le 15 décembre 1680, et eut avec son chapitre quelques démêlés qui furent cependant bientôt apaisés. Ce qui y avait donné lieu, c'est que seul, Victor-Augustin prétendait connaître des causes criminelles des bénéficiers de la cathédrale, contrairement aux transactions, aux sentences arbitrales, aux statuts et aux usages observés de tout temps par les évêques, d'après lesquels les députés du chapitre assistaient comme juges à l'instruction, et au jugement des procès.

Un brevet du roi, en date du 27 juin 1684, transféra Victor de Méliand au diocèse d'Alet, dont les revenus étaient bien supérieurs à ceux de l'évêché de Gap; mais il ne quitta le diocèse qu'à la fin du mois de novembre, après avoir fait à son succes seur la remise du service et de tous les fonds destinés aux réparations de l'église cathédrale et à la reconstruction du palais épiscopal.

Victor-Augustin devint, en 1687, prieur de Chardavon, dans le diocèse de Sisteron. Les difficultés survenues à la suite de la déclaration du clergé de France, du 19 mars 1682, entre le roi de France et la cour de Rome, furent un obstacle à l'expédition de ses bulles, et, pendant tout ce temps, il gouverna le diocèse d'Alet, avec des pouvoirs du chapitre. Il fut enfin préconisé dans le consistoire du 25 juin 1692 et obtint ses bulles le 1er juillet suivant; mais la faiblesse de sa santé, jointe aux scrupules de sa conscience, ne lui permit point de conserver longtemps son nouveau siége; il s'en démit au mois d'octobre 1698. Il ne garda que la prévôté de Chardavon, encore renonça-t-il bientôt à ce bénéfice, pour se retirer dans la retraite du séminaire des Bons-Enfants, à Paris, où il se prépara à une heureuse mort, par la pratique d'une véritable piété. Ce fut là qu'il mourut, le samedi 23 septembre 1713, et non pas 1711, comme l'ont écrit les Bénédictins dans la *Gallia christiana*, Hugues du Tems et quelques autres auteurs.

Ce prélat portait pour armoiries : *d'azur, à la croix d'or, cantonnée, au* 1er *et au* 4e, *d'une aigle, au* 2e *et au* 3e, *d'une ruche à miel, le tout d'or.*

Ce fut sous l'épiscopat de Victor de Méliand, en 1683, que les chanoines de la cathédrale de Gap, firent confectionner par Christophe Gilbert, maître orfèvre à Aix en Provence, une châsse en argent fin, pour y déposer les reliques de saint Arnoux. « Depuis ce temps, les habitants de Gap, dit Théodore Gautier, virent chaque année, le 19 septembre, la brillante effigie du bienheureux patron du diocèse, jusqu'à l'époque où le citoyen Beauchamp, représentant du peuple, en mission dans les Hautes-Alpes, en l'an II de la république, vint *défanatiser* le département. Ce député, considérant que *les matières d'or et d'argent sont des objets de luxe pour la divinité, sans aucun objet d'utilité pour elle.....* empila dans la même caisse, les deux châsses également superbes de saint Arnoux et de saint Grégoire de Tallard, et envoya leurs bustes fleurdelisés, battre monnaie sur l'autel de la patrie. » Cet arrêté fut signé par les membres du directoire du département des Hautes-Alpes, le 15 frimaire an II (5 décembre 1793).

70. — CHARLES II BÉNIGNE HERVÉ (1684-1705).

Originaire de Grenoble, Charles-Bénigne appartenait à une honorable famille du Dauphiné, il était fils de Charles Hervé, d'abord conseiller au parlement de Grenoble, puis à celui de Paris, mort doyen de cette cour, le 28 août 1697, et de Marie Doujat. Depuis qu'il avait reçu les saints ordres, il s'était livré à des missions en Languedoc, où son éloquence, sa profonde érudition et sa solide piété lui avaient fait une très-grande réputation; il était devenu même chef d'une mission royale. Sa nomination à l'évêché de Gap porte la date du 27 juin 1684, mais les mêmes raisons qui retardèrent la translation de Victor-Augustin de Méliand, à l'évêché d'Alet, furent aussi cause qu'il ne fut préconisé que dans le consistoire du 6 octobre 1692. Cependant, dès le mois de novembre 1684, il était arrivé à Gap, avait obtenu du chapitre des lettres de vicaire-général, et prenant en mains le gouvernement du diocèse, avait fait, en cette qualité, deux visites générales. Les procès-verbaux de ces visites constatent, qu'il était en route une grande partie de l'année, et pendant la saison la plus rigoureuse. Il ne se contentait point de voir les paroisses et les églises, mais il allait jusque dans les plus humbles hameaux, et se rendait dans les chapelles les plus isolées, voulant connaître par lui-même l'état dans lequel elles se trouvaient.

Pendant qu'il était occupé à remplir ses fonctions, le 12 septembre 1692, il eut la douleur de voir son église cathédrale, réparée seulement depuis environ cinquante ans, et la plus grande partie de sa ville épiscopale et de son diocèse, ravagés par les troupes alliées contre Louis XIV, et commandées par Victor-Amédée II, duc de Savoie; pendant que le chef Savoisien était malade dans la maison du collége des Jésuites d'Embrun, ses soldats coururent jusqu'à Gap, où ils demeurèrent environ quinze jours : ils pillèrent et réduisirent en cendres toute la ville, à l'exception de la partie qui se trouvait située entre la rue Notre-Dame et la porte Saint-Arey. L'église cathédrale fut brûlée après avoir été pillée. Comme elle n'était que lambrissée et qu'elle n'était point voûtée, il n'y resta que les quatre murailles; on avait eu soin de rompre l'escalier et les échelles du clocher, ce qui conserva les cloches..... Les chanoines furent obligés de faire, pendant plusieurs années, leurs offices dans la chapelle des Pénitents, qui avait échappé aux ravages de l'incendie. La cathédrale fut réparée par la munificence de Louis XIV, et par les libéralités de l'évêque Charles-Bénigne, du chapitre et de la ville.

La plupart des bourgs et villages environnants qui ne purent se racheter en payant une forte contribution, eurent énormément à souffrir. Tallard fut démantelé; Saint-Julien-en-Champsaur, Chantaussel, Saint-Michel-de-Chaillot, Saint-Laurent, Laye, La Fare, Les Allards furent livrés aux flammes. Les actes du notaire Maurel, constatent, que Saint-Bonnet subit le même sort, et nous apprenons d'ailleurs que Charance, Sigoyer, Les Piles, Châteauvieux et Veynes furent également incendiés.

Après avoir prêté la main à l'exécution de l'ordonnance qui révoquait l'édit de Nantes, en faisant démolir le prêche établi dans l'ancienne église de Sainte-Colombe, Charles-Bénigne renouvela le différend qui s'était élevé au sujet de la juridiction entre le chapitre cathédral et son prédécesseur; et une transaction en date du 19 novembre 1687, reconnut que l'évêque de Gap pouvait punir les crimes et les contraventions aux ordonnances du diocèse commis par les chanoines, les bénéficiers et les ecclésiastiques de la cathédrale, en appelant à son tribunal le doyen et un membre du chapitre. Ainsi furent annulés tous les priviléges accordés au chapitre par la bulle du pape Alexandre III, en septembre 1176. Quelques autres contestations qu'il eut, soit avec le gouverneur, soit avec le maire perpétuel, et les consuls de Gap, méritent à peine d'être mentionnées.

Les bulles de l'évêque de Gap, lui ayant été expédiées dans le consistoire du 13 octobre 1692, Charles fit prendre possession par procureur, le 1er novembre, et fut sacré le 7 décembre suivant, à Paris, dans l'église des religieuses de l'Assomption. Nous ne devons pas oublier, que jusque-là, bien qu'il n'eût eu que les titres de vicaire-général et d'official, il avait cependant exercé, dans toute sa plénitude, la juridiction épiscopale.

Aidé des libéralités de Louis XIV, de son clergé et des habitants, il fit restaurer sa cathédrale, et parvint à la mettre en l'état où on la voit aujourd'hui, au moins pour ce qui concerne les grosses constructions. C'est ce prélat aussi qui fit bâtir le palais épiscopal dans l'endroit où il se trouve encore en ce jour, et qu'il avait acquis des Pères de la Doctrine chrétienne, directeurs de son grand séminaire. Charles-Bénigne fit éclater toute l'indignation de son zèle contre les prêtres jansénistes que

Charles Brulart de Genlis, archevêque d'Embrun, avait placés au sanctuaire de Notre-Dame du Laus, et dont la morale désespérante n'eût pas manqué de détruire toute espèce de dévotion envers la Mère de Dieu. Il mit tous ses soins à surveiller la discipline ecclésiastique, la police de la ville, et l'emploi des revenus des prieurés et des couvents du diocèse.

Parvenu à l'âge de cinquante ans, il avait toujours mené une vie édifiante, lorsque des causes qui nous sont inconnues amenèrent chez ce prélat une conduite peu régulière. La cour en fut instruite, et comme déjà elle lui attirait dans sa ville épiscopale des censures amères, Louis XIV lui demanda la démission de son siége à la fin de l'année 1705, et par brevet du 4 avril 1706, lui donna en compensation la domerie d'Aubrac qui était d'un revenu annuel de près de vingt-cinq mille livres. Toutefois, si les accusations dont Charles-Bénigne fut l'objet, et qui le déterminèrent à se retirer, eurent jamais de sérieux fondements, il faut lui rendre cette justice, qu'il veilla avec un soin extrême sur les mœurs de son clergé, ainsi que le témoignent les ordonnances synodales qu'il rédigea et qui furent imprimées en placard. Il faut reconnaître aussi que les dernières années du prélat démissionnaire furent sanctifiées par la pratique des bonnes œuvres, il les employa à travailler de nouveau avec fruit à des missions avec les Capucins de l'endroit où il s'était retiré; et mourut dans les meilleurs sentiments de piété à Paris le samedi 27 juin 1722.

Il portait pour armoiries : *d'azur, au chevron d'or, accompagné de trois étoiles de même.*

71. — FRANÇOIS II BERGER DE MALISSOLES (1706-1738).

Né à Vienne en Dauphiné en 1668, et fils d'un vi-bailli de cette ville, François Berger était docteur en théologie, doyen de la cathédrale de Die, et vicaire-général de ce diocèse, lorsqu'un brevet du roi Louis XIV, en date du 4 avril 1706, le désigna pour succéder à Charles-Bénigne Hervé, sur le siége épiscopal de Gap. L'année précédente, il avait assisté comme député de la province de Vienne à l'assemblée du clergé de France. Préconisé dans le consistoire du 15 novembre 1706, tenu par le pape Clément XI, à qui, dès le mois de mai, il avait exposé la triste situation que les guerres avaient faites à son diocèse, et demandé la délivrance gratuite de ses bulles, François Berger de

Malissoles fut sacré le 2 janvier 1707, dans l'église métropolitaine de Vienne, son pays natal, par Armand de Montmorin, archevêque de cette ville. Le 2 février suivant, il prêta serment de fidélité entre les mains du roi, et prit possession du siége épiscopal le 13 avril de la même année.

Au moment où le nouvel évêque arriva dans son diocèse, la ville de Gap et tout le pays environnant se trouvaient dans une situation déplorable. Les guerres religieuses avaient désolé cette contrée; l'armée du duc de Savoie, en pillant, ravageant et brûlant tout sur son passage, avait ajouté à la misère publique; et les erreurs de Jansénius, qui se propageaient avec rapidité, menaçaient encore d'infecter le troupeau. Berger de Malissoles comprit toutes les difficultés de sa nouvelle position, et il se montra à la hauteur de la tâche ardue qui venait de lui échoir. Tandis que d'un côté, il dépensait tous ses revenus pour réparer les ruines matérielles que la guerre avait entraînées après elle, de l'autre, il ne cessait de visiter son diocèse, de faire donner des missions, qu'il présidait souvent, et pendant lesquelles, avec un zèle infatigable, il faisait le catéchisme, prêchait et entendait les confessions et entourait du plus grand éclat les cérémonies religieuses. C'est ainsi que pendant l'hiver de 1707 à 1708, par un temps des plus rigoureux, il se rendit à Saint-Bonnet, en Champsaur, pour prendre part aux travaux de la mission donnée par les Pères Capucins; et on le vit, malgré la neige qui tombait à gros flocons, assister à la procession de clôture, et prêcher à la solennité de la plantation de la croix; aussi on l'appelait à Paris comme à Gap le *Saint des Alpes.*

En 1711, il publia un mandement qui condamnait le livre des *Réflexions morales* du P. Quesnel. Son expérience et sa vertu ne l'empêchèrent pas d'avoir quelques difficultés avec son chapitre et sa ville épiscopale; elles firent bientôt place à la vénération et au respect qu'il ne cessa de se concilier de la part de tout le monde pendant les trente et une années de son épiscopat.

Tout en s'occupant avec ardeur de la sanctification de ses peuples et de la reconstruction de sa cathédrale, Berger de Malissoles ne négligea rien de ce qui pouvait contribuer à rendre son clergé meilleur. Après avoir consacré, ainsi qu'il le dit lui-même, six années entières, à prendre une connaissance exacte de la situation de ce diocèse, des mœurs et du génie de ceux qui le composent, des vertus qui y règnent et qu'on peut y faire régner, et des vices auxquels on est enclin et que l'on peut proscrire, il composa des *Ordonnances synodales* qui témoignent hautement de la rigidité de sa sagesse, de sa piété et de sa science ecclésiastique, et qui furent publiées le 1er mai 1712. Elles ont servi, jusqu'à l'époque de la révolution, à régler la discipline ecclésiastique du diocèse.

Par une transaction du 20 mai 1718, la ville de Gap lui céda les bois de Charance. Deux ans après, le bon prélat publia, à l'occasion de la peste de Marseille, un mandement que l'on cite encore avec éloge. En 1725, la province ecclésiastique d'Aix le députa à l'assemblée générale du clergé, et au mois de novembre de cette même année, il témoigna son attachement à son diocèse en refusant le riche diocèse de Grenoble. Il assista au concile ouvert à Embrun le 16 août 1727, sous la présidence de Pierre Guérin de Tencin, archevêque de cette ville, qui se termina le 20 septembre suivant par la condamnation et la déposition de Jean Soanen, évêque de Sénez, que les jansénistes regardèrent dès lors comme un martyr. François Berger de Malissoles, se lia, dans cette assemblée, d'amitié avec l'illustre Belsunce, évêque de Marseille, et revint à Gap, heureux d'avoir contribué au triomphe du principe de l'unité. Ce fut en vain que les jansénistes cherchèrent depuis à secouer le joug d'une dépendance légitime dans le diocèse confié à sa sollicitude. Le 14 juin 1732, le roi le nomma abbé commendataire de Nant, au diocèse de Vabres, mais il refusa ce bénéfice dont le revenu était de six mille livres, et qui fut alors donné à Berger de Moydieu, l'un de ses frères. En 1735, il fut l'un des présidents de l'assemblée du clergé de France, où il siégeait comme député de la province d'Aix; et il mourut à Gap, rempli de jours et de mérites, en odeur de sainteté, le dimanche 21 septembre 1738.

Par son testament qu'il avait écrit le 25 mars 1735, il demandait à être enterré *dans le cimetière des pauvres, et au cas où ses vénérables et chers frères les doyen, chanoines et chapitre de sa cathédrale voudraient absolument le faire enterrer dans l'église, il les supplie que ce soit devant le marchepied de son trône.* Suivant sa prière, on l'ensevelit dans sa cathédrale à l'endroit qu'il avait désigné; c'est là qu'il repose. Une simple pierre qu'il avait fait préparer lui-même, recouvre ses dépouilles mortelles; l'épitaphe gravée sur sa tombe, nous apprend qu'il avait atteint la soixante-dixième année de son âge.

Depuis son élévation à l'épiscopat, Berger de Malissoles n'avait jamais joui de ses biens patrimoniaux qu'il avait laissés à sa famille. Quant aux revenus de son évêché, ils avaient été absorbés par des œuvres de charité, de sorte qu'il ne lui restait à son décès que quelques meubles dont il fit héritiers *messieurs les ecclésiastiques de l'université de la cathédrale de Gap*. Le testament du pieux prélat renfermait cependant quelques legs. Ainsi il donna tous ses livres au grand séminaire; messire Gaspard Berger de Moydieu, l'aîné de ses frères, conseiller au parlement de Grenoble, hérita de ses tableaux et portraits, pour être conservés dans sa famille, et un autre de ses frères, Claude Berger de Moydieu, abbé de Nant, qui demeurait avec lui dans l'évêché, eut la pendule qui était dans sa bibliothèque, le crucifix et le bénitier placés à la tête de son lit, sa croix pectorale, qui renfermait des reliques, et les anneaux dont il se servait habituellement. Ce legs, d'une valeur matérielle si minime, était, dans la pensée de notre pontife, et comme il le dit lui-même, *un simple témoignage de tendre souvenir et de juste reconnaissance* envers un frère qui avait su le comprendre, et qui, sans vouloir jamais rien accepter de sa part, à titre de dédommagement, avait dépensé tous ses revenus, afin de l'aider en tout ce qu'il avait entrepris pour la gloire de Dieu et le service de ses pauvres.

François Berger de Malissoles portait pour armoiries : *d'azur, au chevron d'or, accompagné de trois mufles de lion d'argent.*

72. — CLAUDE DE CABANES (1738-1741).

Né à Aix en Provence le 5 août 1695, il était le quatrième fils de Melchior de Cabanes et d'Élisabeth de Cabre-Roquevaire; et son acte de baptême est conçu dans les termes suivants sur les registres de la paroisse du Saint-Esprit de cette ville :

« L'an mil six cent nonante-cinq et le sixiesme du mois d'aoust, je soussigné prêtre secondaire de cette paroisse, ay baptisé un garçon, né le jour précédent, de noble Melchior de Cabanes, écuyer de cette ville d'Aix, et de dame Isabeau de Cabres de Roquevaire, mariés de cette paroisse. On lui a donné le nom de *Claude*. Son parrain a été noble Mr Mtre de Colomby, advocat en la cour de parlement, et la marraine a esté illustre dame Isabeau de Foresta, marquise de la Roquete, baronne de Tres et autres places.

» COLUMBI. — I. DE FORESTA. — CABANES. — AUDIBERT, prêtre. »

Claude de Cabanes se destina de très-bonne heure à la carrière ecclésiastique. Aussitôt qu'il eut reçu les ordres sacrés, il devint vicaire de Philippe de Cabanes, son frère aîné, curé de la paroisse du Saint-Esprit à Aix [1].

M. de Brancas, archevêque d'Aix, ne tarda pas à lui donner des lettres de vicaire-général et le nomma official métropolitain. Claude exerçait ces fonctions quand un brevet royal du 1er novembre 1738 le désigna pour le siége épiscopal de Gap. Sa nomination fut confirmée en cour de Rome, et la cérémonie de son sacre fut faite à Aix, le 9 août 1739, dans l'église métropolitaine de Saint-Sauveur, par l'archevêque Jean-Baptiste-Antoine de Brancas, heureux de conférer l'onction sainte à son digne coopérateur.

Le nouveau prélat fit prendre possession du siége par procureur le 10 septembre, alla à Paris, prêta serment de fidélité entre les mains du roi, le 23 de ce même mois, dans la chapelle du château de Versailles, et fit son entrée solennelle à Gap le 5 décembre suivant.

Les débuts de Claude de Cabanes furent très-heureux : il marcha sur les traces de son vénérable prédécesseur, et, en peu de temps, il conquit l'estime et la vénération de la ville et du diocèse. *Si le bon Dieu l'eût conservé*, dit le livre des Annales des Capucins, *il n'aurait point cédé à Mgr de Malissoles en charité et en zèle pour le bien de son diocèse, à quoi il était continuellement occupé.* Malheureusement son épiscopat fut de très-courte durée ; la mort l'enleva à l'amour de ses diocésains et de son clergé, le dimanche 10 septembre 1741. On l'inhuma dans son église cathédrale devant l'autel de la sainte Vierge, où l'on conserve encore aujourd'hui la pierre sous laquelle il repose.

L'épitaphe gravée sur le tombeau de Claude de Cabanes est un témoignage non équivoque de sa piété et de l'estime que l'on avait pour lui. Elle est ainsi conçue :

[1] Philippe de Cabanes, né à Aix en 1694, devint curé de la paroisse du Saint-Esprit de cette ville le 26 décembre 1720, et fit preuve d'un grand dévouement pendant la peste qui désola Aix à cette époque. En 1742, M. de Brancas, archevêque d'Aix, le choisit pour grand-vicaire, et l'année suivante, le roi le nomma abbé de Saint-Rambert, au diocèse de Lyon. Il mourut à Aix regretté de ses paroissiens et de tous les gens de bien le 3 mars 1747. C'est à tort que dans la série des abbés de Saint-Rambert, page 734 de notre volume de l'archidiocèse de Lyon, nous l'avons appelé PONCE DE CHABANNES, d'après Hugues du Tems. Nous sommes heureux de pouvoir rectifier cette erreur.

« *Hic jacet* Claudius de Cabanes, *episcopus Vapincensis, vere pius, mitis et humilis corde, non diù hanc rexit Ecclesiam, satis tamen ut ejus funus publicos fletus haberet. Obiit die decima mensis septembris, anno Domini* 1741. »

Ici repose Claude de Cabanes, évêque de Gap, véritablement pieux, doux et humble de cœur. Il ne gouverna pas longtemps cette Église, assez de temps cependant pour que sa mort excitât le regret général de son peuple. Il décéda le dixième jour du mois de septembre de l'an du Seigneur 1741.

Il portait pour armoiries : *de gueules, à la licorne acculée d'argent.*

73. — JACQUES IV MARIE DE CARITAT DE CONDORCET (1741-1754).

Issu d'une ancienne et noble famille de Dauphiné, Jacques-Marie de Caritat de Condorcet naquit au château de Condorcet, près de Nyon, au diocèse de Die, le 11 novembre 1703; il était le troisième fils d'Antoine de Caritat, seigneur de Condorcet, de Montaulieu, etc..., et de Judith Amica d'Hauterive. Dans sa jeunesse, il suivit la carrière des armes, et servit pendant plusieurs années dans les chevau-légers. S'étant ensuite fait ecclésiastique, il fut tonsuré à Paris le 19 décembre 1728, dans la maison professe des Jésuites, reçut les ordres mineurs l'année suivante, s'engagea par le sous-diaconat le 25 mars 1730, fut promu diacre le 22 septembre, et enfin élevé à la prêtrise le 23 décembre de la même année. Tout aussitôt, il devint grand-vicaire d'Agen, puis de Rodez, sous Jean d'Yse de Saléon, son oncle, qui fut successivement évêque de ces diocèses, et plus tard archevêque de Vienne, où il mourut en 1751. Il se signala dans le Rouergue, par son zèle pour la bulle *Unigenitus.*

Nommé évêque de Gap, par brevet royal du 31 octobre 1741, l'abbé de Condorcet ne tarda pas à obtenir ses bulles, il fut sacré le 28 janvier 1742, à Rodez, par Jean d'Yse de Saléon, son oncle, et prêta, le 26 mars suivant, serment de fidélité entre les mains du roi. Le 4 août de la même année, il fit son entrée solennelle à Gap, et souscrivit la déclaration de respecter ce qui restait des vieux droits et des anciennes franchises de la cité.

Le nouveau prélat se mit immédiatement à l'œuvre, et s'efforça de faire revivre, au sein de son clergé, les ordonnances synodales de ses prédécesseurs. Il eut, il est vrai, quelques démêlés avec son chapitre, au sujet de ses priviléges épiscopaux; mais ils se terminèrent heureusement, le 22 août 1745, par une transaction qui régla aussi quelques autres affaires relatives à la reconstruction des moulins de Charance, et à la succession de Claude de Cabanes, son prédécesseur. Il fit ouvrir, au palais épiscopal, un registre dans lequel tous les membres de son clergé, et même les doctrinaires, directeurs du séminaire, furent tenus de souscrire une déclaration portant qu'ils acceptaient sincèrement la constitution *Unigenitus*.

Sous l'épiscopat de ce prélat, les appartements du château de Charance furent doublés; les arbres des vieilles allées furent arrachés et remplacés par d'autres, et c'est à cet évêque que l'on doit les vieux tilleuls qui embellissent encore aujourd'hui cette ancienne résidence épiscopale. Condorcet fut accusé de rigidité, et on lui reprocha d'aimer la vaine gloire; mais il est juste aussi d'ajouter qu'il sut racheter ces défauts par de précieuses qualités. Il était fort charitable, entièrement occupé du gouvernement de son diocèse et exemplaire dans ses mœurs.

Son zèle pour l'orthodoxie fixa l'attention du gouvernement, qui était fatigué des tiraillements intérieurs, produits par les querelles religieuses, et lui valut l'honneur de réparer à Auxerre les désastres de l'épiscopat de Charles de Caylus. Boyer, évêque de Mirepoix, et ministre de la feuille des bénéfices, voulant arrêter dans ce diocèse le triomphe du jansénisme, le proposa au roi, le 24 juin 1754, pour ce siége épiscopal. Sa nomination fut signée le même jour. Préconisé dans le consistoire du 16 septembre 1754, de M. Condorcet prêta serment pour le siége d'Auxerre, le 13 janvier 1755, et fut installé en personne le 2 février suivant.

La première mesure de son épiscopat, à Auxerre, fut d'interdire tous les prêtres jansénistes à qui les pouvoirs devaient être renouvelés. Il ne fit, en cette circonstance, aucune exception de personnes, ni régulières, ni séculières, et eut soin de ne confier des fonctions sacrées, qu'aux ecclésiastiques soumis à la bulle *Unigenitus*. Comme on peut s'en douter, cet interdit général souleva une véritable tempête dans le diocèse. Les curés, qui ne voulurent point se soumettre, furent aussitôt inquiétés : on leur intenta une multitude de procès criminels; mais, afin que le saint ministère ne souffrît point d'interruption, l'évêque confia des pouvoirs aux Capucins, aux Cordeliers et aux Pères de la Compagnie de Jésus, que son prédécesseur avait interdits. Ces derniers furent chargés de missions dans le diocèse. M. de Condorcet fit plus, il ne voulut point paraître à la cathédrale, ni officier, ni communiquer *in divinis* avec son chapitre. Ce furent des disputes, des querelles et des discussions auxquelles, sans crainte de se tromper, on peut attribuer l'état de dépérissement où était la foi, dans le diocèse d'Auxerre, parmi les populations, lorsque arriva, en 1793, l'époque de la Terreur, état déplorable qui dure encore dans le département de l'Yonne.

En faisant la visite générale du diocèse, M. de Condorcet trouva des personnes qui, à vingt-cinq et même trente ans, n'avaient pas encore fait leur première communion; d'autres, qui étaient mariées depuis cinq, six et même dix ans, se trouvaient dans ce cas, parce que les curés jansénistes ne les avaient point jugées dignes de recevoir l'absolution. Il fit faire, en leur faveur, des catéchismes dans les chapelles de son séminaire, et donna une *Instruction pastorale sur les dispositions nécessaires pour le sacrement de Pénitence*. Les jansénistes la taxèrent de relâchement, et leurs disputes avec le prélat, donnèrent lieu à plusieurs écrits pour et contre *la prédestination gratuite, la nécessité et l'étendue du précepte de l'amour de Dieu*, etc..... Quelques *mémoires* et *mandements* que l'évêque publia, furent trouvés contraires aux droits et priviléges du clergé du second ordre.

Le prélat persistait à ne pas avoir de rapports avec son chapitre, lorsqu'une lettre du roi, du mois de juillet 1756, l'invitant à célébrer un *Te Deum* d'actions de grâces, au sujet de la prise de Port-Mahon, le jeta dans un grand embarras. Il s'en tira en partant brusquement de Régennes, maison de campagne des évêques d'Auxerre, pour Montélimar, d'où il ne revint que le 26 octobre suivant.

A son retour, le corps du chapitre alla le complimenter, et le chanoine Mignot porta la parole, pour lui présenter l'office de la Toussaint. Le discours de celui-ci roula principalement sur le bonheur qu'aurait le chapitre, de recevoir le prélat dans son Église, et sur l'ardent désir qu'il avait de voir l'union régner entre eux. M. de Condorcet accueillit très-bien les députés, mais ne céda point. Cependant, le jour de l'octave de la Toussaint (1756), il annonça qu'il assisterait à l'office et y parlerait. La foule accourut aussitôt. L'évêque prit en effet la parole, mais ce fut pour lire l'*Instruction pastorale* de Christophe de Beaumont, archevêque de Paris, datée de Conflans, le 19 septembre 1756, et traitant de l'autorité de l'Église dans l'enseignement de la foi, de l'administration des sacrements, de la bulle *Unigenitus*, etc. Il concluait en excommuniant *ipso facto* ceux qui composeraient ou liraient des écrits contraires à la soumission due à la bulle, contre les magistrats qui rendraient des jugements pour faire administrer les sacrements, et contre ceux qui auraient recours à cette voie pour les obtenir. Son adhésion à cet illustre archevêque, dans le temps de ses disputes avec le parlement, lui valut une lettre de cachet, avec invitation de se rendre à l'abbaye de Vauluisant. C'était un exil. Le gouvernement voulait bien que les jansénistes fussent retenus dans leurs écarts, mais il n'aimait ni le bruit ni l'éclat. Pour empêcher ce bruit et cet éclat d'une manière plus efficace, l'évêque reçut l'ordre de se retirer au château de Condorcet, dans sa famille, où il demeura près d'un an.

De retour à Auxerre (6 décembre 1757), il y continua ses visites pastorales, et suivit courageusement les principes qu'il avait adoptés pour règle de conduite. Ses ordonnances et ses procès contre les jansénistes furent cassés par des arrêts de défenses et par des appels comme d'abus devant le parlement de Paris. Ces contestations qui désolaient le diocèse, déterminèrent Louis XV à demander la démission du prélat, qui s'y refusa longtemps. Certains gazetiers ont même écrit qu'il avait fait vœu de mourir évêque d'Auxerre. Cependant, après avoir assisté, en mars 1760, à l'assemblée du clergé dont il fut l'un des présidents, et fait la visite des paroisses du diocèse, où il essaya de déraciner l'esprit janséniste implanté par son prédécesseur, Jacques de Condorcet songea à quitter Auxerre pour Lisieux. Cette affaire fut traitée avec le plus grand secret. Le 1er décembre de cette année, un arrangement fut signé entre lui et Jean-Baptiste Marie Champion de Cicé, évêque de Troyes, qui devait lui succéder. Le ministre y donna son approbation. Ce ne fut, toutefois, qu'au mois de mars suivant que le changement fut connu.

Le brevet royal de transfert de l'évêque d'Auxerre au siége de Lisieux fut donné le 1er janvier 1761. M. de Condorcet fut préconisé à Rome dans le consistoire du 16 février suivant, et prêta serment de fidélité entre les mains du roi le 9 mars. Le nouvel évêque de Lisieux ne se relâcha point de ses principes et maintint toujours intacts les droits de l'Eglise et de la foi; mais le diocèse qu'il gouvernait alors, était loin d'être gangrené par l'hérésie du jansénisme comme celui qu'il venait de quitter. Il eut cependant à sévir contre quelques ecclésiastiques récalcitrants.

Il mourut généralement regretté, le dimanche 21 septembre 1783, à l'âge de près de 80 ans.

On a reproché à ce prélat, son humeur litigieuse, son goût décidé pour la chicane et un grand amour de la vaine gloire; mais les jansénistes qui l'ont tant décrié, n'ont pu formuler aucun reproche contre ses mœurs qui ont été toujours exemplaires, et on peut croire que ce ne fut point par ménagement. Il avait du zèle et de l'éloquence, s'exprimait avec beaucoup de facilité, se montrait fort charitable, et surtout fort appliqué au gouvernement du diocèse confié à ses soins. Ce qui est certain, c'est qu'il laissa des regrets à Gap, à Auxerre et à Lisieux, et cela prouve assurément en sa faveur.

N'oublions pas de dire que cet évêque fut l'oncle de Jean-Antoine-Nicolas, marquis de Condorcet, qu'il plaça à onze ans dans la maison des Jésuites de Reims, et qui, plus tard, prit rang parmi les sophistes dans la guerre entreprise par les prétendus philosophes du XVIIIe siècle contre la religion. On sait que le Jansénisme et l'Encyclopédisme n'ont pas peu contribué à faire éclore notre lamentable révolution française. Le marquis de Condorcet, instrument actif des malheurs que l'évêque de Condorcet eût voulu conjurer, ne fut pas pour celui-ci l'une des moindres amertumes de sa vie.

L'évêque de Gap, d'Auxerre et de Lisieux, avait pour armoiries : *d'azur, au dragon d'or onglé et lampassé de sable.*

La vie de Jacques-Marie de Caritat de Condorcet a été publiée par un anonyme.

74. — PIERRE IV ANNET DE PÉROUSE (1754-1763).

Né à Vienne en Dauphiné en 1699, et neveu du vénérable François Berger de Malissoles, il était pourvu d'une charge de conseiller-clerc au parlement de Grenoble, chanoine-sacristain de l'église métropolitaine de Vienne, et vicaire-général de Guillaume d'Hugues, archevêque de cette ville, quand, par brevet royal du 6 juillet 1754, Louis XV le désigna pour monter sur le siége épiscopal de Gap. Sa nomination ayant été confirmée par le souverain Pontife, il fut sacré le 16 mars 1755 dans la chapelle des religieuses de Conflans, par Christophe de Beaumont, archevêque de Paris, assisté de Louis-François Néel de Crestot, évêque de Séez, et de François-Joseph Brunes de Montlouet, évêque de Saint-Omer. Deux jours après il prêta, entre les mains du roi, le serment de fidélité d'usage, et ne prit possession de son église cathédrale qu'en 1756. Ce prélat fut député de la province ecclésiastique d'Aix à l'assemblée du clergé de France en 1760.

Pendant son épiscopat, Annet de Pérouse rédigea un nouveau Bréviaire qui, excepté ce qui était propre au diocèse, n'était qu'une copie de l'ancien Bréviaire de Paris. Sans motifs connus, dédaignant la constante tradition, cédant peut-être aussi au rationalisme qui, à cette époque, avait envahi la société, il ne fit nullement figurer dans ce calendrier gapençais ni saint Démétrius, ni les saints martyrs Érédius et Territe, que l'Église de Gap avait jusqu'alors considérés comme ses fondateurs, et qui avaient été de temps immémorial l'objet d'un culte solennel dans cette Église. Des deux saints confesseurs Constantin et Constance, il ne fit qu'un même personnage. Ce Bréviaire était encore en manuscrit dans les cartons de l'évêché, lorsque le chapitre de la cathédrale, gardien-né des saintes traditions, eut connaissance de cette omission. Elle lui parut extraordinaire, et fit à Pierre de Pérouse de respectueuses observations à ce sujet. Le prélat était trop juste pour ne pas les prendre en considération. Il se livra à de nouvelles et plus sérieuses recherches qui, à ce qu'il paraît, ne furent pas sans fruit, car il se proposait, avant de livrer son œuvre à l'impression, de réparer les omissions qu'il avait commises. Ces recherches retardèrent l'apparition du nouveau Bréviaire, et furent cause qu'elle n'eut lieu qu'après la mort de son auteur. Les changements ne furent point faits, et François de Narbonne-Lara, en arrivant à Gap, fit imprimer, sans amendement, le Bréviaire mutilé de son prédécesseur.

Par suite de cet acte, saint Démétrius, que l'Église de Gap avait toujours considéré comme son fondateur et son premier évêque ; qui, d'après la tradition, a cueilli la palme du martyre sur l'emplacement qui servait autrefois de cimetière à la paroisse Saint-André ; saint Démétrius, lui-même, devint une des victimes de cet incroyable ostracisme. Son nom fut rayé des dyptiques sacrés ; ses reliques, jusque-là pieusement vénérées par les populations, furent reléguées dans une vieille armoire de la sacristie de la cathédrale, et ce ne fut que près d'un siècle plus tard, grâce à une brillante dissertation insérée par M. l'abbé Aucel, ancien secrétaire de l'évêché de Gap, et aumônier de l'hospice impérial du Mont-Genèvre, en tête de l'ouvrage qu'il a publié en 1838, in-8°, à Gap, sous le titre de : *Recueil des circulaires, mandements, etc.....* de Mgr Arbaud, évêque de Gap, que l'antique tradition du diocèse a reparu, et que les saints fondateurs de l'Église de Gap ont été rétablis sur le siége dont ils avaient été expulsés en 1764. Le 20 avril 1845, le vénérable Jean-Irénée Depéry, évêque de Gap, remit en honneur les ossements du saint martyr. Ce savant prélat fit retirer le pieux dépôt du lieu ignoré dans lequel il avait été placé, et, après avoir reconnu les actes authentiques que le temps n'avait point encore entièrement effacés, il fit dresser procès-verbal de l'invention de ces reliques. Puis, le 29 septembre de cette même année, il rétablit, par un mandement solennel, le culte du glorieux fondateur de l'Eglise de Gap, et fixa sa fête au 26 octobre, jour où elle se célébrait autrefois.

Pierre Annet de Pérouse introduisit la réforme chez les chanoines réguliers de Notre-Dame de Chardavon, près la Baume-Sisteron, et il mourut à Gap le vendredi 22 juillet 1763, dans la soixante-quatrième année de son âge. On l'inhuma dans la cathédrale, à côté de François Berger de Malissoles son oncle. Il avait institué pour héritiers l'hôpital général de Gap et le chapitre de sa cathédrale; mais ce dernier répudia sa part dans la succession qui, d'ailleurs, n'était pas bien importante et que l'hôpital recueillit tout entière.

Annet de Pérouse est auteur d'une dissertation savante, imprimée dans le *Journal ecclésiastique*, février 1763, où il a cherché à prouver que l'ancienne Epaone où se tint, en 517, un concile célèbre, est le lieu nommé *Albon*, paroisse entre Vienne et Romans. Ce savant prélat n'est pas le seul de ce sentiment; mais aujourd'hui les historiens les plus dignes de foi, les archéologues les plus érudits prétendent qu'Epaone est la petite ville d'Yenne, ancienne province de Savoie, sur la rive gauche du Rhône, autrefois diocèse de Belley.

Les inscriptions trouvées dans les ruines d'un ancien temple dédié à la déesse Epaona, *Deæ Epaonæ*, confirment cette opinion. On sait que les anciens divinisaient quelquefois les villes, et qu'il y avait des autels érigés en l'honneur de la ville de Rome.

Il portait pour armoiries : *écartelé; au 1er et au 4e de gueules au sautoir d'argent, au 2e et au 3e d'azur, au chevron d'or, accompagné de trois mufles de lion d'argent.*

75. — FRANÇOIS III DE NARBONNE-LARA (1763-1773).

François de Narbonne-Lara naquit en 1720, au château d'Aubiac, ancien diocèse de Condom, et était le deuxième fils de François de Narbonne, seigneur de Birac et d'Aubiac, et d'Angélique Olive de Goth, de la même maison que le pape Clément V. Vicaire-général d'Agen, il obtint en commende, le 8 mars 1759, l'abbaye de Pessan au diocèse d'Auch, et fut nommé à l'évêché de Gap par brevet royal en date du 16 novembre 1763. Préconisé à Rome dans le consistoire du 19 décembre suivant, l'abbé de Narbonne-Lara fut sacré le 25 mars 1764, dans la chapelle du château de Versailles, par Charles-Antoine de la Roche-Aymon, archevêque de Reims, assisté de Jean-Louis de la Marthonie de Caussade, évêque de Meaux, et de Nicolas de Bouillé, évêque d'Autun. Il prêta serment de fidélité au roi le 31 du même mois.

Ce prélat se distingua pendant neuf ans sur le siége de Gap par l'étendue de sa charité et ses abondantes aumônes, dans les temps calamiteux qui affligèrent cette contrée. La première année de son épiscopat, il publia, sans y faire aucun changement, le Bréviaire rédigé par Pierre Annet de Pérouse, son prédécesseur, et dans lequel ne figurent point les saints évêques fondateurs de l'Eglise de Gap. Nommé premier aumônier de Mesdames Victoire et Sophie de France, filles de Louis XV, il prêta serment de fidélité pour cette charge le 6 janvier 1771, et fut pourvu, le 30 mai suivant, de la commende de l'abbaye de Beaupré au diocèse de Beauvais.

Suivi des regrets de tout son diocèse, il fut transféré à Evreux le 19 décembre 1773, fut préconisé à Rome pour ce nouveau siége le 28 février 1774, et gouverna cette Eglise avec le même zèle et la même sagesse. Ce serait mal apprécier ce prélat que de le juger sur un portrait peu flatté qu'a fait de lui l'auteur des prétendus *Mémoires* de Louis XVIII. Cet ouvrage n'est qu'une mauvaise spéculation littéraire, comme en publièrent trop les libéraux de la Restauration. L'amour du prélat pour les pauvres et ses largesses éclatèrent, surtout en 1783, et pendant le rigoureux hiver de 1789. Le blé étant à cette époque devenu trop cher pour le peuple, il se présenta lui-même à la halle, pendant cinq semaines, et le fixant au plus bas prix, il faisait aussitôt compter la différence par un homme de confiance qui l'accompagnait avec une bourse. M. de Narbonne-Lara payait les pensions de plusieurs pauvres filles et celles d'un grand nombre de jeunes lévites. Aucune bonne œuvre n'était étrangère à sa noble générosité. Pour suffire à tant de bienfaits, il puisait ses ressources dans des privations continuelles. Prodigue envers les malheureux, il était de la plus sévère économie pour les dépenses qui n'avaient rapport qu'à sa personne. Il acquittait de ses propres revenus plusieurs pensions que les infortunés croyaient devoir à d'augustes protecteurs dont il était prié d'implorer le crédit en leur faveur. Ces sortes de secours ayant cessé de leur parvenir après sa mort, c'est alors qu'on découvrit la modestie du véritable bienfaiteur.

Nommé abbé de Lyre, en son diocèse, le 3 octobre 1779, François de Narbonne-Lara ne vit alors dans cette augmentation de revenus que de nouveaux moyens de répandre encore plus d'aumônes. C'était à ce doux exercice de la charité chrétienne, au maintien de la régularité, à l'éducation de la jeunesse dans les colléges et les séminaires qu'il employait ses richesses et consacrait sa vie, lorsque la révolution vint lui imposer le serment ou l'exil. Son choix ne fut pas douteux et un intrus osa s'emparer de son siége. Après avoir environné de lumières son clergé, et prémuni ses diocésains contre la doctrine du faux pasteur, ce pontife persécuté alla rejoindre à Rome la pieuse princesse dont il avait l'honneur d'être le premier aumônier. La foi de ce prélat fidèle n'y perdait pas de vue un troupeau toujours plus cher à sa sollicitude, et de la capitale de la chrétienté, il écrivit souvent à ses ouailles. L'activité de son zèle s'occupait encore à Rome de tous les moyens propres à soulager les Français émigrés. Il leur tenait lieu de père, et s'empressait de présenter leurs vœux et leurs besoins au souverain Pontife dont il n'implora jamais en vain la tendresse à l'égard des courageux ministres qui lui étaient demeurés fidèles.

Après avoir, pendant sa vie, donné le peu qui lui restait aux compagnons de son exil qu'il édifia dans sa maladie par une parfaite résignation et par la patience la plus chrétienne, il leur laissa même après lui, des gages de l'intérêt qu'il prenait à leur sort. Les jeunes ecclésiastiques et les prêtres souffrants de son diocèse furent l'objet plus particulier de son souvenir. Il nomma pour son exécuteur testamentaire, Mgr Gréen de Saint-Marsault, évêque de Pergame et premier aumônier de Madame Adélaïde de France, et mourut saintement entre les bras de la croix le lundi, 12 novembre 1792, après avoir recommandé qu'on l'ensevelît sans aucune solennité, afin que les dépenses destinées à ses obsèques fussent encore réparties entre les prêtres émigrés qui auraient un besoin plus pressant d'éprouver ses bienfaits.

Il fut inhumé dans l'église nationale de Saint-Louis des Français, chapelle Sainte-Chantal, et sur le marbre placé au-dessus de son tombeau, on grava une épitaphe latine qui fut composée par Mgr Benoist Stay, dataire de la pénitencerie et secrétaire des brefs de Sa Sainteté aux puissances. Cette épitaphe disparut en 1799, après l'enlèvement de Pie VI; nous ignorons si depuis elle a été replacée.

Mgr François de Narbonne-Lara portait pour armoiries : *de gueules, plein.*

76. — FRANÇOIS IV GASPARD DE JOUFFROI-GONSSANS (1773-1777).

Il naquit au château de Gonssans, non loin de Besançon, le 15 août 1723, et était issu d'une noble famille de la Franche-Comté qui, au XVe siècle, avait donné à l'Eglise un cardinal, en la personne de Jean de Jouffroi, cardinal-évêque d'Albi. Destiné par ses parents à la carrière ecclésiastique, il fut en 1735, à l'âge de douze ans, pourvu d'un canonicat dans le chapitre noble de Saint-Claude, devint, en 1767, abbé de Lieu-Croissant au diocèse de Besançon, et peu après vicaire général du diocèse d'Evreux, sous l'épiscopat de Louis-Albert de Lezay-Marnézia, son compatriote.

Le roi l'ayant désigné le 19 décembre 1773, pour succéder à François de Narbonne-Lara, sur le siége de Gap, il obtint ses bulles dans le consistoire du 28 février 1774, et fut sacré, le 20 mars suivant, à Paris, dans la chapelle du château des Tuileries, par François de Narbonne-Lara, évêque d'Evreux, son prédécesseur, assisté d'Urbain-Réné de Hercé, évêque de Dol, et d'Emmanuel-Louis de Grossoles de Flamarens, évêque de Périgueux. Le lendemain, il prêta serment de fidélité entre les mains du roi, et prit possession de son siége le 25 octobre de la même année.

Ce prélat se fit remarquer par la douceur de son caractère, par son zèle pour la religion, et par l'exemplaire pureté de ses mœurs. On cite une de ses ordonnances, en date du 3 avril 1775, concernant les cas réservés dans le diocèse de Gap. Un brevet royal du 25 décembre 1777, le transféra à l'évêché du Mans, mais il donna aussitôt la démission de son abbaye.

Préconisé pour ce nouveau siége dans le consistoire du 1er juin 1778, il prêta serment au roi, le 20 de ce même mois. En arrivant dans ce diocèse, ce prélat s'occupa d'y rétablir l'ordre et la paix, mais il ne put y parvenir qu'en unissant à la patience une grande fermeté. Le 11 octobre 1779, il rendit une ordonnance portant suppression d'une procession qui se faisait chaque année le lendemain de la Pentecôte, dans la paroisse de Saint-Fraimbault de Lassay, et un arrêt de la cour du parlement de Paris homologua cette ordonnance. Après la suppression de l'Ordre de Grammont, il unit au collége du Mans la mense conventuelle du prieuré de Saint-Mars d'Outillé. Élu député aux États généraux de 1789, il protesta contre les décrets de l'Assemblée constituante, et émigra en 1792. L'année précédente, il avait adressé le 12 mars, aux électeurs du département de la Mayenne une *lettre* qui a été imprimée dans la Collection ecclésiastique de Barruel (Paris, 1791 et années suivantes, 7 vol. in-8°). Après avoir passé quelque temps en Angleterre, il se rendit en Westphalie, et reçut un très-gracieux accueil et une généreuse hospitalité dans la ville et dans le diocèse de Paderborn. Le chapitre cathédral de ce diocèse ne cessa d'entourer le pieux prélat, confesseur de la foi, de la vénération, du respect et des égards les plus grands. Acquittant, pour ainsi dire, la dette de saint Badurade, il le força même d'accepter jusqu'à sa mort, arrivée le mercredi 23 janvier 1799, une pension de douze cents florins, et lui accorda une honorable sépulture dans la chapelle, et non loin de l'autel de saint Liboire, son prédécesseur sur le siége du Mans. Avec un pareil secours, François de Jouffroi-Gonssans, naturellement économe, se trouva assez riche pour venir au secours de ses compatriotes, plus malheureux sous le rapport de la fortune, qu'il ne l'était lui-même.

Outre divers mandements et instructions pastorales, il fit imprimer : *Instruction par demandes et par réponses sur l'entrée en l'état ecclésiastique par la réception de la tonsure*, Le Mans, 1785, in-16 de 24 p. — *Ordonnances synodales publiées au synode tenu les* 16 *et* 17 *avril* 1788, Le Mans, 1788, in-8° de 192 p.

— *Cérémonial de l'Église cathédrale de Saint-Julien du Mans*, 1789, in-8° de 312 p. — *Catéchisme du diocèse du Mans*, Le Mans, 1790, in-12.

Ses armoiries étaient : *fascé de sable et d'or de six pièces, la première chargée de deux croisettes d'argent.*

77. — JEAN II BAPTISTE-MARIE DE MAILLÉ DE LA TOUR-LANDRY (1777-1784).

Jean-Baptiste-Marie de Maillé de la Tour Landry, naquit le 6 décembre 1743, au château d'Entrames, diocèse du Mans, et était fils de Charles-Henri de Maillé de la Tour-Landry, seigneur d'Entrames, appelé le comte de Maillé, colonel de cavalerie, et de Marie-Françoise de Savonnières de Méaulne. Il quitta la carrière militaire, dans laquelle il était d'abord entré, pour embrasser l'état ecclésiastique, et fut, après avoir reçu les ordres, nommé vicaire général de Dol, par Urbain René de Hercé, évêque de cette ville, son compatriote. En octobre 1773, il devint abbé commendataire de Saint-Vincent-du-Luc, diocèse d'Oléron. Nommé évêque de Gap, le 25 décembre 1777, il fut sacré en cette qualité, le 3 mai 1778, prêta serment de fidélité au roi le 13 du même mois, et fit son entrée solennelle à Gap, le 26 juillet suivant.

Ce prélat, disent les historiens de Gap, n'eut pas toujours une conduite conforme à son état, mais il avait une grande aménité de caractère et un cœur bienfaisant et généreux jusqu'à l'excès. Non-seulement il dépensait tous ses revenus, mais il contractait encore des dettes. A la sollicitation de sa famille, qui croyait lui procurer les moyens de se libérer, il fut transféré, le 21 février 1784, au siége de Saint-Papoul. C'était un évêché dépendant de la métropole de Toulouse, peu important par son étendue, car on n'y comptait que quarante-quatre paroisses, mais dont le revenu était de quarante-cinq mille livres. Sa conduite y fut la même qu'à Gap. Préconisé dans le consistoire du 25 juin 1784, il prêta serment au roi le 21 juillet suivant. Le 6 janvier 1789, il fut nommé abbé commendataire de Bolbone, au diocèse de Mirepoix.

La Révolution vint au bout de quelques années dépouiller de Maillé de la Tour-Landry, de son siége. Obligé de quitter sa ville épiscopale après la promulgation de la constitution civile du clergé, il se retira à Paris, où son zèle le rendit bientôt célèbre, car il fut à peu près le seul prélat resté en France, qui ne cessât pas de remplir les fonctions épiscopales. C'était lui qui, pendant les temps les plus orageux, faisait les ordinations dans des maisons particulières. Retiré à Passy pendant la Terreur, avec un ancien ami, il sut alors éviter le sort cruel qui attendait tous les ministres de Jésus-Christ, lorsqu'ils tombaient entre les mains des révolutionnaires, mais il finit par être leur victime.

On l'arrêta immédiatement après le 18 fructidor (4 septembre 1797), et après une détention dans la prison du Temple, sans qu'on lui ait permis auparavant de voir ni parents, ni amis, et de prendre aucune des précautions indispensables pour un si long et si pénible voyage, on l'envoya à l'île de Rhé, en attendant son transport à la Guyane, moyen que le Directoire avait inventé, pour faire périr lentement les prêtres fidèles qu'on n'osait plus mettre à mort avec autant de facilité qu'on l'avait fait du temps de la Terreur.

Le voyage de Jean-Baptiste de Maillé pour se rendre dans le lieu de son exil, fut accompagné de circonstances atroces. Il était enchaîné, et eut, comme le souverain Pontife, les honneurs d'une mauvaise charrette découverte, dans laquelle il était couché sur de la paille, et n'avait qu'une méchante couverture pour s'envelopper dans la saison la plus rigoureuse de l'année. La Providence ne l'abandonna pas dans son malheur; des personnes charitables pourvoyaient à ses besoins dans les lieux qu'il traversait, et une, entre autres, lui jeta par une fenêtre, une grosse couverture. De Maillé de la Tour-Landry supporta les rudes épreuves qu'on lui fit subir, avec une patience et une dignité, qui ne se démentirent pas un seul instant, et prouva par sa conduite, qu'il est plus facile de maltraiter un évêque que de l'avilir. Son séjour à l'île de Rhé se prolongea jusqu'en décembre 1799, époque à laquelle Bonaparte, devenu premier consul, rendit la liberté aux prêtres déportés. Il fit plus pour Jean-Baptiste de Maillé; après avoir signé le concordat avec Pie VII, il le nomma le 9 avril 1802, au siége épiscopal de Rennes, et à cette époque, M. Portalis, ministre des cultes, l'avait proposé pour l'archevêché de Malines.

M. de Maillé de la Tour-Landry ne tarda pas à se rendre dans son nouveau diocèse, mais de grandes tribulations l'y attendaient. Si le parti des prêtres assermentés n'était pas nombreux dans un pays aussi catholique que la Bretagne, ceux qui le composaient suppléaient à leur nombre par leur obstination et par leur audace.

Au moment de l'arrivée de Jean-Baptiste de Maillé à Rennes, tous les prêtres de la ville soit assermentés, soit insermentés, parurent d'accord sur les points qui les avaient divisés. Il ne fut point parlé de rétractation, et l'on se borna à signer une sorte de profession de foi absolument étrangère aux circonstances qui avaient formé différents partis dans l'Église de France. Tout le clergé parut satisfait et concourut à l'installation du prélat, mais il fallut bientôt organiser le diocèse. M. de Maillé de la Tour ne refusait pas de comprendre les prêtres constitutionnels dans la nouvelle organisation, c'était à la condition toutefois qu'ils ne s'en tiendraient pas à l'adhésion pure et simple du concordat. Parmi les prêtres assermentés, se trouvait surtout un fameux janséniste, Joseph-Élisabeth Lanjuinais (né à Rennes le 18 novembre 1755, mort à Paris le 6 mars 1835), frère d'un homme que la Révolution avait tiré d'une position modeste pour en faire un personnage important. L'appui de ce frère, qui partageait ses opinions erronées, le rendait exigeant, d'autant plus qu'il était soutenu par l'autorité civile, et surtout par le fameux Jean-Joseph Mounier, préfet d'Ille-et-Vilaine. On ne parlait de rien moins que de lui faire donner une des principales cures de Rennes, celle de Saint-Sauveur, et M. de Maillé de la Tour-Landry eut beaucoup de peine à empêcher ce scandale.

Le préfet se plaignit aussi que l'abbé Lessure, (Pierre-Jacques-Joseph, prêtre du diocèse d'Arras, successivement vicaire-général de Paris, de Rennes et de Gand, mort à Paris le 7 juillet 1844 à l'âge de 81 ans, sur la paroisse de Saint-Sulpice), conseillait mal ce prélat, ne se conduisait pas de manière à concilier les esprits, et qu'il était perpétuellement inconséquent avec lui-même. Ce magistrat fut chargé par le gouvernement de mander près de lui le digne vicaire-général, et de lui déclarer qu'il serait personnellement responsable de toutes les fausses démarches qui pourraient occasionner du mécontentement et du trouble. Au milieu de tous ces embarras, M. de Maillé de la Tour-Landry parvint cependant à organiser son diocèse d'une manière convenable, mais les efforts qu'il fit dans cette lutte devinrent funestes à sa santé. Malade de corps, d'esprit et de cœur, comme il le disait lui-même, il se rendit à Paris pour assister au sacre de l'empereur Napoléon Ier. Là, s'apercevant que son mal empirait, il voulut que le vénérable abbé Émery, supérieur-général des Sulpiciens, fût le dernier dépositaire des secrets de sa conscience, et il lui fit sa confession. Sa mort suivit de près cet acte de piété, il rendit son âme à Dieu le dimanche 4 frimaire, an XIII (25 novembre 1804), n'étant pas encore entré dans la soixante-deuxième année de son âge. Quelques jours après ses obsèques qui furent très-brillantes, les curés de Paris, en témoignage de leur reconnaissance, célébrèrent pour lui un service très-solennel auquel assistèrent tous les évêques de France et les prélats italiens de la suite du souverain Pontife, que la cérémonie du sacre avait amenés dans la capitale.

Son acte de décès est ainsi conçu sur les registres de l'état civil du 10e arrondissement municipal de Paris :

« Acte de décès du cinq frimaire, an treize de la République, à dix heures du matin.

» Le jour d'hier, à six heures du soir, est décédé Jean-Baptiste-Marie DE MAILLÉ, évêque de Rennes, âgé de soixante ans, né à Entrames, département de la Mayenne, demeurant de droit à Rennes, département d'Ille-et-Vilaine, et de fait à Paris, rue du Sépulchre, n° 34, division de l'Unité.

» Constaté par moi Joseph Fulcrand Fabre, adjoint au maire du dixième arrondissement de Paris, faisant les fonctions d'officier public de l'État civil, sur la déclaration de François Direau, demeurant à Paris, rue et n° susdits, homme de confiance, âgé de cinquante ans, et de Jean-Louis Labille, demeurant à Paris, rue du Bacq, n° 404, ébéniste, âgé de trente ans, lesquels ont signé avec moi après lecture à eux faite de l'acte.

» DIREAU, — LABILLE, — FABRE. »

Bien avant cette époque, M. de Maillé de la Tour-Landry avait porté de la réforme dans ses mœurs et en était venu aux plus strictes pratiques de la dévotion. Il avait eu même assez d'ascendant sur l'abbé Flour de Saint-Genis, l'un de ses anciens chanoines, vicaire général à Gap et à Saint-Papoul, son compagnon des fêtes plus qu'équivoques du château de Charance, pour le ramener à une conduite plus régulière. Reconnaissons aussi que la conduite tenue par de Maillé de la Tour pendant la révolution a effacé bien des fautes.

Les armoiries de ce prélat étaient : *d'or à trois fasces ondées de gueules.*

78. — FRANÇOIS V HENRI DE LABROUE DE VAREILLES.

(1784-1801).

Ce digne prélat naquit le 2 septembre 1734, au château de Sommières, près de Civray en Poitou, et était le deuxième fils de Jean-François de Labroue, appelé le baron de Vareilles, châtelain de Bernay, seigneur de Saint-Romain et Assais, et d'Anne-Henriette Dubois de Launay, morte à Charroux, le 26 juillet 1784. Il montra dès sa jeunesse du goût et du penchant pour l'état ecclésiastique, et fit ses études au séminaire de Saint-Sulpice à Paris, où il fut ordonné prêtre.

Peu après M. de la Marthonie, ancien évêque de Poitiers, transféré à Meaux attacha le jeune de Labroue à sa cathédrale et le nomma chanoine en 1760, mais deux ans après, M. de Montmorency-Laval, évêque de Metz, dont la famille était alliée à celle de Labroue de Vareilles, l'attira dans son diocèse et le fit vicaire général et trésorier qui était une des dignités du chapitre. L'abbé de Vareilles eut la plus grande part à l'administration de ce vaste diocèse qui s'étendait même en pays étranger. Il accompagna son évêque dans ses visites et jusque dans les parties du diocèse qui dépendaient de princes protestants. La sagesse et la prudence du vicaire général furent plus d'une fois utiles au prélat, et ont laissé à Metz d'honorables souvenirs. En 1770, il fut nommé abbé commendataire de la Grâce-Dieu au diocèse de la Rochelle.

Un brevet royal, en date du 21 février 1784, nomma Henri de Labroue au siége épiscopal de Gap; préconisé dans le consistoire du 25 juin suivant, il fut sacré le 25 juillet par M. de Montmorency-Laval, et vint prendre possession de son siége le 27 octobre de cette même année. Peu après, il fut revêtu du titre de conseiller d'honneur au parlement de Dauphiné. Le 24 avril 1785, il termina un différend qui s'était élevé entre le chapitre et les abbés Bontoux et Escalier, curés de la paroisse Saint-Arnoux, et s'occupa de son séminaire, dont il augmenta les bâtiments. Quelques auteurs ont avancé qu'il en avait changé les administrateurs dont les opinions lui paraissaient suspectes; cependant la *France ecclésiastique* de 1790, marque toujours les Doctrinaires comme les directeurs de cette maison, dont l'abbé Pelet était le supérieur. M. de Labroue de Vareilles faisait assidûment ses visites pastorales, tantôt à cheval, tantôt même à pied, sans s'effrayer de la distance et de la difficulté des communications, dans un pays aussi montagneux. Il résida constamment dans son diocèse, et refusa, en 1789, l'évêché de Nevers, qui fut alors donné à l'évêque de Sisteron.

La Révolution le trouva fidèle à défendre les droits de l'Eglise et les siens. Il adhéra à l'Exposition des principes des trente évêques, et adressa deux lettres, l'une du 5 mars 1791, aux électeurs des Hautes-Alpes; l'autre, le 14 avril de cette même année, à Ignace de Cazeneuve, élu évêque constitutionnel de ce département. Ces deux lettres sont extrêmement bien faites sous tous les rapports; on remarque surtout dans la dernière, que François de Vareilles, tout en annonçant à Cazeneuve qu'il persiste à être évêque de Gap, ajoute : « Mais si, dit-il, l'Eglise, dont mes supérieurs dans l'ordre hiérarchique sont le seul et véritable organe, m'engage à renoncer à mon siége; si cette autorité à laquelle je déférerai aveuglément et que je respecterai jusqu'à mon dernier soupir, me dit que le bien général exige que je donne ma démission, je le jure devant Dieu, je la donnerai, et je la signerai, s'il le faut, de mon sang, de ce même sang que je serais prêt à verser pour la défense des vérités que je professe, et pour le salut de mon peuple; j'ajouterai ce pénible sacrifice à tous ceux que j'ai déjà faits; j'espère qu'il sera aussi méritoire devant Dieu, qu'il sera sensible à mon cœur. Il m'en coûterait sans doute infiniment, pour me séparer d'un troupeau auquel j'avais consacré le reste de mes jours, pour m'éloigner d'une Église que j'ai dû regarder comme ma fidèle épouse, et à laquelle j'ai voué mes plus tendres affections; mais je le répète avec toute la sincérité d'un cœur droit, avec toute la simplicité d'un chrétien, avec la franchise et la vérité d'un ministre de l'Évangile, que le souverain Pontife, qu'un concile national ou provincial ordonnent ou conseillent, mon sacrifice est prêt. »

Après cette admirable soumission à la volonté de l'Église, exprimée par le conseil ou le désir des supérieurs ecclésiastiques, l'évêque de Gap, avant de lancer l'excommunication contre l'intrus, ajoute dans cette lettre sublime, les deux paragraphes suivants, admirable mélange de force et de suavité : « Votre arrivée dans cette ville, Monsieur, et les insignes que vous portez de la dignité épiscopale, nous apprennent que, sur une nomination à l'évêché prétendu des Hautes-Alpes, que tout catholique peut regarder comme nulle, vous avez obtenu une consécration également illicite; et nous annoncent sans doute, en même temps, votre prochaine installation dans l'église métropolitaine d'Embrun. Vous n'ignorez pas les obstacles sans nombre que vous opposeront, et le noble courage de Monseigneur l'archevêque, et la fermeté de son respectable clergé, et la religion éclairée du plus grand nombre des fidèles. Les uns vous regarderont comme un usurpateur qui vient s'asseoir sur un siége qui n'est pas vacant; guidés par les lumières de leur conscience et de leur religion, les autres ne verront en vous qu'un intrus, qui n'est pas entré dans la bergerie par la véritable porte; et vous ne serez, aux yeux de tous, qu'un pasteur mercenaire, un faux pasteur, portant, à la vérité, l'habit de vrai pasteur, mais n'ayant aucun des traits qui le caractérisent, et qui doivent mériter la confiance du troupeau.....

» Cette Eglise, Monsieur, l'Eglise de Gap que je préside seulement depuis peu d'années, et pour laquelle Dieu seul connaît toute l'étendue de mon attachement, doit aussi vous être bien chère; vous êtes né dans son sein; elle a reçu vos premiers vœux, en vous adoptant au nombre de ses enfants; vous avez été élevé à l'ombre de ses autels; elle vous donna les premiers principes du christianisme; voudriez-vous déchirer les entrailles de votre propre mère? Après lui avoir juré, comme moi, une fidélité inviolable, vous l'avez suivie longtemps; vous étiez un de ses principaux ministres; elle avait droit de vous regarder comme un de ses plus zélés défenseurs; par quelle fatalité deviendriez-vous un de ses plus cruels ennemis! Vous avez étudié sa tradition, vous avez étudié sa doctrine; mérita-t-elle jamais à vos yeux la persécution qu'elle éprouve, la proscription dont elle est menacée? Et pourriez-vous concourir à sa destruction? Quel aveuglement : ne serait-ce pas celui prédit par les prophètes : *Audite cœli, et auribus percipe terra, quoniam Dominus locutus est : Filios enutrivi et exaltavi, ipsi autem spreverunt me.* (Is. 1.2). Cieux, écoutez, et toi, terre, prête l'oreille. C'est le Seigneur-Dieu qui a parlé, et ses paroles méritent notre attention. Voici ce qu'il a dit : J'ai nourri des enfants, je les ai élevés, et après cela, ils m'ont accablé de mépris et se sont révoltés contre moi?

» J'ai l'honneur d'être, Monsieur, votre très-humble et très-obéissant serviteur.

» † F. H., *Ev. de Gap.* »

Malgré la difficulté des temps, les bonnes œuvres, les soins charitables du prélat continuèrent jusqu'au mois de juillet 1791, époque où il se vit contraint de sortir de la ville pendant la nuit et sous des habits empruntés, après avoir essuyé un assaut au palais épiscopal, assaut qui eut pour résultat beaucoup de vitres cassées. Les autorités se rendirent isolément et secrètement auprès de lui pour lui faire leurs adieux, et quelques fonctionnaires l'accompagnèrent même jusqu'à une certaine distance de Gap. François-Henri de Vareilles ne pouvait se résoudre à s'éloigner entièrement ; après avoir excommunié l'évêque intrus, il demeura caché pendant quelque temps à Grenoble, puis dans les environs de Lyon, jusqu'à ce que la rigueur des circonstances le força de quitter la France. Passant en Savoie, il fixa sa résidence à Chambéry, mais contraint bientôt d'abondonner cette ville que l'armée française allait occuper, il se retira à Fribourg, où les évêques émigrés avaient établi une table commune pour cent vingt prêtres indigents, expatriés comme eux. L'évêque de Gap devint trésorier de la caisse de secours, il inventait chaque jour de nouveaux moyens pour se procurer des aumônes, allait très-souvent servir ces prêtres qui pleuraient d'attendrissement à la vue d'une charité si touchante et établissait différents métiers pour les faire travailler. Forcé de se retirer devant les troupes françaises, il revint presque aussitôt, malgré le danger, dans cette ville, pour fermer les yeux à l'un de ses collègues, M. Beaupoil de Saint-Aulaire, évêque de Poitiers, qui l'avait nommé son exécuteur testamentaire.

En 1796, François de Labroue de Vareilles se réfugia à Munich, et y fut traité avec distinction par Charles Théodore, électeur palatin de Bavière. Il obtint même de rester à une époque où tous les émigrés furent obligés de s'éloigner de cette ville. On trouve le nom de ce prélat avec ceux de quarante-huit autres évêques français au bas de l'instruction sur les atteintes portées à la religion, en date du 15 août 1798. A l'époque du Concordat, il ne donna point sa démission, comme il s'y était hautement engagé par sa lettre du 14 avril 1791, et il est probable qu'il fut entraîné par l'opinion de ses collègues retirés comme lui en Allemagne. Le 23 novembre 1801, MM. de Bonnac, évêque d'Agen, du Chilleau, évêque de Châlon-sur-Saône, et de Vareilles, évêque de Gap, qui se trouvaient à Munich, signèrent une lettre commune au souverain Pontife, en réponse au bref du 15 août précédent. Ils différaient de donner leur démission et demandaient à connaître les moyens par lesquels on comptait pourvoir au sort futur des Églises de France. Peu après, François de Vareilles adhéra au Mémoire des évêques qui se trouvaient en Angleterre, mémoire daté du 23 décembre 1801, et à la lettre adressée au Pape, le 26 mars 1802, par le cardinal de Montmorency, évêque de Metz, grand-aumônier de France, et cinq autres évêques français. Il fut un des trente-six signataires des réclamations canoniques et respectueuses du 6 avril 1803, mais ne favorisa point un schisme funeste. Il fit connaître à ses diocésains qu'il avait accordé aux évêques qui lui avaient été substitués tous les pouvoirs dont il serait besoin et que par conséquent ils devaient communiquer avec eux, et les regarder comme leurs évêques légitimes. Cette précaution n'était nullement nécessaire, mais elle prouve qu'il n'y avait dans François de Vareilles aucune pensée contraire au grand principe de l'unité.

Rentré en France au mois d'août 1814, il se fixa à Poitiers dans sa famille, donna peu après la démission de son siége, et écrivit directement au souverain Pontife. Il ne voulut point accepter un nouveau siége, et se contenta de se rendre utile à Poitiers, où il n'y avait point d'évêque à cette époque. Son grand âge ne l'empêchait point de faire les ordinations et de donner la confirmation, et dans un moment de souffrance, il aima mieux s'imposer la fatigue d'une ordination que d'obliger les jeunes séminaristes à aller s'adresser à un évêque éloigné. Il dirigeait une association de jeunes personnes dont le but était de donner une éducation chrétienne à des indigents et à des orphelines. En 1825, il fut nommé chanoine du chapitre royal de Saint-Denis. Privé depuis quelques années de la consolation de célébrer la messe, il se rendait tous les jours et dans toutes les saisons à l'office canonial. Après avoir reçu tous les sacrements de l'Église avec des marques touchantes de foi et de piété, l'ancien évêque de Gap conserva jusqu'au dernier moment sa présence d'esprit, et mourut à Poitiers, le vendredi 25 novembre 1831, à l'âge de quatre-vingt-dix-sept ans, deux mois et vingt-trois jours, doyen des évêques français. Une décision royale du 30 de ce même mois autorisa son inhumation dans un caveau de la cathédrale de Poitiers. Un service solennel fut célébré pour lui, le 22 décembre suivant, et l'abbé Louis-Amable-Victor Lambert, chanoine et vicaire général, y prononça son oraison funèbre, qui a été imprimée.

Le testament de François-Henri de Labroue de Vareilles, commence par la profession de foi la plus édifiante. Le prélat implore les miséricordes de Dieu par les mérites de Jésus-Christ et par les prières de ses saints patrons et de ses saints prédécesseurs à Gap. Il demande à Mgr l'évêque et au chapitre de Poitiers, qui, dit-il, l'ont comblé de tant de bontés et d'égards, de permettre que ses cendres reposent dans leur église. Il dispose de sa chapelle en faveur de cette église, et fait le séminaire son légataire universel. Il y avait aussi des dons pour les églises de Migné, de Montierneuf et autres du diocèse de Poitiers. Quelque temps avant sa mort, il avait envoyé quatre cents francs à la fabrique de la cathédrale de Gap, comme un dernier témoignage du tendre attachement qu'il conserva jusqu'à la fin, pour son diocèse.

Les vertus du respectable évêque lui avaient concilié la vénération universelle. Bon, affable, charitable, il avait donné tant, pendant sa vie, qu'on aurait pu croire que, comme saint Augustin, il n'aurait plus rien à distribuer à sa mort.

Il portait pour armoiries : *écartelé : au 1er et au 4e burelé d'argent et de gueules aux fusées de sable sans nombre, rangées en fasce, brochantes sur le tout*, qui est de Hélyes de la Roche-Aynard; *au 2e et au 3e*, *fascé, enté*, *ondé*, *nébulé d'argent et de gueules*, qui est de Rochechouart; *sur le tout, d'azur, au chevron d'or, accompagné en chef de deux coquilles d'argent*, *et d'une main de même en pointe posée en pal*, qui est de Labroue, et pour devise : *In manibus Domini sors mea.*

ÉVÊQUES CONSTITUTIONNELS.

Par suite du décret du 12 juillet 1790, sur la Constitution civile du clergé, une nouvelle circonscription des évêchés de France eut lieu, et fut mise en rapport avec la division de la France en départements. Quelques paroisses du diocèse de Gap furent enclavées dans les départements de l'Isère, de Vaucluse et des Basses-Alpes. Le diocèse de Gap disparut même dans ce cataclysme, et le siége épiscopal des Hautes-Alpes fut fixé à Embrun, qui perdit à son tour son antique titre de métropole. L'esprit philosophique avait envahi la contrée comme il s'était glissé dans des pays plus favorisés, et avec lui, était arrivée la tolérance, ou pour mieux dire, l'indifférence universelle. Aussi le décret sur la Constitution civile du clergé fut-il accueilli au milieu des plus vives acclamations, et l'on ne tarda pas à procéder à l'élection de l'évêque départemental.

1. — IGNACE DE CAZENEUVE (1791-1797).

Né à Gap, le 4 janvier 1747, il était depuis plusieurs années chanoine de la cathédrale, lorsque la révolution éclata. Il en embrassa bientôt les principes, fut l'un des premiers prêtres du diocèse qui prêtèrent le serment prescrit par la constitution civile du clergé, et mérita, par son patriotisme, le triste honneur d'être nommé par les électeurs civils, au mois de mars de l'année 1791, évêque du département des Hautes-Alpes; on le promena en triomphe dans les rues de Gap. Il s'empressa de venir à Paris pour recevoir, le 3 avril suivant, l'onction épiscopale des mains du schismatique Gobel, évêque de Lydda, et ne craignit pas de venir s'asseoir sur le trône métropolitain d'Embrun, malgré la sentence d'excommunication dont l'avait frappé Pierre-Louis de Leyssin, archevêque de cette ville. Après une remontrance toute paternelle qu'il lui adressa le 14 du même mois, François-Henri de Labroue de Vareilles, dépossédé du siége de Gap, lança également sur lui les foudres de l'Eglise ; mais Ignace de Cazeneuve demeura dans son aveuglement et dans son obstination; il répondit aux deux prélats qu'il avait chassés, non par une soumission, mais par des outrages tels que ceux qu'on peut lire encore dans l'écrit intitulé : *Réplique à la lettre de M. de Leyssin, ci-disant archevêque d'Embrun, aux électeurs du département.* Dans cette violente diatribe, l'archevêque est comparé à Catilina et à Mathan, et est accusé d'hypocrisie, de noirceur, de scélératesse; les écrits du vénérable évêque de Gap sont également traités avec le dernier mépris; le pamphlétaire n'y voit qu'un galimatias prolixe et digne du feu.

Au mépris de la double excommunication qui pesait sur lui, Ignace de Cazeneuve partit pour Embrun et alla s'asseoir sur le trône de saint Marcellin et de saint Pélade, où il nomma des grands-vicaires et des chanoines pour occuper les stalles de la superbe métropole des Alpes-Maritimes.

Député à la Convention nationale, pour représenter le département des Hautes-Alpes, en septembre 1792, il eut assez de justice pour refuser son vote à la mort de Louis XVI, et dans le procès de ce malheureux monarque, il vota pour sa détention provisoire et sa déportation après la paix. Lié dans l'Assemblée avec le parti des Girondins contre celui de la Montagne, il signa la protestation des Soixante-treize contre la journée du 31 mai 1793, où les Jacobins avaient triomphé. Cette démarche courageuse le fit décréter d'arrestation ainsi que ses co-signataires, mais lorsque la journée du 9 thermidor (27 juillet 1794) eut vu se terminer la sanglante tyrannie de Robespierre, il revint à son poste. Il fut appelé sous le Directoire au Conseil des Cinq-Cents dont il fit partie jusqu'au 5 mars 1797, et comprenant enfin toute l'horreur de sa position, il se démit volontairement de ses fonctions, malgré toutes les instances des évêques constitutionnels, ses confrères, rétracta son serment après le Concordat, déposa longtemps avant son décès, entre les mains du curé de Gap, sa profession de foi et son adhésion à toutes les décisions de Pie VI, sur les affaires de l'Église de France, et mourut le 10 mai 1806, à Gap, dans les sentiments les plus édifiants. Son corps fut inhumé dans le cimetière de la paroisse de Saint-André.

2. — ANDRÉ GARNIER (1800-1801).

Né à Avançon le 27 mai 1727, il professa longtemps la théologie au séminaire d'Embrun, et après avoir prêté serment à la constitution civile du clergé, devint curé de son village natal. Bien qu'il fut déjà fort âgé, on le choisit pour succéder à Ignace de Cazeneuve, et il fut sacré à Aix, le 19 janvier 1800, par Jean-Baptiste-Siméon Aubert, prétendu évêque métropolitain des côtes de la Méditerranée, dont les Hautes-Alpes étaient siége suffragant. Il prit possession de son siége le dimanche 10 février de la même année ; le peuple l'appelait l'*évêque de plâtre*, parce que Avançon, son pays, était renommé par ses carrières de plâtre.

Voici quelques passages assez curieux de sa lettre pastorale de prise de possession. Elle a ce début menteur, commun à tous les évêques civils, constitutionnels, mais non-catholiques :

« André Garnier, par la grâce de Dieu, et *dans la commu-*
» *nion du Saint-Siége apostolique*, évêque du département des
» Hautes-Alpes.

» Appelé du sein de ma retraite par les évêques comprovin-
» ciaux et par la majorité du clergé du diocèse pour aller occu-
» per le siége épiscopal de la cathédrale d'Embrun, vacant par
» la démission du citoyen Cazeneuve, je n'ai pu résister à leurs
» pressantes invitations, quelque répugnance que j'eusse à cour-
» ber la tête sous un aussi pesant fardeau.......

» Mais comme celui qui doit présider à tout, doit tout faire
» pour se rendre agréable à tous (S. Léon), un de mes premiers
» devoirs, devoir bien cher à mon cœur, d'après l'avis du véné-
» rable presbytère qui a gouverné le diocèse pendant la vacance
» du siége, et qui m'a installé dimanche 20 pluviôse, au milieu
» d'un peuple nombreux, a été de vous annoncer mon *événement*
» à l'épiscopat.....

» Pourrions-nous voir plus longtemps parmi nous le schisme
» qui nous divise, et qui n'ayant qu'une diversité d'opinions qui
» ne tiennent ni au dogme, ni à la morale, est néanmoins cause
» que les fidèles sont divisés parmi eux, au grand scandale de
» la religion, qu'ils se disent les uns, nous sommes à Paul; les
» autres, nous sommes à Apollon ou à Céphas, comme si Jésus-
» Christ pouvait être divisé, et comme si la vertu et l'efficacité
» des sacrements et de l'auguste sacrifice de la messe dépen-
» daient de la bonté et du mérite des prêtres..... »

Ce passage, où l'erreur se cache sous le couvert de l'ingénuité et de la bonne foi, est suivi de quelques recommandations irréprochables. Puis vient une dernière exhortation où il demande des prières pour obtenir un digne vicaire de Jésus-Christ.

« Nous vous invitons donc, chers collaborateurs; nous vous
» conjurons par tout ce qu'il y a de plus touchant, par les en-
» trailles de la miséricorde du Seigneur, par le sang précieux
» que Jésus-Christ a répandu pour le salut de tous les hommes,
» avec lequel il a signé le Testament de la nouvelle alliance, de
» ne rien négliger de tout ce qui peut concourir au bien et au
» repos des peuples qui vous sont confiés, de prier Dieu pour
» tous les hommes; mais en particulier pour que nous ayons au
» plus tôt un digne successeur de saint Pierre, pour les magistrats
» suprêmes et pour tous ceux qui sont établis pour gouverner,
» afin qu'il leur donne à tous cet esprit de sagesse et de justice
» qui peut leur mériter la juste confiance du peuple, et le leur
» attacher toujours de plus en plus, par des liens indissolubles.

» † ANDRÉ GARNIER, *évêque d'Embrun.* »

Cette lettre est suivie d'un *post-scriptum* annonçant, entre autres choses, que l'évêque bénira les saintes huiles, et que chaque paroisse fournira trente sous « pour les frais de la ma- » tière, et tiendra compte de l'excédant comme du déficit pour » l'an prochain. » En signant cette lettre, *évêque d'Embrun*, André Garnier mentait à son origine, puisque l'Assemblée constituante n'avait créé que des évêchés départementaux. Pour demeurer dans la vérité, il devait signer *évêque des Hautes-Alpes*, mais déjà, à cette époque, les prélats de l'église constitutionnelle s'efforçaient de se rapprocher des anciens usages, et c'est ainsi que Grégoire, évêque de Loir-et-Cher, le plus fameux d'entre eux, ne s'intitulait plus qu'*évêque de Blois*.

Le nouvel évêque n'assista point au conciliabule national réuni à Paris en 1801, et nous pensons même qu'il n'exerça jamais les fonctions épiscopales. En septembre de cette année 1801, il envoya sa démission au gouvernement et la rétractation de son serment schismatique à Rome. Il se retira alors à Avançon et reprit le ministère pastoral en aidant le curé de ce village, M. l'abbé Saunier, dont la santé était fort délicate. Il passa ses dernières années dans l'exercice de la piété et des bonnes œuvres, employant la pension que lui faisait le gouvernement à nourrir les pauvres, à l'embellissement de l'église d'Avançon, à distribuer du blé.

Par son testament, il laissa aux pauvres d'Avançon, une somme de trois cents francs pour leur être distribuée, la moitié le jour de son inhumation, et l'autre moitié, le jour de son anniversaire. En mourant, André Garnier songea tout particulièrement aux besoins de son âme. Il fonda une messe par semaine, une neuvaine à la Toussaint, et une grand'messe le jour anniversaire de sa mort, et tout cela à perpétuité. Il affecta à cette fondation une propriété qu'il possédait dans la paroisse, et chaque année, ses héritiers ou leurs ayant-droit versent entre les mains du curé d'Avançon, la somme à laquelle les oblige le testament.

André Garnier mourut généralement regretté le 17 avril 1816, ainsi qu'il résulte de l'acte de son décès transcrit sur les registres de l'état civil de la commune d'Avançon, dans les termes suivants :

« L'an dix-huit cent seize et le dix-huit du mois d'avril, à dix heures du matin, par devant nous soussigné André Ollivier, maire de la commune d'Avançon et officier public de l'état civil de ladite commune, canton de la Bâtie-Neuve, département des Hautes-Alpes, sont comparus Jean-Louis Garnier et Jean-Victor Honnoré, tous les deux cultivateurs, domiciliés audit Avançon, lesquels nous ont déclaré que Monsieur André GARNIER, prêtre et évêque démissionnaire du département des Hautes-Alpes, leur oncle, né à Avançon et y domicilié, est décédé le jour d'hier, à quatre heures après midi, dans sa maison d'habitation à Avançon, âgé de quatre-vingt-neuf ans. Et ont les déclarants signé avec nous le présent acte après que lecture leur en a été faite.

» Louis GARNIER. — HONNORÉ. — A. OLLIVIER, maire. »

En considérant l'ensemble de la conduite du deuxième évêque constitutionnel des Hautes-Alpes, il faut croire que la *bonne foi* l'aura excusé devant Dieu. On rapporte qu'il lui venait quelquefois des doutes et des remords sur ses actes passés, et l'on dit que souvent, il en parlait en chaire, les larmes aux yeux, disant qu'il ne croyait pas avoir mal fait, que si cependant, il avait mal agi, il l'avait fait de bonne foi et qu'il en demandait sincèrement pardon à Dieu. Il faut espérer qu'il en aura été ainsi.

ÉVÊQUES NOMMÉS DE 1817 à 1818.

1. — TOUSSAINT-ALPHONSE-MARIE DE SINÉTY.

Toussaint-Alphonse-Marie de Sinéty, était le troisième fils de Jean-Baptiste-Ignace-Elzéar de Sinéty, commissaire général ordonnateur de la marine, et de Victoire d'Escalis, qu'il avait épousée le 14 juin 1737. Il était aumônier du comte d'Artois, chanoine du chapitre noble de Metz en 1775, vicaire général de ce diocèse dès 1773, abbé d'Angles, au diocèse de Luçon en 1770 et abbé de Fondouce, diocèse de Saintes, en 1777. Après avoir émigré en Italie, il reprit, à la Restauration, les fonctions de premier aumônier. Ce digne ecclésiastique ne jugea pas à propos de se charger du fardeau de l'épiscopat; il fit agréer ses refus au roi, fut peu après nommé chanoine honoraire du chapitre de Saint-Denys; fut aussi chanoine honoraire d'Aix, et mourut à Marseille le 3 mars 1828.

M. de Sinéty portait pour armoiries : *d'azur, au cygne d'argent, ayant le cou passé dans une couronne à l'antique de gueules.*

2. — LOUIS DE VILLENEUVE-BARGEMONT.

Deuxième fils de Christophe de Villeneuve, seigneur de Bargemont, chevalier de Saint-Louis, et de Thérèse-Françoise de Lombard de Gourdon, Louis de Villeneuve-Bargemont naquit le 19 août 1746, au château de Bargemont, et fut, dès son enfance, destiné à l'état ecclésiastique. Il fit ses études au grand séminaire de Saint-Sulpice, à Paris, entra ensuite à Navarre, et y suivit le cours ordinaire de licence. Dès 1763, il fut pourvu d'un canonicat en l'église métropolitaine d'Aix, et en 1779, le roi le nomma prieur de Saint-Vincent de Tiffauge, au diocèse de la Rochelle. M. de Bausset-Roquefort, évêque de Fréjus, et M. de Nicolaï, évêque de Cahors, le choisirent successivement pour grand-vicaire. La prévôté de Senez lui avait été donnée en 1789.

L'abbé de Villeneuve était en 1791 administrateur du chapitre d'Aix, et le pressa d'adhérer aux protestations du chapitre de Notre-Dame de Paris. Cette démarche le signala aux révolutionnaires comme un ennemi de leur projet désastreux, et il fut forcé bientôt de se retirer en Italie où il passa environ dix ans. De retour en 1801, il se fixa dans sa famille à Lorgues, et ne voulant pas y demeurer inutile, il accepta, en 1803, la cure de cette ville que lui offrit Mgr Champion de Cicé, archevêque d'Aix. Il se fit aimer dans cette place par sa douceur, son zèle et sa charité. Les fonctions de son ministère et le soin des pauvres l'occupaient tout entier. Ses paroissiens le trouvaient toujours disposé à les obliger. Il encourageait la vocation de quelques jeunes gens pour l'état ecclésiastique, et grâces à lui, plusieurs de ses paroissiens sont entrés dans les ordres.

Une ordonnance royale du 23 août 1817, nomma l'abbé de Villeneuve à l'évêché de Gap, sur le refus de l'abbé de Sinéty; mais il resta à Lorgues jusqu'au moment où il pourrait administrer le diocèse. Atteint d'une maladie grave, il demanda les sacrements et les reçut avec cette foi et cette piété qu'il avait su en plus d'une occasion inspirer aux autres. Il mourut le samedi-saint, 21 mars 1818, regretté non-seulement d'une famille qui lui était tendrement attachée, mais encore de ses paroissiens, auxquels il avait toujours témoigné une affection paternelle. Les besoins de son église et le soulagement des pauvres l'occupaient encore dans ses derniers instants.

Il portait pour armoiries : *de gueules, fretté d'or, les interstices semés d'écussons de même*, et sur le tout, par concession de Louis XII, *un écu d'azur chargé d'une fleur-de-lis d'or.*

79. — FRANÇOIS VI ANTOINE ARBAUD (1823-1836).

Né à Manosque, diocèse de Digne, le 12 juin 1768, et appelé par goût à l'état ecclésiastique, il fit de bonnes études et n'était pas encore élevé au sacerdoce, lorsque la révolution éclata. Les événements qui l'accompagnèrent n'ébranlèrent point la résolution du jeune lévite qui, en 1792, alla à Nice recevoir la prêtrise des mains de Charles-Eugène de Valperga de Maglion, évêque de ce diocèse. Il crut alors pouvoir revenir dans le sein de sa famille; mais en présence de la persécution, il ne tarda pas à prendre de nouveau le chemin de l'Italie pour y chercher un asile. Il passa trois ans dans les Légations et deux ans à Rome, où il habita le couvent de Saint-Alexis, situé sur le mont Aventin. Ces cinq années ne furent pas perdues pour lui : il en profita pour étendre ses connaissances et se livrer à l'étude du grec et de l'hébreu.

Rentré en France en 1799, il s'occupa exclusivement, pendant deux ans, de l'étude de saint Augustin, et après le Concordat de 1801, fut chargé de desservir la paroisse de Villeneuve, canton de Forcalquier, jusqu'en 1809, où Mgr Bienvenu Miollis l'appela à Digne pour professer au grand séminaire la théologie dogmatique et l'Ecriture sainte. Mais moins de deux ans après, ce vénérable prélat jeta les yeux sur lui pour d'autres fonctions. Une place de grand-vicaire étant devenue vacante le 1er novembre 1810, par la mort de l'abbé Louis d'Agoult, l'abbé Arbaud fut choisi pour le remplacer et fut reconnu vicaire général par décret impérial du 15 septembre 1811. Il ne quitta pas cependant le séminaire, et ne se déchargea de sa classe qu'à la fin de juin 1812. A cela près, il continua à y faire avec zèle les principales fonctions de directeur, et ne cessa de les occuper que lorsqu'il fut choisi par la Providence pour occuper le nouveau siége épiscopal de Gap.

En sa qualité d'archidiacre des Hautes-Alpes, il avait parcouru plusieurs fois ce diocèse, et il en connaissait à fond le personnel et le matériel. Nommé par ordonnance royale du 13 janvier 1823, il fut préconisé dans le consistoire du 16 mai, vit la réception de ses bulles autorisée par une nouvelle ordonnance du 2 juillet et fut sacré le 6 de ce même mois à Issy, près Paris, dans la chapelle de Lorette, par Jean-Baptiste-Marie-Anne-Antoine de Latil, évêque de Chartres, assisté de Claude-Joseph-Judith-François-Xavier de Sagey, évêque de Tulle, et d'Alexandre-Raimond Devie, évêque de Belley. Charles Fortuné de Mazenod, évêque de Marseille, et Jean-Baptiste-François-Nicolas Millaux, évêque de Nevers, reçurent en même temps que lui la consécration épiscopale, et comme lui prêtèrent, le 14 juillet, serment de fidélité entre les mains du roi.

François Arbaud fit son entrée solennelle à Gap le 29 juillet 1823; son premier soin fut d'organiser son séminaire, et dès l'année suivante, il vit avec bonheur quatre-vingts élèves dans cette pépinière du sacerdoce. Il donna ensuite une impulsion puissante aux Conférences ecclésiastiques, et le 20 septembre 1826, à la suite d'une retraite, publia ses ordonnances synodales qu'il avait méditées pendant trois ans, et pour la rédaction desquelles il s'était entouré des lumières de son clergé. Au commencement de 1829, Mgr Arbaud fit paraître un opuscule intitulé : *Complément de la circulaire du* 26 *décembre* 1828, *relative aux Conférences ecclésiastiques du diocèse de Gap*, 1828, in-4° de 36 pages. Cet opuscule, signé Gaillard, prêtre-secrétaire, est bien de Mgr Arbaud. Il est divisé en deux parties. Dans la première, l'auteur réfute en dix propositions la brochure de M. de la Mennais, intitulée : *Doctrine du sens commun.* La deuxième partie a pour titre : Courtes observations sur l'écrit intitulé : *Des Progrès de la Révolution.* M. de la Mennais répondit à cet opuscule dans le *Mémorial catholique*, et de là survint une polémique assez violente. Ce ne fut qu'après l'encyclique du pape Grégoire XVI, du 15 août 1832, qui condamnait les doctrines de l'*Avenir,* qu'on apprécia bien les vues de l'évêque de Gap, qui, le premier, avait si bien jugé un système que ses plus ardents défenseurs ont avoué depuis n'avoir jamais bien compris.

En 1829, il assista au sacre de Mgr Michel, évêque de Fréjus, son ancien condisciple et son ami; ce fut la seule absence remarquable qu'il ait faite pendant les treize années de son épiscopat. En janvier 1835, il fonda à Gap la congrégation du Saint Cœur de Marie, établissement d'instruction, où les jeunes personnes appartenant aux classes aisées reçoivent une éducation convenable à leur position sociale, et qui offre en même temps un asile à d'autres plus âgées en qui se manifestent des marques de vocation à la vie religieuse. Il méditait aussi la création d'un établissement destiné à l'instruction des sourds-muets, mais la mort ne lui en laissa pas le temps.

Le vénérable prélat s'endormit du sommeil des justes le dimanche 27 mars 1836, dans la matinée. Les établissements diocésains et les pauvres furent ses uniques héritiers. On l'inhuma dans l'église de Saint-Arnoux, derrière le grand autel, et son cœur fut déposé dans la chapelle du couvent du Sacré-Cœur de Marie; son oraison funèbre fut prononcée, le 12 avril 1836, par M. l'abbé Julien, curé de la cathédrale de Gap.

Cet évêque fut un homme très-actif, d'une humeur agréable, d'un jugement droit, d'un esprit subtil et pénétrant. Il maniait avec beaucoup d'adresse le syllogisme, découvrait sans peine un sophisme et le réfutait avec clarté, discutait avec méthode un point de théologie, saisissait sur-le-champ une objection, était toujours prêt à la résoudre, et même à la retorquer, et s'exprimait avec aisance et correction en latin. Ses prédications étaient fort goûtées, c'était un enchaînement d'autorités et de principes puisés dans l'Écriture sainte, dans les Pères, dans la doctrine de l'Église, disposés avec ordre, développés avec chaleur, suivis de toutes leurs conséquences. Des connaissances solides et variées, l'habitude du travail, l'amour de la retraite et de la prière, un zèle prudent, une foi pure, une charité ardente, firent de François-Antoine Arbaud un des meilleurs évêques de notre temps. Pour le mieux apprécier, on peut consulter le *Recueil de ses circulaires et mandements, etc..., précédé d'un Aperçu sur les traditions religieuses de l'Église de Gap et d'une notice sur chacun des évêques qui l'ont gouvernée jusqu'à ce jour*, par M. l'abbé Aucel, Gap, 1838, in-8°.

Il portait pour armoiries : *d'argent, à l'arbre de sinople, posé sur une terrasse de même.*

80. — NICOLAS-AUGUSTIN DE LA CROIX D'AZOLETTE (1837-1839).

Né à Propières, département du Rhône, le 15 juillet 1779, d'une ancienne famille du Beaujolais et fils d'un médecin, il termina au collége de Lyon, ses études interrompues pendant les agitations de la révolution. Les vœux de sa famille l'appelaient à l'Ecole polytechnique de création récente, mais il donna la préférence à la médecine et vint à Paris suivre, pendant quelque temps, les cours de la faculté, sous la direction spéciale du célèbre professeur Richerand. L'exquise aménité de son caractère, son amour pour l'étude et son aptitude pour les sciences naturelles, le mirent en relations intimes avec des hommes qui se sont fait un nom célèbre dans la science médicale, les Récamier, les Capuron. Mais il avait trop présumé de ses forces : son organisation délicate ne put supporter longtemps les travaux anatomiques et les opérations chirurgicales. D'un autre côté, il ne tarda point à comprendre sa vocation ecclésiastique, et éclairé par les conseils de l'abbé Emery, il entra au séminaire de Saint-Sulpice, y fit son cours de théologie qu'une maladie le força de venir achever au séminaire de Saint-Irénée à Lyon, et fut ordonné prêtre en 1806, par le cardinal Fesch, qui l'attacha à sa personne, et le nomma ensuite vicaire à Belleville-sur-Saône. Il devint plus tard curé de Fareins, près Trévoux, et par sa mansuétude, sa patience et la discrète sagacité de son zèle, porta les derniers coups à la secte des Flagellants, dont les frères Bonjour, successivement curés de cette paroisse quelques années avant la révolution, avaient été les fondateurs.

L'abbé de la Croix gouverna pendant trois ans la cure de Fareins, fut successivement supérieur du petit séminaire d'Alix et du séminaire de l'Argentière et directeur du séminaire de Saint-Irénée. Lorsque M. l'abbé Claude-Marie Bochard, vicaire-général du cardinal Fesch, eut réuni dans l'ancienne maison des Chartreux à Lyon, quelques ecclésiastiques distingués, qu'il employait à différentes œuvres, mais plus particulièrement à des missions, il devint supérieur de cette maison recommandable en même temps que curé de la paroisse Saint-Bruno. En 1823, Mgr Devie, évêque de Belley, se l'adjoignit en qualité de premier vicaire général, et n'eut qu'à s'applaudir de ce choix.

Nommé évêque de Gap, par ordonnance royale du 30 novembre 1836, l'abbé de la Croix d'Azolette fut préconisé dans le consistoire du 19 mai 1837, et reçut la consécration épiscopale le 25 juillet suivant, dans l'église de Brou, à Bourg, diocèse de Belley, des mains d'Alexandre-Raimond Devie, assisté de Bénigne-Urbain-Jean-Marie Trousset d'Héricourt, évêque d'Autun, et de Jean-Joseph-Marie de Jerphanion, évêque de Saint-Dié, en présence des évêques de Langres et de Bardstown. Après avoir pris possession du siége par procureur, le 30 de ce même mois, il fut solennellement installé en personne, le 14 septembre suivant. Des circonstances tout à fait indépendantes de sa volonté ne lui permirent pas de se rendre plus tôt au milieu de son troupeau.

Le nouveau prélat, qui laissait dans toutes les classes de la population du diocèse de Belley, les regrets les plus honorables, justifia par l'activité de son zèle, la haute réputation qui l'avait précédé à Gap. Dès la première année de son épiscopat, il visita la plus grande partie de son diocèse, appela à Gap les Frères des Écoles chrétiennes, fonda un noviciat des sœurs de la Providence de Portieux, multiplia les écoles, améliora le service religieux des hôpitaux, termina la construction du petit séminaire d'Embrun, parcourut tout le diocèse dont il voulut visiter les paroisses les plus inabordables, et commença un grand nombre d'autres œuvres utiles, que sa translation à la métropole d'Auch ne lui permit pas de conduire à bonne fin. Ce fut pendant son épiscopat à Gap, qu'il publia sous le titre de : *Manuel des Fabriciens,* un ouvrage non-seulement utile, mais indispensable à tout pasteur qui tient à établir ou à conserver dans sa paroisse une administration temporelle, active, éclairée et surtout irrépréhensible. Il se trouva, en octobre 1838, à une assemblée des suffragants de la province d'Aix, présidée par Mgr Joseph Bernet, archevêque de cette ville.

Nommé archevêque d'Auch, par ordonnance royale du 4 décembre 1839, Nicolas-Augustin de la Croix d'Azolette fut préconisé dans le consistoire du 27 avril 1840.

Dans ce nouveau poste, ce digne prélat sut, par sa charité, par sa piété tendre et par son caractère aimable, se faire aimer de ses diocésains et de son clergé. Là, comme à Gap, il donna tous ses soins à la création des écoles, à l'instruction élémentaire et à la visite des paroisses qu'il regardait comme le premier devoir d'un pasteur. D'un caractère aimable pour ses prêtres, il vivait dans son palais archiépiscopal avec l'austérité d'un anachorète, et favorisait avec une égale sollicitude les fortes études et les œuvres de prosélytisme. Étant allé à Rome, en 1843, pour faire sa visite *ad limina Apostolorum*, il reçut, le 20 juin de cette année, du souverain Pontife, le titre de comte romain et de prélat assistant au trône pontifical. Il se trouva au concile provincial, présidé à Lyon par le cardinal de

Bonald, archevêque de cette ville, et dont l'ouverture eut lieu le 30 juin 1850. Il présida lui-même, du 20 au 31 août 1851, à Auch, un concile provincial, dont il promulgua les décrets dans un synode diocésain qu'il tint en octobre 1852.

Quelques infirmités ne lui permettant plus d'accomplir les fonctions épiscopales, l'engagèrent à donner, en janvier 1856, la démission de son siége; mais un décret impérial du 12 février de cette même année, le nomma chanoine titulaire de premier ordre, au chapitre impérial de Saint-Denys. Il se retira alors à Lyon, au milieu de cette société qu'il avait organisée dans le cloître des Chartreux. C'est dans cette humble solitude que la mort vint le trouver plein de jours et de mérites. Le 2 juin 1861, il voulut, malgré sa faiblesse, porter le Saint-Sacrement à la procession de la paroisse de Saint-Bruno. Après la cérémonie, il fut pris d'un refroidissement qui devint bientôt alarmant. Le 5 juin, Mgr Delamarre, son deuxième successeur sur le siége d'Auch, qui était venu lui rendre visite, lui administra l'extrême-onction; le jeudi soir, 6 juin, il lui portait le saint viatique, et quelques instants après, Mgr de la Croix, alors doyen d'âge de l'épiscopat français, expirait sans agonie, en conservant jusqu'à la dernière heure, sa pleine connaissance.

Ses obsèques furent célébrées le mardi, 11 du même mois, dans l'église paroissiale de Saint-Bruno, dont le vénérable prélat avait été curé, et présidées par Mgr Delamarre, assisté de Mgr Fransoni, archevêque de Turin, et de Mgr Armand de Charbonnel, ancien évêque de Toronto, en Amérique, et religieux Capucin, qui prononça l'oraison funèbre.

Le corps de Nicolas-Augustin de la Croix d'Azolette repose dans le caveau funéraire de la chapelle de Saint-Bruno, qu'il avait choisi lui-même pour sa sépulture. Son cœur fut déposé, le 28 septembre suivant, par les soins de Mgr Delamarre, dans la chapelle du Purgatoire de la cathédrale d'Auch. Près de trois cents prêtres assistaient à cette cérémonie pieuse, ainsi que les autorités de la ville, et l'éloge funèbre de l'illustre défunt fut prononcé par M. l'abbé de Saint-Pulgent, un des membres distingués du corps des missionnaires de Lyon dont Mgr de la Croix, comme nous l'avons vu, avait été lui-même un des fondateurs.

Chevalier de la Légion d'honneur, le 1er octobre 1843, Mgr de la Croix d'Azolette portait pour armoiries : *de gueules, à la croix de Saint-André, d'argent, cantonnée de quatre roses de même.*

81. — LOUIS ROSSAT (1840-1844).

Né à Lyon, le 8 décembre 1789, d'une honorable famille de cette ville, il était fils de Jean-Pierre Rossat, apprêteur de gazes, et de Antoinette Vernay. Il fit ses études au séminaire de Saint-Irénée, et reçut la prêtrise en 1813, des mains du cardinal Fesch, archevêque de cette ville, oncle de l'Empereur Napoléon Ier. Nommé successivement professeur au petit séminaire de Meximieux, puis vicaire de Bourg (Ain), l'abbé Rossat fut appelé par son mérite et par la confiance de ses supérieurs ecclésiastiques à la dignité de chanoine honoraire et aux fonctions de pénitencier de l'église primatiale de Saint-Jean. En 1828, il fut nommé chanoine titulaire et archiprêtre de cette même église, l'une des plus importantes paroisses de Lyon. Dans cette position déjà si élevée, son zèle éclairé, la dignité de son caractère et ses vertus sacerdotales lui concilièrent l'estime et l'affection de tous, lui valurent de nobles amitiés, et attirèrent sur lui les yeux du gouvernement de Louis-Philippe, qui, par une ordonnance royale, du 25 juin 1840, l'appela au siége épiscopal de Gap.

Préconisé dans le consistoire du 14 décembre de cette année, et ses bulles d'institution canonique ayant été reçues en la forme accoutumée, par une ordonnance du 24 janvier 1841, il fut sacré, le 14 février suivant, dans l'église primatiale de Lyon, par Son Éminence le cardinal Louis-Maurice de Bonald, archevêque de cette ville, assisté d'Alexandre-Raimond Devie, évêque de Belley, et de Pierre Chatrousse, évêque de Valence. Le 10 mars de cette même année, il fit son entrée solennelle à Gap, après s'être fait précéder par une lettre pastorale, datée du jour de son sacre.

Le département des Hautes-Alpes est un pays de montagnes; l'accès de la plupart des paroisses est toujours difficile, parfois impossible, surtout pour Mgr Rossat à qui une douleur de la jambe rendait la marche pénible. Aussi bientôt son cœur d'évêque souffrit de ne pouvoir aller partout jusque dans le plus obscur hameau, exercer son ministère pastoral et porter les bénédictions que la présence du premier pasteur attire toujours sur une paroisse.

Ces raisons lui ayant fait demander sa translation à un autre siége, Louis Rossat fut nommé, par ordonnance royale du 21 avril 1844, à l'évêché de Verdun devenu vacant par la mort de Mgr Letourneur. Il fut préconisé dans le consistoire tenu à Rome, le 17 juin de la même année. Son intronisation eut lieu le 13 août suivant.

Mgr Rossat a créé dans le diocèse de Verdun l'œuvre de la Propagation de la foi, encouragé et dirigé l'étude de la théologie dans les conférences ecclésiastiques ; il a relevé et construit plusieurs églises, suivant dans ces travaux les belles traditions de l'architecture religieuse. Par ses soins, la caisse de retraite pour les prêtres infirmes reçut des bases nouvelles et fécondes. Mgr Rossat est mort pauvre, une charité inépuisable s'alliait chez lui au dévouement le plus absolu. Quand le choléra de 1854 exerçait ses ravages et répandait dans son diocèse le deuil et l'effroi, il continuait, au péril de sa vie, son saint ministère et montrait en face de l'épidémie, un sang-froid et un courage au-dessus de tout éloge. Le fléau l'atteignit dans ses plus chères affections, en frappant un frère qu'il aimait tendrement. Cette épreuve ne fit que redoubler le zèle héroïque du prélat, et son exemple, suivi par son clergé, contribua puissamment à rendre à la population la force morale si nécessaire dans ces cruelles circonstances.

Le 14 juin 1856, il se trouva à Paris au baptême du Prince Impérial.

Le 3 août suivant, il sacra, dans la cathédrale de Verdun, l'un de ses vicaires généraux, Charles-Nicolas-Pierre Didiot, qui avait été élu évêque de Bayeux, et fut assisté, dans cette cérémonie, de Mgr Menjaud, évêque de Nancy, et de Mgr Dupont des Loges, évêque de Metz.

Voïci en quels termes M. l'abbé Gabriel, aumônier du collége de Verdun, a apprécié, dans un article nécrologique, les vingt-deux années de l'épiscopat de Mgr Rossat, à Verdun.

« Mgr Rossat, par sa parole et par ses exemples, a fait naître et grandir dans son diocèse toutes les œuvres chrétiennes qui ont pour but le salut des âmes et la gloire de Dieu ; je ne cite que l'œuvre éminemment catholique de la Propagation de la foi. Il a appliqué tout son zèle et toute l'énergie de sa forte volonté à faire de son clergé un clergé intelligent et vertueux, et à lui donner devant les populations l'autorité morale qui lui convient. Ayant au plus haut degré le sentiment de l'autorité déposée en ses mains par Dieu et par l'Église, il n'a jamais reculé devant les obstacles, lorsque la justice et le bon droit, l'honneur de la religion et le service de Dieu se trouvaient engagés. Il a préparé et facilité parmi nous l'heureux réveil des bonnes traditions de l'architecture religieuse, et c'est à sa haute influence que nous devons de si nombreuses et de si belles églises, jusque dans d'humbles villages.

» Caractère froid et calme, Mgr Rossat jugeait sainement les choses, et, en tout et toujours, savait garder une certaine mesure qui est la marque de la raison et de la sagesse. Cependant ses prêtres, au besoin, n'ont cessé de trouver en lui la bonté d'un père, jointe parfois à la douce bienveillance de l'ami, et ses relations avec les gens du monde étaient marquées au cachet d'une exquise délicatesse, qui le faisaient aimer et vénérer de ceux qui ont eu l'honneur d'approcher de sa personne. Laborieux, infatigable jusqu'à sa dernière heure, il ne cessa un instant de diriger lui-même et d'administrer son diocèse; quoique presque privé de la vue, il écrivait encore de sa propre main toutes ses lettres à ses curés. Zélé pour l'accomplissement de son ministère pastoral, il ne recula pas une seule fois devant la fatigue, malgré son grand âge et ses infirmités, et, dix jours avant sa mort, il se trouvait à l'extrémité de son diocèse dans une petite paroisse dont il bénissait l'église[1].

» Charitable envers les pauvres, généreux à profusion pour toutes les œuvres de bienfaisance, il exécutait à la lettre le precepte de l'Évangile : « Jamais sa main gauche ne savait ce que donnait sa main droite. » Nuls ne connaissaient ses libéralités, si ce n'est ceux qui les recevaient. Aussi nous croyons pouvoir affirmer que l'illustre défunt ne laisse aucune fortune personnelle.

» J'ose à peine parler de sa piété : en lui était la foi vive et inébranlable d'un successeur des Apôtres, en lui étaient les vertus de l'héritier de tant de saints évêques qui se sont succédé depuis treize siècles sur le siége épiscopal de Verdun.

» Une douleur bien sensible l'avait éprouvé pendant son séjour au milieu de nous. Son frère, M. l'abbé Jean Rossat, était mort

[1] Il s'agit de l'église du Bouchon : le voyage avait lieu dans la saison rigoureuse; par suite d'une méprise du cocher qui ne connaissait pas les chemins, il dura plus de temps qu'on n'avait pu le prévoir, et Monseigneur prit froid. Ce fut là peut-être l'origine de sa dernière et courte maladie (*Note de la Rédact. de l'Ann. de la Meuse*, 1868, in-12).

près de lui dans la force de l'âge, le 14 août 1854, à la suite d'une attaque de choléra contractée dans les villages envahis par le fléau, et victime de son dévouement pour les malades.

» Au mois de juillet 1866, Mgr Rossat était allé présenter ses hommages à S. M. l'Impératrice, lors de son passage à Bar-le-Duc, et célébrer la sainte messe en sa présence. Sa noble et vénérable figure de vieillard avait, dit-on, frappé les regards de l'Auguste Voyageuse, et lui avait rappelé le souvenir de ces belles figures d'évêques des temps anciens, telles que nous aimons à les donner à un saint Ambroise, à un saint Jean Chrysostome. Sa parole aussi alla au cœur de la Souveraine, car on la vit émue.

» Quoique très-avancé en âge, Mgr Rossat paraissait devoir rester longtemps encore à la tête de notre diocèse. Mais, le vendredi 21 décembre 1866, dans la soirée, il fut pris d'une subite indisposition, que l'on jugea d'abord peu grave. Ce ne fut que le lundi 24, dans l'après-midi, que le mal augmenta avec une rapidité effrayante. A quatre heures et quelques minutes, il s'éteignit doucement, au palais épiscopal, sans agonie, dans un soupir, après avoir reçu les sacrements de l'Église, en présence des prêtres de sa maison accourus à la triste nouvelle du danger. »

Le service funèbre de Mgr Louis Rossat fut célébré en entier avec une très-grande pompe par Mgr Dupont des Loges, évêque de Metz, qui donna lui-même la dernière absoute à l'illustre défunt.

Les coins du poêle étaient tenus par M. de Grandville, préfet de la Meuse, M. le général commandant la subdivision, M. Chadenet, préfet honoraire et député, et M. le Marquis, président du tribunal de première instance.

Son corps fut ensuite inhumé dans la chapelle Saint-Roch de la cathédrale, en présence des membres du Chapitre.

Chevalier de la Légion d'honneur le 10 janvier 1853, Mr Rossat fut promu officier de l'ordre le 14 juillet 1866.

Il portait pour armoiries : *de gueules, à la fasce d'argent, chargée de trois roses de gueules, accompagnée en chef d'une balance d'or, et en pointe de deux branches d'olivier en sautoir de même,* avec devise : *Justitia et pax*[1].

[1] Suivant une note qu'on nous fait parvenir, et qui est due à feu M. le chanoine Jeannin, l'un des estimables continuateurs de l'*Histoire de*

82. — JEAN III IRÉNÉE DEPÉRY (1844-1861).

Jean-Irénée Depéry naquit à Challex, département de l'Ain, le 6 mars 1796, de Claude Depéry, propriétaire du château de cette commune, et de Claudine du Buisson. A cette époque, les églises étaient fermées, et les ministres de Jésus-Christ avaient dû prendre le chemin de l'exil, pour éviter l'échafaud; aussi fut-il impossible de trouver un prêtre pour baptiser le futur évêque de Gap, qui fut ondoyé des mains d'une sage-femme, et eut alors pour marraine une protestante. Mais après la restauration du culte, et en 1806, avant que le jeune Depéry fut admis à faire sa première communion, l'abbé Auvergne, missionnaire italien, lui administra le baptême sous condition, dans l'église de Saint-Maurice de Challex, et cette fois, son parrain et sa marraine furent parfaitement orthodoxes. Après avoir reçu les premiers éléments dans la modeste école de son village, et commencé l'étude du latin sous la direction d'une institutrice à Saint-Jean de Gonville, il entra comme externe au collége de Genève, passa ensuite à celui de Mélan en Savoie, et lorsque cet établissement eut été incendié, on le plaça au collége de Laroche, près de Genève, où il eut successivement pour professeurs, l'abbé Rendu, depuis évêque d'Annecy; l'abbé Billiet, aujourd'hui archevêque de Chambéry et cardinal, et pour condisciple, François-Marie Vibert, qui monta sur le siége épiscopal de Maurienne. Ayant achevé sa rhétorique, il entra en philosophie au séminaire de l'Argentière, diocèse de Lyon, et enfin alla passer dix-huit mois au séminaire de Saint-Sulpice, à Paris, où il fut tonsuré. Nommé professeur de rhétorique au petit séminaire du Mont, en Savoie, l'abbé Depéry reçut les ordres mineurs à Chambéry, des mains d'Irénée-Ives Dessolles, archevêque de cette ville, et ancien évêque de Digne. Ce fut là que le bon M. de Varicourt, que le roi Louis XVIII venait d'appeler à l'évêché

Verdun, par le chanoine Roussel, la *fasce d'argent* qui figure dans les armoiries de Mgr Rossat est *chargée de trois olives* et non de *trois roses de gueules.* Nous avouons qu'il est tout-à-fait impossible de reconnaître la forme des olives dans ce meuble d'armoiries, et nous persistons à blasonner de *trois roses de gueules,* avec d'autant plus de raison, ce nous semble, que les roses forment avec le nom du prélat des armoiries parlantes. La devise est justifiée par la balance et les rameaux d'olivier.

d'Orléans, et qui était intimement lié à la famille de l'abbé Depéry, le prit pour le faire son secrétaire particulier, au mois d'octobre 1819.

Jean-Irénée Depéry compléta à Orléans ses études théologiques, reçut de Mgr de Varicourt les ordres sacrés, et vint dire sa première messe à Paris, dans la maison de la rue de l'Epée-de-Bois, dont la sainte sœur Rosalie Rendu était supérieure; à ses fonctions de secrétaire intime, il joignait celle de pro-secrétaire de l'évêché d'Orléans; mais Mgr de Varicourt étant mort le 9 décembre 1822, après une administration de trois années, qui a laissé les plus honorables souvenirs, il fut rappelé par Mgr Ives Dessolles, archevêque de Chambéry, dont il était le diocésain. L'abbé Depéry dut obéir à son supérieur, bien que les vicaires capitulaires d'Orléans eussent fait tous leurs efforts pour le retenir, en lui offrant la place de secrétaire de l'évêché, puis la cure de Notre-Dame de Recouvrance, l'une des principales de la ville.

A son arrivée à Chambéry, il fut nommé vicaire de la cathédrale, et en lui conférant cet emploi, l'archevêque se réserva quelques-unes de ses heures pour les travaux de son secrétariat. Cinq mois seulement s'étaient écoulés depuis qu'il remplissait ces fonctions au grand contentement de tous, quand le rétablissement du diocèse de Belley, par la bulle du 6 octobre 1822, comprit dans ce diocèse l'arrondissement de Gex qui, jusqu'alors, avait été dans les limites de celui de Chambéry.

Aussitôt après son installation, Alexandre-Raimond Devie discernant avec cette sagacité qui lui était habituelle tout le bien que l'abbé Depéry pourrait faire à l'Église, le réclama, et sachant qu'il avait déjà fait ses preuves, il le nomma secrétaire de l'évêché de Belley. Les fonctions du secrétariat n'absorbèrent point cependant tous les instants de l'abbé Depéry qui, brûlant de zèle, était en outre aumônier du fort de Pierre-Châtel, confessait, catéchisait, réparait à ses frais des chapelles et des églises ruinées, et surtout faisait entendre la parole de Dieu à des populations qui étaient restées longtemps éloignées de toute pratique religieuse. En 1827, Léon XII lui envoyait des vases sacrés d'un grand prix, pour l'église de sa paroisse natale. En 1829, il devint chanoine titulaire de Belley, dont il était depuis 1823, chanoine honoraire, et enfin ayant reçu, en 1836, des lettres de vicaire général, il se démit à cette époque des fonctions de secrétaire de l'évêché.

L'obéissance lui fit accepter cette haute dignité, l'obéissance l'encouragea à en remplir les importantes fonctions, et aujourd'hui encore, on se rappelle avec bonheur, dans le diocèse de Belley, son administration ferme et sage.

Vainement à cette époque, les offres les plus séduisantes lui furent faites tant par Nicolas-Augustin de la Croix d'Azolette, évêque de Gap, que plus tard par Denys-Auguste Affre, archevêque de Paris, et par le prince de Croï, cardinal-archevêque de Rouen. Attaché de cœur à son pays, à sa famille, à ses nombreux amis, et au vénérable évêque de Belley, il refusa tous les honneurs pour demeurer dans une ville où ses aimables qualités, sa modération et sa franchise le rendaient populaire. Doué d'une assez belle fortune patrimoniale, il la fit en grande partie servir aux indigents, et créa avec l'approbation et le concours du pape Grégoire XVI, un pensionnat de jeunes filles protestantes ou catholiques, sur le modèle de celui qu'avait fondé à Gex, Mgr d'Arenthon d'Alex, évêque d'Annecy. Peu après, l'abbé Depéry vint passer quelques mois à Gap auprès de son ami Mgr de la Croix d'Azolette, et fit avec lui la visite du diocèse, sans se douter que la Providence le lui réservait quelques années plus tard. Placé ainsi en évidence, tous le remarquaient et tous l'aimaient, et le Gouvernement jeta les yeux sur lui pour le donner comme successeur au vénéré prélat qu'il venait d'appeler au siége de Verdun. Une ordonnance royale du 21 avril 1844, le nomma à l'évêché de Gap, pour lequel il fut préconisé dans le consistoire du 17 juin suivant. Son sacre eut lieu le 1er septembre de cette même année, dans l'église cathédrale de Belley, et la cérémonie en fut faite par Mgr Alexandre-Raimond Devie, évêque de cette ville, assisté de Mgr Louis Rendu, évêque d'Annecy, compatriote et professeur de Mgr Depéry, et de Mgr François-Marie Vibert, évêque de Saint-Jean-de-Maurienne, qui, pendant longtemps, avait été le condisciple du nouveau prélat. Ce sacre donna lieu à deux rapprochements singuliers : le premier, c'est qu'il y avait environ deux cents ans, le 30 août, presque le même jour, saint François de Sales conférait l'onction sainte dans la même cathédrale de Belley au célèbre Pierre Camus, évêque élu de ce siége, et le second, c'est que les deux prélats assistants, après avoir passé une partie de leur jeunesse avec Mgr Depéry, venaient de se retrouver ensemble au pied des Alpes, parvenus aux premières dignités de l'Église, et réunis, quoique ayant suivi la même carrière dans deux pays différents.

Le 14 du même mois, Jean-Irénée Depéry faisait son entrée solennelle dans sa ville épiscopale, où déjà tous les cœurs lui étaient dévoués; car chacun connaissait sa bonté affectueuse et son admirable simplicité. A peine installé, il s'appliqua avec un soin infini à prendre cette connaissance du caractère et des habitudes des gens du pays qui devait lui assurer le respect dont son autorité a toujours été entourée.

Plusieurs œuvres importantes avaient été commencées par ses vénérables prédécesseurs; il sut, avec cette prudence qui le caractérisait, les maintenir et les conduire à cet heureux développement, dont les fruits se font aujourd'hui si bien sentir. L'évêque de Belley, qui l'avait formé, avait su lui inspirer un zèle ardent, mais prudent, et par suite, véritable, pour tout ce qui tenait à la discipline ecclésiastique. Mgr Depéry n'oublia jamais ses sages conseils, qu'il aimait, jusque dans ces derniers temps, à rappeler à ceux qui le voyaient plus intimement. Aussi lui fut-il donné d'accomplir, de la manière la plus heureuse, les plus utiles réformes, au premier rang desquelles il faut placer le rétablissement de la liturgie romaine, et du culte des premiers apôtres de Gap.

Le 20 avril 1845, il remit en honneur les reliques de saint Démétrius. Notre savant prélat fit retirer le pieux dépôt du lieu ignoré, dans lequel il avait été placé, et après avoir reconnu les actes authentiques que le temps n'avait point encore entièrement effacés, il fit dresser procès-verbal de l'invention de ces reliques. Puis, le 29 septembre de cette même année, il rétablit, par un mandement solennel, le culte du glorieux fondateur de l'Église de Gap. Après avoir dit quelques mots de l'honneur et de la vénération qu'on doit avoir pour les reliques des saints, le savant prélat ajoute : « Quelle reconnaissance donc, quel amour payera jamais d'aussi grands bienfaits et le sacrifice d'une telle vie? Aussi vos pieux ancêtres se firent-ils un devoir de relever de terre les dépouilles bénies du vaillant soldat du Christ; ils les placèrent avec honneur sur les autels du Dieu vivant, et les exposèrent à la vénération publique; ils célébrèrent sa fête, chaque année, avec solennité, comme en font foi les anciens livres liturgiques de la cathédrale de Gap, qui remontent à plusieurs siècles. Touchante confiance qui leur disait que celui-là serait encore leur défense après sa mort, qui, pendant sa vie, les avait tant protégés! Charme délicieux du souvenir qui leur montrait Démétrius, veillant du haut des cieux sur sa ville et sur son peuple! Mais après de longs siècles de foi, des jours de bien triste mémoire se levèrent sur l'Église de France.

» Des hommes à la conscience faussée, à l'esprit sévère, à la critique outrée, guidés, sans le savoir, par une philosophie sceptique, fille du protestantisme, se mirent à revoir et à contrôler les antiques monuments élevés par la foi de nos pères à la gloire des saints. Sans tenir compte du passé, sans respect pour des traditions antiques, ils déclarèrent erroné, et rejetèrent comme tel, tout ce qui ne rentrait pas dans les bornes étroites du cercle tracé par eux à la croyance des peuples. Devant ces exigences, le culte de saint Démétrius, presque aussi ancien que le Christianisme, ne trouva pas grâce, et ses reliques furent reléguées dans un endroit ignoré de la cathédrale, privées des honneurs et des hommages qui leur étaient dus; mais à l'abri des investigations de nouveaux profanateurs, elles purent traverser, dans l'oubli, les jours plus orageux encore de la révolution qui, peu d'années après, fit la guerre aux saints et bouleversa le sol de notre patrie.....

» Que ce trésor ne nous soit pas rendu inutilement, ne nous contentons pas de venir contempler les restes mortels de notre saint martyr, mais imitons sa foi qui le porte à combattre pour Jésus-Christ, sa charité qui lui fit donner son sang pour la religion, et son espérance qui est couronnée dans le ciel. Ne venons pas à son tombeau par une simple curiosité, mais que chacun, en se retirant, emporte dans sa maison, ou plutôt dans son cœur, une grande idée de sa sainteté...; si la renommée d'un grand général ranime l'ardeur du soldat, quels prodiges de valeur ne lui ferait pas faire la vue de sa tente ensanglantée, de son épée fumante encore, de ses armes éparses autour de son cadavre mutilé, de ses blessures cruelles d'où s'est échappée la vie? Eh! N. T.-C. F., la châsse de saint Démétrius n'est-elle pas la tente de ce guerrier? Et si vous ouvrez les yeux de l'esprit, ne voyez-vous pas là, étendus par terre, près de son corps, le baudrier de la justice, le bouclier de la foi, le casque du salut, cette chaussure avec laquelle il allait annoncer l'Évangile de la paix sur nos montagnes, ce glaive de l'Esprit-Saint et les trophées de ses victoires sur les princes des ténèbres? Ainsi que les princes de la terre, Jésus-Christ a voulu que ses héros fussent ensevelis avec leurs armes, afin de montrer au monde dès cette vie, quelles furent leur gloire et leur valeur... »

A la suite de ce mandement, Mgr Depéry rétablit, par ordonnance, le culte de saint Démétrius, et voulut qu'on célébrât la fête de ce saint pontife du rit double de seconde classe, dans toutes les églises du diocèse, le 26 octobre de chaque année. Quelques mois auparavant, le 28 juin 1845, cet illustre évêque avait érigé une confrérie en l'honneur de saint Arnoux, évêque de Gap, patron de la cathédrale et du diocèse, pour les jeunes gens qui ont fait la première communion. Il fit précéder l'ordonnance, portant érection et réglement de cette confrérie, d'un mandement dans lequel le prélat rappelle les travaux apostoliques de son saint prédécesseur, ainsi que ses vertus et les grâces signalées que la contrée a obtenues de Dieu par sa médiation, et les miracles qui ont éclaté à son tombeau; enfin, il termine par ces pressantes sollicitations, auprès de ses diocésains, pour implorer le secours de ce saint patron : « Habitants des Alpes, nos bien-aimés diocésains, levez-vous et venez au tombeau de saint Arnoux faire amende honorable, ranimer le flambeau de votre foi; venez vénérer ce cœur qui brûla pour vous de la charité de Jésus-Christ; ces mains qui vous montrèrent le ciel, ces pieds qui franchirent vos torrents et vos montagnes, pour semer la bonne semence dans les lieux que vous habitez, cette bouche qui distilla le miel de la sagesse et qui semble encore nous parler et nous dicter les oracles de l'Éternel.

» Ames ferventes, venez vous prosterner devant l'ange tutélaire de cette ville et de ce diocèse; votre vertu s'épurera des faiblesses de l'humanité. Approchez, âmes tièdes, vous qui traînez le joug du Seigneur, il ranimera votre langueur, et votre piété ne sera plus sans goût, ni votre cœur sans amour. Pour vous, pauvres pécheurs..., approchez, priez, et votre âme se ranimera, se réchauffera, et vous ressusciterez à la grâce. Venez, vous tous qui pleurez, qui souffrez, Arnoux a des consolations pour tous ses enfants. Venez surtout, mères chrétiennes, venez consacrer votre famille au protecteur de cette cité, enrôlez vos enfants dans cette escorte d'honneur que nous allons former sous ses auspices et son patronage. Tous, réunissons nos hommages auprès de son tombeau, devenu plus riche encore en grâces et en bénédictions par les indulgences que le souverain Pontife, Grégoire XVI, a daigné attacher à cette dévotion. Approchons de ces restes vénérés, et, comme les anciens rois qui engageaient leur foi en prêtant serment sur les reliques des saints, jurons, sur celles de notre glorieux patron, un amour éternel à Jésus-Christ et à sa religion. »

Dans une visite pastorale, Jean-Irénée Depéry se trouvant le 30 juin 1847 dans la paroisse d'Eygliers, demanda à examiner la relique ou main miraculeuse de saint Guillaume. Il la trouva en l'état décrit par le P. Marcellin Fournier, et il fit dresser l'acte du procès-verbal en ces termes : « La main existe en son entier avec l'ongle du petit doigt en sa place naturelle; les autres ongles manquent; ils ont été enlevés, a-t-il été dit, par des personnes pieuses et aussi par quelques archevêques d'Embrun. La peau, portant la marque de la plus grande vétusté, est adhérente aux os et d'une couleur noirâtre, c'est là l'effet du temps ou de l'humidité qu'on remarque dans la sacristie de la même église. La main est dans un reliquaire en bois, en forme de bras, doré dans sa partie supérieure et verni en rouge dans l'autre partie : une vitre, en forme ovale, est placée devant la relique. »

Au sujet de cette relique, après un examen approfondi de tous les documents et de toutes les pièces, Mgr Depéry, ayant pris l'avis de son conseil et celui de plusieurs célèbres canonistes, fit une ordonnance, datée du 2 février 1852, par laquelle il permettait que la main de saint Guillaume fût rendue à la vénération des fidèles, à la condition que la chapelle, dite de Saint-Guillaume, sous le rocher de Mont-Dauphin, serait réparée. Le curé de la paroisse d'Eygliers et ceux du voisinage étaient chargés de faire à l'évêque un rapport, chaque année, sur la manière dont se seront comportés les fidèles qui vont en procession à cette chapelle, pour vénérer la relique.

A la fin du procès-verbal, dressé à cette occasion, l'évêque de Gap ajoute : « Nous ordonnons que la main de saint Guillaume soit, à perpétuité, sous la garde de M. le curé d'Eygliers et conservée dans la sacristie de son église paroissiale. C'est encore par ses soins qu'elle sera transportée, le lundi de Pâques et le dimanche de Quasimodo de chaque année, à la chapelle de Saint-Guillaume, sous le roc de Mont-Dauphin, pour y être exposée à la vénération des fidèles des paroisses de Guillestre, de Mont-Dauphin, de Saint-Crépin, de Risoul, de Saint-Clément et de Réotier, qui ont l'habitude de s'y rendre aux époques précitées.

» Nous ordonnons aussi que le curé d'Eygliers présidera à la cérémonie, célébrera la sainte messe ou désignera un confrère à cet effet, recueillera les offrandes pour l'entretien de la chapelle qui demeure sous sa garde, nonobstant toutes contestations contraires. »

Ce n'est point à cela que s'arrêta son zèle. Il avait compris que l'éducation de la jeunesse est le meilleur moyen, pour ne pas dire le seul, de maintenir la foi parmi les peuples. Pénétré de cette pensée, il n'eut pas de repos jusqu'à ce qu'un Catéchisme diocésain eût mis à la portée de ces jeunes cœurs les notions élémentaires de la foi catholique. Par ses soins, fut aussi édité un Paroissien romain à l'usage du diocèse de Gap. Des missions furent données jusque dans les hameaux les plus reculés, et il choisissait pour lui-même les plus difficiles, comme celle des détenus de la maison centrale d'Embrun, qu'il donna dans le courant de l'année 1859. Nous ne pouvons insister sur tous les détails, sur toutes les ressources de son zèle, mais les habitants des Alpes se rappellent avec bonheur les remerciements qui lui furent adressés par ces malheureux prisonniers de la maison centrale, qu'il venait de réconcilier avec le Dieu qui avait fait le bonheur de leur enfance.

L'administration épiscopale de Mgr Depéry fut laborieuse et féconde. Malgré les obstacles et les dangers que les Alpes offraient à son zèle, il visita une à une toutes les paroisses du diocèse, releva plus de soixante églises, et s'efforça de donner au culte, dans ces pauvres montagnes, la dignité et la décence qui lui conviennent.

Mgr Depéry a régularisé les conférences ecclésiastiques et leur a imprimé une direction nouvelle; il a fortifié les études dans son petit séminaire, rédigé un Catéchisme, des Constitutions synodales complètes et une Hagiologie de son diocèse. Ses rapports avec son clergé étaient bienveillants et paternels, ses relations avec les autorités administratives empreintes de modération et de conciliation. Le saint évêque ne goûtait jamais le repos; son seul délassement, il le trouvait dans ses études chéries, dans sa participation aux travaux d'une académie savante qu'il avait fondée pour le développement des recherches historiques, et qu'il se plaisait à diriger et à encourager.

Sur la demande de Jean-Irénée Depéry, Sa Sainteté le pape Pie IX, par un bref du 10 mai 1852, accorda à perpétuité une indulgence plénière aux pèlerins de Saint-Guillaume, pendant la semaine de Pâques.

Un bref délivré à Rome, le 16 décembre 1853, et dont la

réception et la publication furent autorisées par un décret impérial du 16 février 1854, permit à Mgr Depéry, évêque de Gap, et aux chanoines de son église cathédrale, ainsi qu'à leurs successeurs respectifs, de porter, dans les limites du diocèse, une croix blanche, d'argent, à quatre branches, ayant à son centre une médaille, représentant d'un côté l'effigie de saint Grégoire le Grand, et sur le revers celle de saint Arey, évêque de Gap, avec cette exergue : *Nos de duobus caritas unum fecit*, La charité de nos deux cœurs n'en a fait qu'un; en mémoire de l'amitié de ces deux illustres pontifes. La dite croix est suspendue au moyen d'un ruban de soie rouge, avec liseré jaune.

En vertu d'un autre bref, du 6 avril 1854, Mgr Depéry couronna solennellement, le 23 mai 1855, au nom du souverain Pontife, Pie IX, la statue de Notre-Dame du Laus, en présence de Son Éminence le cardinal Donnet, archevêque de Bordeaux. Lors d'un voyage qu'il fit à Rome, en avril 1854, il fut créé comte romain et prélat assistant au trône pontifical.

Le 16 juin 1856, il assista à Paris au baptême du Prince Impérial, et le 24 octobre 1859, à l'inauguration de la statue monumentale de Notre-Dame des Doms à Avignon.

Le 20 mai 1860, il se trouva à la translation du chef de sainte Marie-Madeleine à Saint-Maximin, diocèse de Fréjus, avec ses comprovinciaux.

Le Mandement de Carême que publia Mgr Depéry la dernière année de son épiscopat avait pour objet *le pouvoir temporel des papes*. Il y donnait communication au clergé et aux fidèles de son diocèse, d'un bref que le souverain Pontife lui avait adressé le 15 décembre 1860, en réponse à la lettre par laquelle le 17 novembre précédent, il mettait aux pieds du Saint-Père l'expression des sentiments et des vœux de tout son clergé et de tout son peuple. Pie IX témoignait au vénérable évêque de Gap, sa reconnaissance du zèle avec lequel « de concert avec ses diocésains tout pauvres qu'ils sont, il a cherché tous les moyens de lui venir en aide, au milieu de ses cruelles angoisses. »

La mort vint surprendre Mgr Depéry le lundi 9 décembre 1861, dans la plénitude de son activité et de son ardeur pour le bien. Suivant le désir qu'il en avait exprimé, ses restes furent déposés le 12 du même mois dans la chapelle de Notre-Dame du Laus, et l'on nous saura gré sans doute de consigner ici le récit de ses funérailles dû à M. l'abbé Sauret, supérieur du petit séminaire d'Embrun, récit d'autant plus intéressant, qu'il s'y trouve quelques détails biographiques dont nous n'avons pas parlé.

« Les funérailles de Mgr Jean-Irénée Depéry, évêque de Gap, ont eu lieu jeudi 12 décembre. Comblé pendant sa vie de ses inépuisables bontés, je voudrais raconter avec mon cœur, aux lecteurs de ce journal et aux prêtres du diocèse, les honneurs funèbres et les touchants témoignages qui ont été rendus après sa mort aux restes vénérables de notre père.

» A peine la nouvelle inopinée de cette mort si sainte eut-elle éclaté comme un coup de foudre sur la ville de Gap, qu'une profonde consternation s'empara de tous les esprits. Pendant les trois jours qui s'écoulèrent jusqu'à celui des obsèques, tout le monde voulut contempler encore une fois les traits du pasteur bien-aimé, qui, dix-huit années durant, avait tenu d'une main forte et douce à la fois la houlette au milieu des montagnes escarpées des Alpes. Il n'y eut peut-être pas un seul habitant de la cité épiscopale qui ne tînt à jeter l'eau bénite sur cette dépouille auguste.. La bourgeoisie, les ouvriers, les femmes du peuple surtout, rivalisèrent de zèle pour l'accomplissement de ce pieux devoir : les femmes du peuple si habiles quelquefois à trouver, dans ces circonstances, le cri et l'élan de la véritable poésie.

» On accourait des campagnes pour déposer aux pieds du corps de Monseigneur le tribut des larmes et de la prière. Notre illustre compatriote, Mgr Guigues, évêque d'Ottawa, était en route pour se rendre à Gap; il apprend à Grenoble, où il se proposait de séjourner, le coup funeste qui vient de frapper son diocèse natal; il se hâte de repartir pour arriver au moins à la cérémonie des obsèques. Mgr l'archevêque d'Aix, d'Arles et d'Embrun, et Mgr l'évêque de Digne s'empressent, de leur côté, de se rendre à l'invitation de leur cœur et du chapitre de Gap. L'honorable M. Sestier, président de la Cour d'assises des Hautes-Alpes, et M. le procureur général de la Cour impériale de Grenoble se font un devoir de prolonger leur séjour à Gap pour accompagner la pompe funèbre d'un des membres les plus éminents et les plus regrettés de l'épiscopat français.

» Enfin, les dignes vicaires généraux de Monseigneur ayant fait connaître, par une notification touchante, aux prêtres du diocèse, la perte immense que nous venions de faire, la plupart des paroisses furent désertées de leurs pasteurs, accourant tout en larmes aux funérailles de celui qui fut le défenseur, l'ami et le père de tous.

» Ce fut chose bien attendrissante dans un diocèse où les courriers sont si lents à transporter les dépêches, de voir en si peu de temps près de 200 prêtres, réunis autour de la dépouille mortelle de leur évêque.

» Les uns et les autres avaient le mérite du devoir accompli; mais on remarquait avec un vif sentiment d'émotion des vieillards amenés de bien loin par la reconnaissance et l'amour, tels que les vénérables curés de Briançon, de Serres, de Vitrolles, d'Abriés, de Saint-Bonnet, de Guillestre, de Tallard, de Veynes, de Saint-Firmin, de Ribiers, de la Mure, et tant d'autres. Presque tous les chanoines honoraires de Monseigneur s'étaient fait une obligation sacrée de paraître à la douloureuse cérémonie avec les insignes de leur distinction. Serviteurs honorés qui venaient témoigner sur la tombe de leur maître vénéré, du prix attaché à ses nobles faveurs! Quelques autres, qui avaient été dans l'impossibilité de se rendre, ont fait parvenir depuis, aux membres de la maison de Monseigneur, l'expression de leur douleur et de leurs regrets.

» Le soleil du 12 décembre se leva sur la ville de Gap sans nuages et aussi radieux qu'il peut l'être dans cette saison avancée de l'année, comme pour donner plus de lustre à ce jour mémorable. Pour nous, jour de douleur, il est vrai, mais jour de véritable triomphe pour notre évêque! Ce saint prélat, qui s'était montré toute sa vie l'infatigable propagateur du culte de la sainte Vierge, qui avait consumé ses veilles et son zèle à la glorification de Notre-Dame du Laus et de sa bergère, il allait, du haut du ciel, voir s'accomplir le vœu le plus ardent de son cœur, celui d'être porté après sa mort, et enterré aux pieds de la bergère Benoîte, dans le sanctuaire du Laus.

» A neuf heures du matin, le glas funèbre a annoncé le commencement de la cérémonie. Le cortége s'est formé dans la cour d'honneur et dans le jardin de l'évêché. Il s'avance lentement jusqu'à la cathédrale, entre les rangs de la garnison entière et de la compagnie des sapeurs-pompiers sous les armes, au milieu des flots de la multitude qui remplit la grande place Saint-Arnoux. Les trois évêques, revêtus de la chape noire et coiffés de la mitre blanche, précèdent immédiatement le cercueil, porté par des prêtres. D'autres ecclésiastiques portent les honneurs du prélat défunt. Le poêle est tenu par M. le Préfet des Hautes-Alpes, l'honorable M. le Peintre, dont toute la conduite, dans ces douloureuses circonstances, a attesté qu'il perdait en Mgr l'évêque de Gap, un véritable ami, par M. le Président de la Cour d'assises, par M. le Vicaire capitulaire official, et par M. le Maire de Gap. M. le chanoine Depéry, neveu de Monseigneur, et M. Lépine, vicaire général, conduisent le deuil. Viennent ensuite le tribunal, précédé par M. le Procureur général en robe rouge et les nombreux corps d'employés de toutes les administrations. M. le sous-préfet d'Embrun, représente une ville qui fut particulièrement chère au père que nous pleurons.

» On arrive à la cathédrale, mais elle est trop étroite pour contenir la foule immense qui s'y presse, et la plus grande partie du peuple continue à stationner sur la place.

» A l'intérieur de l'église, décorée aux armes de Monseigneur, la messe est solennellement chantée par les voix graves de tout le clergé en deuil et célébrée par Mgr l'archevêque. Après avoir offert le sacrifice de propitiation pour l'âme de son suffragant, le vénérable métropolitain monte en chaire. Pendant une heure entière, il tient comme suspendue à ses lèvres, toute l'assistance, avide et heureuse d'entendre de cette bouche éloquente, l'éloge des vertus et des œuvres de notre bien-aimé prélat.

» Rien n'a été oublié dans ce rapide exposé de la vie d'un saint évêque; ni son zèle pour Jésus-Christ, au nom duquel, comme l'atteste l'exergue de ses armes, *Per Christum*, toutes ses actions ont été faites; ni son amour pour l'Eglise et pour la défense des droits sacrés du souverain Pontife; ni son ardeur incessante pour faire aimer la sainte Vierge, pour la faire aimer dans le pèlerinage de Notre-Dame du Laus, auquel son nom, comme sa tombe, est désormais immortellement attaché; ni ses efforts pour le salut des âmes et pour la formation de ses prêtres à la science et à la sainteté.

» Nous l'avons vu tour à tour, dans le cours de ses jeunes années d'étude, élève ou condisciple des prélats les plus illustres; dans le cours de sa vie sacerdotale, initié par les Varicourt à Orléans, par les Dessolles à Chambéry, et par les Devie à Belley, à la grande science de l'administration d'un diocèse; dans le cours de sa vie épiscopale, modèle de toutes les vertus et infatigable dans ses labeurs. Que de temples il a fait bâtir! A Belley, la reconstruction de la cathédrale fut son œuvre; à Gap, il fit élever plus de soixante églises; Notre-Dame d'Embrun lui doit la restauration de sa flèche. A Belley, il fut longtemps l'apôtre des soldats; à Gap, il le fut de tous ses diocésains, mais surtout des malheureux prisonniers de la maison centrale d'Embrun. A

Belley, il créa le nom et réalisa l'œuvre de l'hagiologie chrétienne ; il fit la même chose dans son diocèse de Gap, et les vies de ses plus saints prédécesseurs sur les siéges de Gap et d'Embrun furent écrites, non-seulement par ses soins, mais par sa plume.

» Ayant appris à l'école de Mgr Camus, dont il réhabilita la mémoire, à s'éprendre d'un noble enthousiasme pour ce qu'avait fait saint François de Sales, il s'appliqua à copier le grand évêque de Genève dans toutes ses entreprises, dans ses travaux apostoliques et dans ses tentatives littéraires. Et la grande voix du métropolitain n'a pas manqué, à cette occasion, de louer et de consacrer cette jeune société, que, à l'exemple de l'*Académie florimontane*, de saint François de Sales, Mgr Depéry avait fondée depuis quelques années parmi nous.

» Le diocèse de Gap, et en particulier, tous les prêtres, auront une éternelle reconnaissance à Mgr l'archevêque d'Aix, d'Arles et d'Embrun, d'avoir, dans cette magnifique improvisation, si noblement et si complétement retracé la vie et les œuvres de leur évêque à jamais regretté.

» Après l'oraison funèbre, a commencé l'imposante cérémonie des cinq absoutes autour du cercueil. Deux vicaires généraux et chacun des trois évêques s'en sont acquittés à leur tour. Puis le cortége s'est mis en route au chant de l'*In exitu Israel* pour accompagner le corps jusqu'au chemin du Laus. Ce cortége, qui n'avait pu se former que d'une maniere imparfaite dans le trajet de l'évêché à la cathédrale, se développe maintenant dans toute sa majesté en descendant la place Saint-Arnoux, la rue de la Préfecture et en longeant la grande Rue-Neuve depuis la Porte Colombe jusqu'à l'entrée de la Pépinière.

» Jamais, de mémoire d'homme, la ville de Gap n'avait vu une pompe aussi imposante. Les pauvres de l'hospice, toutes les écoles, le collége, les institutions, les communautés religieuses de Saint-Joseph et de la Providence, les congrégations et confréries des deux paroisses, les dames de la Miséricorde, le clergé, au nombre de 200 prêtres, les évêques précèdent le corps, non plus porté par des ecclésiastiques, mais sur un char traîné par quatre chevaux caparaçonnés de noir ; le deuil suit, et l'innombrable phalange des autorités et des personnes honorables qui ont voulu, en se rangeant dans le cortége, payer un dernier tribut de respect et de sympathie à celui qu'elles étaient habituées à vénérer depuis tant d'années comme le chef de la religion dans le pays. Des troupes et la compagnie des sapeurs-pompiers forment la haie sur tout le parcours, et de temps en temps les symphonies funèbres de la musique des sapeurs-pompiers alternent avec les chants lugubres du clergé.

» A la Pépinière, des voitures attendaient Mgr l'archevêque, le deuil et les députations du clergé, des congrégations religieuses et des fonctionnaires qni devaient accompagner le char jusqu'au Laus. Un piquet de gendarmerie, commandé par un capitaine, lui sert d'escorte; ainsi réduit, mais toujours imposant, le cortége prend par la route d'Embrun et le nouveau chemin du côté de la Bâtie-Neuve.

» Cependant, avant de rentrer dans la ville, les troupes rangées dans les allées de la Pépinière rendent les honneurs militaires à l'illustre prélat, qui était officier de la Légion d'honneur, et décoré de plusieurs autres ordres. De nombreux pèlerins se dirigent vers le Laus par la voie de la montagne, afin de précéder l'arrivée des voitures et de pouvoir se joindre à la procession qui partira du sanctuaire pour aller les recevoir à l'entrée du vallon.

» Il était quatre heures du soir quand les voitures parvinrent à cet endroit. Le soleil pouvait dorer encore le sommet des montagnes du couchant; mais il avait laissé dans l'ombre depuis longtemps l'enceinte du vallon, et ses faibles rayons de la matinée n'étaient point parvenus à faire fondre une légère couche de neige qui bordait encore çà et là le chemin. L'air était vif et pénétrant. Tout ce qui nous entourait portait naturellement à la tristesse, et offrait l'image des pensées qui remplissaient nos cœurs.

» Mgr l'archevêque descendit de voiture, prit la chape et la mitre; puis, précédant le char funèbre, et ayant reçu le salut des Pères missionnaires, il entonna le *Subvenite,* et toute la procession se mit en marche vers le sanctuaire. Mais les chants du clergé et du peuple étaient entrecoupés par les sanglots... Il venait demander une tombe auprès des restes de l'humble bergère Benoîte Rencurel, l'illustrissime pontife qui avait, pendant dix-huit ans, fait de l'oasis du Laus son refuge dans les plus grandes fatigues de l'épiscopat. Il venait demander l'éternel repos à ce lieu béni où le charme de ses descriptions et le sentiment de son bonheur n'avaient cessé d'attirer des milliers innombrables de pèlerins; entre autres les personnages les plus célèbres, des évêques, des princes de l'Église, d'éminents fonctionnaires de l'État et des départements, et enfin les plus hautes faveurs du souverain Pontife lui-même, par cet immortel couronnement de la Vierge du Laus au 23 mai 1855.

» Autrefois, le bourdon du Laus accueillait, par de joyeuses volées, la venue du Pontife; les blanches bannières de Marie et de la Sœur Benoîte étaient déployées en signe d'allégresse devant lui. Aujourd'hui, ce n'est plus que le glas de la mort qui retentit dans tout le vallon; les bannières et cette superbe croix processionnelle, offerte par le clergé du diocèse en mémoire du grand jour du couronnement, sont encore portées au devant de notre évêque, mais elles sont couvertes d'un crêpe. L'église, le sanctuaire étincellent de mille feux, mais c'est au milieu des emblèmes du deuil et de la douleur.

» La pompe funèbre y pénètre bientôt; et, si grand est le nombre de ceux qui sont accourus pour y prendre part, que la vaste nef a peine à les contenir. Le chœur chante avec une inexprimable angoisse les Vêpres des morts. L'archevêque préside à la dernière absoute; il dit les prières de l'enterrement, et le corps de notre père est pour toujours descendu dans le tombeau!... Comme s'il avait prévu lui-même le moment et l'heure de son trépas, ce tombeau était prêt depuis quelques jours; et son épitaphe, cette épitaphe que, malgré l'égalité de tous devant la mort, nous, ses enfants, nous aurions voulu composer pompeuse, et redisant sa gloire, lui, avec un sentiment d'humilité bien louable, il l'avait dictée modeste et sans faste, et elle était déjà gravée pour ce jour-là, sur le marbre funéraire qui recouvre sa dépouille. La voici, dans son éloquence et sa simplicité, telle que la liront, en y passant dessus, les pieux pèlerins qui viendront communier dans l'église du Laus; car, le caveau de Monseigneur a été creusé au milieu de la nef, au pied des marches de la Table Sainte.

HIC JACET JOANNES IRENÆUS DEPERY
OLIM EPISCOPUS VAPINCENSIS,
NUNC CINIS,
EXPECTANS CARNIS RESURRECTIONEM.

» Pendant que les dernières cérémonies de l'inhumation s'accomplissaient, les ombres de la nuit étaient descendues. L'archevêque et les députations repartirent pour la ville épiscopale; la plupart des pèlerins s'en retournèrent aux lieux d'où ils étaient venus ; et, en quelques moments, le vallon sacré eut recouvré son calme tranquille et solitaire de l'hiver. Mais, le lendemain matin, il se trouva encore dans son sanctuaire une troupe d'amis fidèles qui n'avaient point voulu s'éloigner avant d'avoir vu la victime immaculée offerte en sacrifice sur le tombeau de l'évêque, pour lui abréger les jours de l'expiation. La messe fut célébrée par M. l'abbé Lépine, l'ami dévoué du pontife.

» Ce pieux devoir accompli, tous, nous reprîmes le chemin de nos demeures. L'astre du jour ne brillait plus comme la veille ; le ciel était couvert de nuages ; une pluie fine ne tarda pas à tomber ; et, nos cœurs entretenus dans les émotions de la tristesse par toutes ces circonstances physiques et morales, nous marchions en nous disant que le Laus nous rappellerait à l'avenir par un mélancolique attrait, qu'il n'avait pas eu dans le passé, ces vers connus :

» J'irai revoir *cette église si chère*,
» J'irai pleurer au tombeau *de mon père*. »

Les vertus et la science de Mgr Depéry lui concilièrent toujours l'estime générale, et lui valurent des distinctions flatteuses. En 1832, il fut nommé membre de la Commission des antiquités de la Côte-d'Or ; l'année suivante, membre de la Société royale des sciences et arts de Bourg ; membre de la Société royale académique de Savoie, de l'Institut historique de France, etc., etc... Il fut nommé chevalier de la Légion d'honneur le 22 septembre 1852, et promu au grade d'officier du même ordre le 11 août 1859 ; le roi de Sardaigne lui conféra la croix de commandeur de son ordre de Saint-Maurice et de Saint-Lazare, le 4 octobre 1845, qu'une ordonnance royale du 21 avril 1846 l'autorisa à porter en France. Déjà une ordonnance royale du 20 avril 1827 l'avait autorisé à porter la croix de chevalier de l'ordre de l'Eperon d'Or, que le pape Léon XII lui avait conférée.

Au milieu des incessantes et nombreuses occupations du saint ministère, Mgr Depéry trouva encore le loisir de composer un grand nombre d'ouvrages. On a de ce savant prélat, dans l'ordre chronologique, les publications suivantes : 1° *Vie de saint Anthelme, évêque de Belley*, etc., *suivie de pièces justificatives*, Bourg, 1829, in-8°. — 2° *Vie de saint Arthaud, évêque de Belley*, Bourg, 1830, in-8° (pour la Bibliothèque des Familles chrétiennes). — 3° *Histoire hagiologique de Belley, ou recueil des vies des saints et des bienheureux nés dans ce diocèse*, Bourg, 1835, 2 vol. in-8°. Ces trois ouvrages renferment beaucoup de notes précieuses sur l'histoire du département de l'Ain. — 4° *Archives saintes de Belley*, ou *Recueil de toutes les pièces servant à prouver l'authenticité des corps saints que possède le diocèse de Belley*, *réunis et mises en ordre*, Belley, 1835, in-8°. — 5° *Dissertation sur l'emplacement du mur que César fit construire près de Genève pour s'opposer à l'invasion des Helvétiens*, 1832, in-8°. — 6° *Essai sur les mœurs du peuple dans le pays de Gex*, 1833, in-8°. — 7° *Notice sur saint Lambert et saint Roland, abbés de Chissey*, 1834, in-8°. — 8° *Notice sur Marie-Nicolas Fournier, évêque de Montpellier*, 1835, in-8°. — 9° *Biographie des hommes célèbres du département de l'Ain*. Cet ouvrage, imprimé à Bourg en 1835, n'est point terminé, il n'en a paru que 2 vol. in-8°. — 10° *De la cathédrale de Belley et de sa reconstruction*, 1836, in-8°, 40 pages, avec une planche représentant la façade de cet édifice récemment construite. — 11° *Notice sur Pierre Camus, évêque de Belley*, etc., in-8°. — 12° *Vie de saint Arnoux, évêque et patron du diocèse de Gap*, 1845, in-8°. — 13° *Précis historique de la maison de sœur Benoîte, bergère de Saint-Étienne d'Avançon*, Gap, 1851, in-8°. Benoîte Rencurel, surnommée la Bergère du Laus, et fille de Guillaume Rencurel et de Catherine Mutheron, a eu pour premier historien Raimond Juvénis. C'est à elle qu'on doit la dévotion à Notre-Dame du Laus. — 14° *Histoire hagiologique du diocèse de Gap*, Gap, 1852, in-8°. — 15° *Constitutions et instructions synodales du diocèse de Gap*, *publiées dans le synode célébré les* 6, 7, 8, 9 *et* 10 *juillet* 1853, par Mgr J.-I. Depéry, *Gap*, 1854, in-8° de 47 feuilles et demie. — 16° *Extraits des Constitutions synodales du diocèse de Gap*, à l'usage des prêtres dans l'administration des paroisses, *Gap*, 1854, in-8° de 14 feuilles et un quart.

Mgr Depéry avait pour armoiries : *d'azur, à une foi d'argent habillée d'or supportant le monogramme du Christ* ☧ *aussi d'or*, et pour devise : *Per Christum*.

83. — VICTOR-FÉLIX BERNADOU (1862-1867).

Né à Castres (Tarn), le 26 juin 1816, Mgr Victor-Félix Bernadou, issu d'une famille honorable du Midi, est fils de Jean-Louis Bernadou, négociant, et de Marguerite-Elisabeth Vincens. Il fit ses études théologiques au séminaire de Saint-Sulpice, et a laissé parmi ses anciens maîtres et parmi ses condisciples les souvenirs les plus honorables et les plus chers par la distinction de son esprit, et par l'aménité de ses manières. A peine eut-il été élevé au sacerdoce, que Mgr Dupuch, premier évêque d'Alger, l'attacha à son diocèse, et le pourvut, en 1844, d'un canonicat dans sa cathédrale. Trois ans après, Mgr Pavy, successeur de ce prélat, le fit archiprêtre de cette même Église et l'admit dans son conseil en lui donnant des lettres de vicaire général.

M. l'abbé Bernadou avait en peu de temps conquis l'affection, non-seulement de ses paroissiens, mais encore des diverses autorités civiles et militaires d'Alger. Plusieurs fois déjà, il avait refusé un évêché pour ne point quitter son diocèse d'adoption, mais lorsqu'un décret impérial du 14 janvier 1862, l'appela à succéder à Mgr Depéry, sur le siége de Gap, il dut se résigner devant une haute volonté, et accepta le fardeau de l'épiscopat.

Préconisé dans le consistoire du 7 avril suivant, il prit possession de son Église par procureur, le 8 juin, et fut sacré dans l'église paroissiale de Saint-Benoît à Castres, le 29 de ce même mois, jour de la fête des bienheureux apôtres Pierre et Paul, par Jean-Joseph-Marie-Eugène de Jerphanion, évêque d'Albi, assisté de Louis-Antoine-Augustin Pavy, évêque d'Alger, et de Jean-Jacques-David Bardou, évêque de Cahors. Il fut solennellement intronisé dans la cathédrale de Gap le 10 juillet suivant, après avoir prêté le dimanche, 1er juin, entre les mains de l'Empereur, le serment de fidélité d'usage.

Le fait dominant de son court épiscopat à Gap, est le voyage qu'il fit à Rome pendant le carême de 1866. Il l'annonça au clergé et aux fidèles de son diocèse, par une lettre pastorale dont nous citerons quelques extraits.

« En prenant le chemin de Rome, dit-il, nous n'obéissons pas à un sentiment de curiosité, ni uniquement au désir de satisfaire notre dévotion personnelle, nous obéissons à la voix du devoir qui nous appelle.

» Lors de notre consécration épiscopale, nous avons fait le serment solennel *de visiter par nous-même* et *personnellement le tombeau des Apôtres et d'y rendre compte, au Saint-Père, de notre charge de pasteur et de tout ce qui concerne l'état de notre Église, la discipline du clergé et du peuple, et le salut des âmes confiées à notre sollicitude*, promettant *de recevoir humblement, pour les exécuter en toute diligence, les ordres apostoliques qui nous seraient donnés en retour, et, dans le cas d'obstacles légitimes, d'accomplir ce devoir par un envoyé digne de foi.*

» C'est cet engagement sacré que nous allons remplir avec un indicible bonheur. Nous allons, à l'exemple de Paul, de nos vénérés prédécesseurs et de tant d'autres saints évêques, nous allons voir Pierre et reconnaître dans la personne de Pie IX l'héritier de son pouvoir.

» Nous allons rendre compte de notre administration au Prince des pasteurs, réclamer de sa paternité des avis et des conseils pour la conduite de vos âmes, solliciter de son amour une de ces bénédictions qui fécondent les grandes œuvres et font fructifier les travaux même les plus modestes. Nous allons, évêque catholique, rendre un public et solennel hommage à la primauté, non-seulement de dignité et d'honneur, mais encore de puissance et de juridiction du chef suprême de l'Église, de celui à qui Jésus-Christ a confié le soin de paître les pasteurs et le troupeau, *les agneaux et les brebis.* »

Après avoir résumé l'enseignement des Pères et des conciles sur la souveraineté spirituelle du successeur de saint Pierre, Mgr l'évêque de Gap poursuivait en ces termes :

« Vous pouvez mieux apprécier maintenant, Nos très-chers Frères, les pensées, les sentiments, l'impatience des désirs qui nous attirent vers Rome. Les circonstances présentes nous rendent doublement obligatoire l'accomplissement de cet important devoir.

» Aucun de vous n'ignore les malheurs qui pèsent sur le chef de l'Église, les chagrins, les angoisses qui oppriment son cœur?

» Ce pontificat sera un des plus grands dont s'honorera l'Église catholique, mais aussi un des plus tourmentés. A l'avénement de Pie IX, les peuples battent des mains, jettent sur ses pas des lauriers et des palmes, célèbrent sa gloire et ses bienfaits, le proclament l'*homme du progrès*, le *libérateur* des sociétés, le *sauveur* des libertés publiques. N'avons-nous pas vu nous-même, en *mil huit cent quarante-sept*, tous les Italiens d'Alger, réunis dans cette église cathédrale, dont le souvenir sera toujours une de nos plus tendres affections, pour y chanter un solennel *Te Deum* en son honneur? Et lorsque le successeur d'Augustin, du haut de la chaire de vérité, retraça avec son éloquence ordinaire les premières gloires de l'auguste Pontife, des applaudissements enthousiastes, que l'autorité épiscopale eut de la peine à maîtriser, éclatèrent de toutes parts sous le dôme de l'ancienne mosquée devenue chrétienne.

» Mais, hélas! ce joyeux *hosanna* que firent retentir à cette époque surtout les populations italiennes, fut bientôt étouffé par le lugubre *tolle*, *tolle*, que poussa la Révolution. Enlevez-nous cet homme, s'est-elle écriée, il opprime ses sujets, il est un obstacle à l'unification des peuples, au développement de leurs institutions libérales, *tolle! tolle!* Et, en effet, Pie IX fut forcé d'abandonner sa capitale, et ne put y rentrer que sous la protection des armes de la France, éternel honneur de mon pays! — Depuis lors, les adversaires de la Papauté ont continué leur œuvre. — Ils ont armé *les peuples et les rois contre le Seigneur et contre son Christ*. — Ils ont envahi les États du Saint-Siége et s'en sont emparés; leur haine implacable ne connaît pas de bornes : pas d'outrage, pas d'injure, pas d'atroce calomnie dont ils ne cessent d'abreuver le Chef vénéré de l'Église; le fiel et le vinaigre que les Juifs eurent la cruauté de déposer sur les lèvres brûlantes de Jésus crucifié, avaient moins d'aigreur et moins d'amertume. Enfin, ils le disent hautement, leurs aspirations ne seront pleinement satisfaites que lorsqu'ils se seront divisé les vêtements de l'Oint du Seigneur, et auront tiré sa robe au sort.

» O mon Dieu, qu'il n'en soit pas ainsi pour le salut de l'humanité et pour l'honneur de notre époque, si riche en saintes œuvres et en vertus sublimes, malgré ses erreurs et ses défaillances! Ne permettez pas qu'elle passe à la postérité marquée au front du stigmate de cette grande iniquité! — O mon Dieu! traitez-la selon l'étendue de vos miséricordes infinies et non de ses misères! — Oui, le XIXe siècle a des fautes, des égarements, des crimes même à pleurer avec des larmes de sang; mais n'a-t-il pas quelques droits à votre indulgence par le nombre de ses justes, par la fermeté de leur foi, par l'héroïsme de leur dévouement à la cause de l'Église, par leur inépuisable charité, par leur dévotion sans bornes à Marie

Immaculée dans sa Conception? Laissez-vous toucher par tant d'âmes saintes qui ne cessent de répandre devant vous leurs larmes et leurs prières : Rendez la paix à l'Église; inspirez aux maîtres du monde des sentiments de justice et d'équité, et ramenez dans les sentiers de l'ordre et du devoir les peuples qui s'égarent!

» Eh bien, N. T.-C. F., c'est précisément au milieu de ces conjonctures si tristes et si critiques, que nous allons avec bonheur faire notre pieux pèlerinage. Nos vœux les plus ardents et les plus chers seraient pleinement satisfaits, s'il nous était donné d'alléger au moins une des innombrables douleurs de notre bien-aimé Père.

» Nous déposerons entre ses mains vos offrandes pour le *Denier de saint Pierre*, que nous avons conservées avec tant de soin pour les porter nous-même à Rome, ne voulant céder à personne, ni cet honneur, ni cette douce satisfaction. Sans doute, ces offrandes sont de beaucoup inférieures à celles des vastes et opulents diocèses, mais nous dirons au Saint-Père qu'elles sont l'*aumône du pauvre*, *l'obole de la veuve* prélevée sur le plus strict nécessaire, et le cœur si bon de Pie IX n'en sera que plus touché.

» En lui exprimant nos propres sentiments, nous serons l'interprète de ceux qui vous animent. Nous lui parlerons de votre amour pour l'Église et pour son chef; de votre foi jusqu'ici à l'abri des atteintes de l'incrédulité et du scepticisme ; de votre zèle pour la maison de Dieu et de vos généreux sacrifices pour la rendre toujours plus belle; de votre soin à garder les traditions et les croyances religieuses de vos pères, et à transmettre intact à vos enfants ce précieux dépôt de vos mœurs et de vos habitudes simples et patriarcales, de votre fidélité exemplaire à observer les prescriptions de Dieu et de l'Église. »

Dans les dernières pages de cette lettre pastorale, Mgr l'évêque de Gap annonçait une nouvelle qui devait être reçue avec bonheur, non-seulement par son diocèse, mais encore par toute la France catholique :

« Dans sa miséricordieuse bonté, Dieu a bien voulu nous ménager une autre faveur d'un très-grand prix. Cédant aux instances réitérées et plus pressantes de notre clergé et des fidèles, et aussi à l'impulsion de notre cœur, nous avons entrepris la *canonisation de la pieuse bergère Benoîte Rencurel*, fondatrice de Notre-Dame du Laus. Nous aurons l'honneur,

N. T.-C. F., de soumettre nous-même au souverain Pontife les pièces du premier procès sur la *renommée de sainteté*, *les vertus et les miracles* de l'humble servante de Dieu et de Marie.

» Cette œuvre a été longue et laborieuse; commencée le 11 septembre 1864, elle a été terminée le 12 octobre 1865; nous avons entendu *cinquante-cinq* témoins, et présidé en personne près de *quatre-vingt-dix* sessions.

» Le souvenir de la pieuse Bergère est vivant au milieu des populations de nos Alpes et des départements voisins; il a traversé un siècle et demi toujours environné de vénération, de confiance et d'amour. Aussi, il nous a été facile de recueillir les détails les plus intéressants et les plus précis sur cette existence dont chaque instant fut marqué par la pratique d'une vertu héroïque ou par un événement merveilleux. Plusieurs des témoins tenaient leurs récits de leurs aïeux, qui les avaient reçus de la bouche même des contemporains de Sœur Benoîte.

» Si le jugement de l'Église n'était pas nécessaire, la voix du peuple aurait depuis longtemps canonisé notre chère Bergère. Tous la regardent comme une bienheureuse, la vénèrent comme une grande sainte.

» En effet, dans cette vie de 72 *ans* tout est admirable et tient du prodige. Dès l'âge le plus tendre, Benoîte est en butte aux persécutions des démons, dont elle devait être le terrible adversaire, tandis que la sainte Vierge la comble de caresses et d'insignes faveurs. Elle avait à peine *seize ans* lorsque la Mère de Dieu lui apparut pour la première fois, et depuis cette époque jusqu'à sa mort, c'est-à-dire pendant *cinquante-cinq ans*, elle jouit de ces fréquentes apparitions.

» Pour obéir à ses ordres, elle bâtit, quoique dépourvue de toutes ressources humaines, la *grande église du Laus*. Cette construction dans un pays si pauvre et d'un accès difficile ne pourrait vraiment pas s'expliquer sans l'*intervention d'une protection surhumaine*.

» Benoîte vécut aussi dans la douce intimité des anges, et en particulier de son ange gardien; ils se mêlaient à ses prières, lui donnaient des conseils, éclairaient sa route d'une vive lumière pendant la nuit, la recueillaient tantôt sur le sommet des hautes montagnes où le démon l'avait transportée, et tantôt dans le fond des abîmes où il l'avait précipitée, et ils la conduisaient saine et sauve dans sa modeste chambre.

» Plusieurs saints daignèrent se montrer à elle. Notre Seigneur lui-même lui apparut tout sanglant sur la *Croix d'Avançon*, dont les restes sont conservés comme de véritables reliques. Elle fut favorisée des *Sacrés Stigmates*, et son humilité était si grande, qu'elle demanda à Dieu de les rendre cachés, mais de lui en conserver les douleurs.

» Benoîte traversa la vie sans avoir flétri, par une faute grave, *la blanche robe de son baptême;* l'exercice des plus sublimes vertus lui fut familier; elle eut la passion des souffrances et des plus rudes austérités, privant son corps de nourriture, lui accordant à peine deux heures de repos, et encore sur la dure, le torturant par de rudes disciplines, par le cilice, les chaînes et les bracelets de fer, de sorte que sa vie ne fut qu'un *long et volontaire martyre.*

» Benoîte lisait dans les consciences comme dans un livre; elle avait reçu du ciel la mission de faire connaître aux pécheurs l'état de leur âme, et cette mission, elle la remplit constamment jusqu'à sa dernière heure. — Les innombrables pèlerins qui se rendaient au Laus réclamaient son assistance pour se préparer à la confession ou pour avoir la certitude qu'ils l'avaient faite sincère et entière. Les malades et les infirmes avaient recours à son intervention pour obtenir leur guérison, et leurs vœux étaient souvent exaucés, quelquefois au simple contact des objets qui servaient à son usage personnel.

» Depuis la mort de Benoîte, les mêmes faits extraordinaires se renouvellent fréquemment, ou sur son tombeau, ou à la porte de la petite chambre qu'elle occupait pendant sa vie.

» Tels sont en abrégé, N. T.-C. F., les dépositions que nous avons reçues d'un grand nombre de témoins, tous éminemment recommandables par leur vertu, leur foi, leur religion, leur piété, leur caractère et la noblesse de leurs sentiments, par leur origine, leurs dignités et leurs titres, et même leur état de fortune. Les détails sont innombrables; il nous serait impossible de les rapporter ici, car ils forment plusieurs volumes.

» Tout nous fait donc espérer, N. T.-C. F., que cette cause si chère à vos cœurs et au nôtre sera favorablement accueillie du Père commun des fidèles et aura une heureuse issue.

» Nous attendrons donc, pour rendre des hommages publics à celle que nous aimons et vénérons, le jugement de l'Église; enfants soumis, nous l'accepterons, quel qu'il soit, avec une entière soumission.

« Sainte Vierge du Laus, notre mère et notre protectrice, vous

» que nous plaçons toujours à la tête de nos projets, soyez-nous » propice! Prenez en main la cause de votre servante, faites-la » glorifier, car elle consuma sa vie à étendre le royaume de » votre divin Fils, votre culte et votre dévotion! Daignez aussi » veiller sur nous pendant le cours de notre pieux pèlerinage » et nous préserver de tout mal! »

» De votre côté, N. T.-C. F., vous prierez pour nous pendant notre absence, vous demanderez à Dieu qu'il nous envoie son ange, qui nous accompagne, nous guide dans la voie, et nous ramène vers vous après nous être retrempé dans la vigueur et la suavité de l'esprit épiscopal, auprès de celui qui en possède éminemment la plénitude[1]. »

Accueilli avec la plus haute bienveillance par le souverain Pontife, Mgr Bernadou rentrait à Gap au mois de mai 1866. Son retour fut une véritable fête et l'occasion pour la ville épiscopale de manifester hautement son attachement profond au premier pasteur du diocèse et sa piété filiale pour le Chef suprême de l'Église. Ces deux sentiments étaient au fond de tous les cœurs; et quand le prélat, se rendant à la cathédrale, voyait la foule se courber avec piété et empressement sous sa main bénissante, Sa Grandeur dut comprendre que cette bénédiction avait aux yeux des fidèles un prix d'autant plus grand, qu'elle leur semblait comme imprégnée des bénédictions du souverain Pontife lui-même. Privilége incommunicable du Saint-Siége, on ne peut en approcher sans être pénétré de la vertu douce et puissante qui en émane! De même qu'autrefois les Croisés, revenant de la Terre-Sainte, paraissaient revêtus, aux yeux des peuples, d'un caractère presque sacré, ainsi le pèlerin qui a pu voir l'auguste personne du Vicaire de Jésus-Christ, lui parler, baiser ses mains qui gouvernent l'Église, entendre cette voix que plus de deux cents millions de catholiques vénèrent et

[1] La pieuse fondatrice de Notre-Dame du Laus, née à Saint-Étienne le 29 septembre 1647, est morte le 28 décembre 1718. On trouve sur sa vie les détails les plus intéressants dans la notice que M. Léon Aubineau lui a consacrée dans ses *Notices du XVIIe siècle* (1 vol. in-8o, chez Gaume, rue Cassette). On consultera aussi avec fruit l'*Histoire des merveilles de Notre-Dame du Laus*, tirée des archives du vénérable sanctuaire et continuée jusqu'à nos jours, par l'abbé F. Pron (1858, 1 vol. in-12), et l'*Histoire de Notre-Dame du Laus*, par le P. A. Maurel, S. J. (in-18, 3e édit.) Ces ouvrages se trouvent à Paris, chez E. Repos, libraire-éditeur, 70, rue Bonaparte, et au Laus, chez les Pères Missionnaires.

suivent, semble transfiguré aux yeux de la foi : mais si ce pèlerin est un des princes de l'Église, s'il n'est allé à Rome qu'en vue des intérêts spirituels de son diocèse, alors la reconnaissance se joint à la vénération pour célébrer son heureux retour.

Monseigneur Bernadou était attendu dans la cour de l'évêché par MM. les chanoines, en habit de chœur, le grand séminaire et tout le clergé de la ville. Sa Grandeur, revêtue de ses habits pontificaux, se rendit processionnellement à la cathédrale, où elle fut complimentée par M. Julien, doyen du chapitre.

Après quelques paroles sorties du cœur, en réponse à M. le doyen, le Prélat se rendit à la cathédrale, où se pressait une assistance nombreuse, monta en chaire, et là, comme un père au milieu de ses enfants, il fit le récit de son voyage. Pendant plus d'une heure, l'auditoire fut captivé par les détails pleins de charmes que Sa Grandeur donna sur Rome et ses monuments, sur les richesses artistiques qu'elle renferme, sur les sentiments qui ébranlent l'âme en présence du triomphe palpable écrit en mille formes différentes de la religion chrétienne sur le paganisme.

« Oui, ajouta l'éloquent évêque, j'ai vu ce que le génie de l'homme peut produire de plus merveilleux dans les arts, j'ai admiré les créations prodigieuses de Michel-Ange, les ravissantes toiles de Raphaël; eh bien! je vous le déclare, si je n'avais pu voir le Chef suprême de l'Église, je pourrais dire en toute vérité : Je n'ai rien vu! Oui, j'ai entendu d'admirables symphonies, des chants pieux qui transportaient l'âme et lui faisaient pressentir les accords des esprits célestes; mais si je n'avais pu entendre la voix mélodieuse, forte, pénétrante de Pie IX, je dirais : Je n'ai rien entendu! Oh! qu'il me paraissait vraiment le Vicaire de Jésus-Christ, le représentant de Dieu auprès des hommes, la majesté la plus vénérable qu'il y ait sur la terre, lorsque le saint jour de Pâques, le Saint-Père bénissait solennellement la ville et le monde! A ses pieds, plus de cent mille pèlerins, venus de toutes les contrées, appartenant à toutes les conditions, représentaient l'Église catholique entière; le canon ébranlait les échos des sept collines de Rome, les musiques françaises et romaines jouaient leurs airs les plus triomphants, et le Pape, élevant les mains vers le ciel, puis les étendant sur cette immense multitude silencieuse, recueillie, c'était un spectacle que l'âme ne peut contempler une fois sans en garder un impérissable souvenir. »

L'évêque de Gap se plut à parler longuement encore de la bonté du cœur du Saint-Père, de l'intérêt que lui inspirent les populations religieuses de nos Alpes, de sa reconnaissance et de son amour pour la France, de l'attention particulière qu'il prêta au récit des vertus héroïques de la bergère du Laus.

Toutes les formalités relatives à la déclaration de la vénérabilité de Sœur Benoîte avaient été faites par Monseigneur Bernardou, avec ce zèle, cette activité qui le distinguent, et l'on peut espérer que cette grande cause qui intéresse si vivement le diocèse de Gap, sera introduite dans peu de temps, et aboutira à ce résultat si impatiemment attendu : la béatification de la pieuse et sainte bergère du Laus.

Après le chant du *Te Deum* et le salut solennel du Très-Saint Sacrement, Sa Grandeur fut accompagnée par tout le clergé à son palais épiscopal, où une dernière bénédiction termina cette belle cérémonie.

Le diocèse de Gap se flattait de posséder encore longtemps son évêque, qui avait su conquérir en peu de temps l'estime et la vénération des fidèles et du clergé, mais Dieu en disposa autrement. Un décret impérial du 16 mai 1867 appela Mgr Bernadou à monter sur le siége métropolitain de Sens que laissait vacant la démission de Mgr Mellon Jolly. Préconisé dans le consistoire du 12 juillet suivant, Mgr Bernadou adressa à ses nouveaux diocésains une touchante lettre pastorale toute empreinte du souvenir des Gapençais, et vint peu de temps après, prendre possession du siége de saint Savinien. Les premières visites pastorales qu'il a faites dans le diocèse, notamment à Auxerre, lui ont conquis, comme dans le diocèse de Gap, l'affection générale.

Nommé chevalier de la Légion d'honneur le 13 août 1853, Mgr Bernadou a été promu officier de l'Ordre le 12 août 1865.

Il porte pour armoiries : *d'argent au palmier de sinople, terrassé de même, fruité d'argent, planté sur une montagne d'azur, et accosté à dextre d'un chien colleté de gueules et à senestre d'un mouton de sable soutenant le fût de l'arbre*, avec cette devise : *Fide et lenitate.* L'écu accolé de deux branches de laurier et d'olivier de sinople liées et soutenues par le ruban et la croix de la Légion d'honneur.

84. — AIMÉ-VICTOR-FRANÇOIS GUILBERT (1867).

Mgr Aimé-Victor-François GUILBERT est né le 15 novembre 1812 à Cerisy-la-Forêt (Manche), du mariage de Jean-Victor Guilbert, boulanger, et de Jeanne-Françoise Thiénotte. Elevé par des parents chrétiens, il se destina de bonne heure à la carrière ecclésiastique, et fut ordonné prêtre le 17 décembre 1836. A partir de cette époque jusqu'en 1851, il professa diverses classes au petit séminaire de Muneville-sur-Mer, et passa plus d'une année parmi les missionnaires du diocèse de Coutances. Mgr Robiou le nomma, en 1851, supérieur du petit séminaire de Mortain, et Mgr Daniel, si bon appréciateur du mérite de ses prêtres, l'appela à diriger, en 1853, le petit séminaire de Valognes. Il conserva ces fonctions jusqu'au 31 juillet 1855. A cette dernière date, M. l'abbé Guilbert fut nommé curé de Valognes et reçut de l'évêque de Coutances des pouvoirs de vicaire général qu'il garda jusqu'au mois de novembre 1862. Mgr Bravard fut à ce moment appelé au siége de Coutances, il retira les pouvoirs de vicaire général au curé de Valognes, mais lui donna en échange des lettres d'archiprêtre. Il était en même temps revêtu du titre de chanoine honoraire.

Un décret impérial du 16 mai 1867, désigna M. l'abbé Guilbert, pour succéder à Mgr Depéry sur le siége épiscopal de Gap. Préconisé à Rome dans le consistoire du 20 septembre suivant, il se trouva, le 16 octobre, à la solennité de l'anniversaire de la dédicace de la basilique du Mont-Saint-Michel, présidée par S. Em. le cardinal de Bonnechose, archevêque de Rouen, et à laquelle assistèrent MM. Bravard, évêque de Coutances, Hugonin, évêque de Bayeux; Devoucoux, évêque d'Évreux; Dupanloup, évêque d'Orléans; l'abbé Trégaro, aumônier en chef de la marine et le R. P. Bernard, abbé de la Trappe de Bricquebec. L'évêque élu de Gap fit prendre par procureur possession de son siége, le 1er novembre, jour de la Toussaint, et fut sacré le 10 du même mois dans l'église paroissiale de Saint-Malo, à Valognes. Cette cérémonie fut présidée par Mgr François-Augustin Delamare, archevêque d'Auch, assisté de Mgr Jean-Pierre Bravard, évêque de Coutances; et de Mgr Flavien-Abel Hugonin, évêque de Bayeux; en présence de quatre vénérables prêtres du diocèse de Gap, députés du chapitre, et d'un nombreux clergé, du préfet du département de la Manche, du préfet maritime de Cherbourg, et de tout ce que la population de Valognes avait de plus distingué.

Le mardi 26 novembre, Mgr Guilbert faisait son entrée solennelle dans sa ville épiscopale, au milieu d'une foule immense, avide de contempler les traits vénérés de son premier pasteur, de recevoir sa première bénédiction et de lire dans son regard cette expression de bonté paternelle, dont tous les vents du ciel avaient déjà apporté dans le diocèse, le touchant témoignage. Il s'était fait précéder d'une lettre pastorale, datée du 15 novembre, jour de la fête de saint Malo, patron de l'église de Valognes, et il annonça au moment de son installation dans sa cathédrale, si insuffisante sous tous les rapports pour les besoins religieux de la paroisse, et pour les solennités du culte, que S. M. l'Empereur avait promis que les fonds nécessaires pour la construction de la cathédrale commencée à Gap, seront désormais largement et régulièrement accordés.

Par une autre lettre pastorale du 9 décembre, solennité de l'Immaculée-Conception de la Sainte Vierge, il ordonna un *triduum* de prières dans toutes les églises du diocèse, conformément aux prescriptions du souverain Pontife, dans son encyclique du 17 octobre 1867, et stimula le zèle des fidèles pour l'œuvre du *Denier de saint Pierre*. Enfin, le 31 décembre, à l'occasion du renouvellement d'année, il adressait à son clergé la lettre pastorale suivante :

« Gap le 31 décembre 1867.

» Messieurs et bien chers coopérateurs,

» En commençant la nouvelle année, nous sentons le besoin de vous ouvrir notre cœur.

» Et d'abord nous tenons à vous faire part d'une lettre qui sera pour vous, nous n'en doutons pas, comme elle l'a été pour nous, la cause d'une grande joie.

» Après notre consécration épiscopale et avant de diriger nos pas vers les Alpes, nous avions écrit au Saint-Père pour déposer à ses pieds l'hommage de notre vénération et de notre dévouement filial, et pour lui recommander notre ministère auprès de vous. Le saint Pontife a daigné nous répondre et bénir non-seulement l'évêque, mais encore tous les prêtres et les fidèles, le diocèse tout entier. Cette bénédiction nous doit être à tous bien chère, et, pour nous, nous y attachons le plus haut prix.

» En même temps, l'auguste Pie IX veut bien un instant oublier ses graves sollicitudes et ses angoisses pour penser à nous, le dernier de ses fils dans les rangs de l'épiscopat, pour nous encourager et nous donner ses paternels avis. Nous les méditerons ensemble, bien chers Coopérateurs, car vous n'y êtes pas étrangers et ils vous regardent comme nous.

LETTRE DU SOUVERAIN PONTIFE.

A notre Vénérable Frère Aimé-Victor-François Guilbert, évêque de Gap.

PIE IX, PAPE.

« Il nous a été très-agréable, Vénérable Frère, que, appelé à » partager notre sollicitude apostolique, vous ayez bien voulu, » avant d'exercer les fonctions si importantes qui vous sont con- » fiées, Nous assurer de votre dévouement et de votre affection » pour le Saint-Siége. Car si toujours il a fallu que chaque Eglise » fût unie à la Chaire de Pierre, c'est bien plus nécessaire en- » core aujourd'hui que les contempteurs du nom catholique re- » doublent d'efforts pour déchirer la robe sans couture de Jésus- » Christ.

» Ces témoignages ne sont pas seulement consolants pour » Nous, parce qu'ils opposent très à propos à nos ennemis la » solidité du lien de la foi, de la charité et de l'union qui forme » l'unité catholique, mais encore parce qu'ils rendent manifeste » et certain le zèle avec lequel vous travaillerez à confirmer et à » accroître de plus en plus l'amour et l'obéissance de votre trou- » peau envers Nous et envers ce Saint-Siége.

» Or, vous atteindrez facilement ce but, il sera même la con- » séquence naturelle de vos efforts à répandre la connaissance » de notre sainte religion et à exciter le zèle pour la parfaite » observance de ce qu'elle nous propose à croire et à pratiquer; » de vos soins à mettre à la tête de votre peuple des pasteurs » actifs et instruits, à stimuler chez ceux qui sont déjà en » charge le dévouement et la science, et à préparer le jeune » clergé à ce grand devoir et aux autres fonctions du saint mi- » nistère ; de votre fidélité à rompre à tous le pain de la parole, » et à leur donner l'exemple de toutes les bonnes œuvres ; de » votre empressement, en vous faisant tout à tous, à venir en

» aide à ceux-ci, à relever ceux-là, et suivant les circonstances, » à encourager, à reprendre, à exciter, à supplier les autres, en » toute patience et doctrine, afin de les gagner tous à Jésus-» Christ. Accomplissant toutes ces choses, de même que tous ne » feront certainement qu'un avec vous, ainsi par vous, il ne » feront qu'un avec Nous en Jésus-Christ.

» A cette fin, Nous demandons pour vous les abondants se-» cours de la céleste grâce, et comme gage de ces faveurs et » comme témoignage de Notre bienveillance particulière, nous » vous donnons affectueusement à vous et à tout votre diocèse » Notre Bénédiction Apostolique.

» Donné à Saint-Pierre de Rome le 7 décembre de l'an 1867, » — de Notre Pontificat le vingt-deuxième. »

» PIE IX, PAPE. »

» Recevons-la, Messieurs, avec foi et confiance cette bénédiction apostolique, et efforçons-nous de marcher constamment dans la voie que le Vicaire de Jésus-Christ daigne nous tracer.

» Nous sommes loin encore de vous connaître tous personnellement, mais nous n'en connaissons pas moins vos sentiments de dévouement à notre égard. Beaucoup d'entre vous, avant comme depuis notre arrivée dans le diocèse, ont voulu nous les manifester par leurs lettres collectives ou individuelles. Malheureusement nos trop grandes occupations ne nous ont pas permis d'y répondre toujours comme nous l'aurions désiré. Mais nous tenons aujourd'hui à vous dire combien nous avons été sensible à ces touchantes manifestations, et à vous exprimer toute notre gratitude pour cet accueil si bienveillant que vous nous avez fait.

» Que Dieu en soit béni et qu'il vous le rende en grâces abondantes sur vous, dignes Coopérateurs, et sur la portion du troupeau qui vous est confiée!

» Combien aussi nous le prions d'une manière toute particulière de nous donner, heureuse à tous, l'année nouvelle que nous commençons au milieu de vous! Oui, puisse-t-elle être pour tous, des plus heureuses! C'est bien là le vœu ardent de notre cœur.

» Seulement, n'oublions pas, Messieurs, que l'année la plus heureuse est l'année la plus sainte; que le vrai bonheur n'est pour nous que dans l'accomplissement fidèle de tous nos devoirs, dans la sainteté de notre vie.

» Les autres joies de ce monde ne satisferont jamais le cœur de l'homme et bien moins encore le cœur du prêtre. Fussent-elles capables de le remplir un instant, elles sont si fugitives et passent avec tant de rapidité, pour ne laisser qu'un vain souvenir! Nous les savons, d'ailleurs, toujours mêlées d'amertumes. Chaque année qui les apporte nous apporte en même temps un fardeau d'épreuves et de douleurs.

» La vertu seule a le secret de tirer profit de nos douleurs et de nos joies. En les sanctifiant, elle en forme le plus précieux des trésors, l'unique fortune que nous devions nous souhaiter dans nos vœux, parce qu'elle a pour elle l'éternité.

» Veuillez, Messieurs et chers Coopérateurs, agréer, avec l'expression de notre vive reconnaissance, l'assurance de notre bien affectueux dévouement en N. S. »

Peu d'hommes possèdent au même degré que Mgr Guilbert, le secret de se faire aimer. Il ne suffit pas pour cela d'être doué d'un beau talent et d'une grande âme, il faut savoir, aussi bien que l'éminent prélat, unir aux qualités de l'intelligence et du cœur, les vertus qui rendent les rapports dans la vie agréables et faciles : la douceur, l'aménité, l'esprit de conciliation, l'oubli de soi-même et le devouement pour les autres, il faut être avant tout bon comme il l'est, comme il le sera toujours, car la bonté fait le plus charmant attrait et le plus bel apanage de l'évêque de Gap.

Mgr Guilbert s'est fait connaître comme écrivain par un ouvrage excessivement remarquable et d'une haute portée philosophique et religieuse. Il a pour titre : *La divine Synthèse ou l'Exposé dans leur enchaînement logique des Preuves de la religion révélée*, Paris, Douniol, Valognes, Martin, 1864, in-8° de VI et 351 pages. Approuvé par plusieurs évêques, examiné à Rome par des théologiens en renom, cet ouvrage a valu à son auteur des éloges justement mérités pour le fond de la doctrine, la solidité des preuves et la pureté du style. Ceux que tourmentent des doutes sur la foi, aussi bien que ceux qui veulent étudier les preuves sur lesquelles sont appuyées les croyances catholiques en aimeront la lecture, car ils y trouveront tout ce que peut désirer leur esprit, sans être effrayés. C'est une sorte de manuel apologétique à l'usage des hommes du monde. Il se divise en trois parties, *Révélation primitive. — Jésus-Christ. — l'Église catholique*, avec un chapitre préliminaire sur la nécessité et la possibilité d'une *Révélation divine.* Et sur ce plan, l'auteur par un enchaînement de démonstrations évidentes et solides, amène ses lecteurs à conclure que l'Église catholique est l'unique religion qui puisse sérieusement produire des preuves certaines de sa divinité, et qu'elle est la seule aussi qui réponde véritablement à tous les besoins de l'humanité.

Mgr Guilbert a été nommé chevalier de la Légion d'honneur par décret impérial en date du 11 août 1866.

Il porte pour armoiries : *d'or, à une croix fleurée de gueules, chargée au centre du monogramme du Christ d'argent* ☧, et pour devise : *Crux spes.*

DOYENS DE GAP.

1. — Ponce Ier, doyen de Gap, est témoin dans une charte de l'abbé Ponce, rendant à saint Odilon, abbé de Cluny, ce qu'il possédait dans l'église de Saint-André.

2. — Ponce II d'Ebrard confirma une donation faite au monastère de Cluny, par Léger, évêque de Gap. Il est aussi mentionné dans une charte de l'évêque Isnard, vers l'an 1099.

3. — N..... en 1194, dans une charte de Boscaudon. C'est le même, paraît-il, que Guillaume, doyen de Gap, cet archidiacre d'Embrun, qui, en 1199, est trouvé dans un ancien acte de Boscaudon.

4. — Rodolphe Ier est mentionné à la date du 19 juin 1251, comme témoin de l'hommage que Gui, comte et dauphin, rendit à l'évêque Othon.

5. — Pierre Ier de Rainier, en 1286, 1293 et 1300. C'est certainement le même que P.., prévôt et official de Gap, qui assista au concile de Riez en 1285.

6. — Olivier de Laye est mentionné dans des chartes de l'Église d'Embrun en 1303 et 1304. Le 10 avril 1309, il termine, en qualité d'arbitre, un différend relatif aux dîmes du prieuré de Sainte-Marie du Sault. Il devint évêque en 1315.

7. — Guillaume Ier d'Ethi est cité en 1317 dans des statuts publiés par l'évêque Guillaume Gibelin.

8. — Geoffroi d'Isnard, en 1320.

9. — Jacques de Gaufridi, en 1325 et 1327.

10. — Raimond Ier d'Estienne, en 1329.

11. — Gaucher de Montauban, en 1332, 1337 et 1343.

12. — Rodolphe II de Montdenounot, en 1344.

13. — Gaucher II de Montauban, en 1345, 1357 et 1364.

14. — Pierre II de Villani, docteur ès-lois, doyen de l'Église de Gap, chapelain du Pape, auditeur général de la Chambre apostolique, attesta qu'il avait apposé son visa au tes-

tament de Gui de Bologne, cardinal-évêque de Porto, fait en 1372.

15. — RAIMOND II DE BARRE, bachelier en droit, en 1390.

16. — PIERRE FABRI. Des titres de l'archevêché d'Arles nous apprennent que Pierre Fabri, doyen de Gap, prit en 1411 possession de cette Église, au nom de Jean Brogni, cardinal de Viviers. Le nom de ce doyen ne se trouve pas dans la *Gallia Christiana*.

17. — MATHURIN GUIFFARD, bachelier en droit, en 1419, 1420, 1429 et 1430.

18. — JEAN DE SAINT-GERMAIN, licencié ès-lois, en 1458.

19. — MATTHIEU DE LA PORTE, docteur en droit, en 1476.

20. — ANTOINE PALMIER, en 1499 et 1533.

21. — SIXTE DE PONAT CONSTANS, en 1544.

22. — FÉLIX BOUVIER, aumônier de la reine, en 1621.

23. — CHARLES DU SERRE, en 1632 et 1661.

24. — N... DE MELAC DU SERRE.

25. — ALEXANDRE LE VEILLAN DU ROUSERAI pendant quatre années.

26. — CLAUDE DE PINA, docteur de l'Université de Valence, en 1701. Né en 1668, il fut un de ces hommes dont le souvenir s'efface trop vite quand ils ne sont plus, mais dont les œuvres témoignent qu'ils ont passé sur la terre comme le divin Maître en faisant du bien. Sa haute naissance, autant que sa probité, ses lumières et sa prudence lui avaient conquis l'estime et l'affection du clergé et du diocèse, il eut l'honneur de siéger dans les conseils de l'administration ecclésiastique, en qualité de doyen du Chapitre et de vicaire général. La cathédrale doit à ses libéralités son orgue pour l'acquisition duquel il donna environ 12,000 livres et le Chapitre, la grille en fer qui entoure le sanctuaire.

On ne peut guère douter que la plupart des actions charitables de cet homme de bien ne soient demeurées inconnues, car il était d'un désintéressement admirable, et vivait avec une prudente économie afin de pouvoir donner beaucoup. Dans les derniers temps de sa vie, il répandait les aumônes à pleines mains, et il suffisait de lui proposer une bonne œuvre pour qu'il se hatât d'y prendre part. On sait qu'il avait constitué une rente considérable destinée à l'entretien des enfants de chœur de la cathedrale et à l'augmentation des distributions aux petites heures. Le *Livre des Annales des Capucins* nous apprend encore qu'il contribua à la création d'une aumônerie à l'hôpita , qu'il dota les religieuses hospitalières appelées à desservir cet établissement, et que les Ursulines reçurent de lui une somme d'environ 30,000 livres.

Claude de Pina prolongea sa carrière jusqu'à l'âge de 65 ans et mourut plein de mérites, le 10 janvier 1753, à cinq heures du matin. On l'inhuma dans la sacristie de la cathédrale qu'il avait fait bâtir en partie de ses propres deniers. C'est là que pendant l'hiver, le chapitre s'assemblait autrefois pour réciter l'office. Une simple pierre, sur laquelle on lit une inscription fort modeste, fait connaître l'endroit où repose ce vertueux doyen.

27. — N. de Lisle, nommé doyen en 1753.

28. — N. Céas.

29. — N. Busco, était doyen quand survint la révolution.

ABBAYES.

ABBAYE DE SOURIBES.

L'abbaye de Saint-Pierre de Souribes, de l'Ordre de Saint-Benoît, diocèse de Gap, fut unie, en 1464, au monastère des religieuses de Sainte-Claire de Sisteron, appelées depuis Urbanistes. Le R. P. Pagi, ministre provincial de l'Ordre de Saint-François, a extrait d'anciens manuscrits les noms de quelques abbesses, et son catalogue a été augmenté par les Bénédictins.

1. — Inde, abbesse de Souribes, donne, d'après le consentement d'Othon, évêque de Gap, à la chartreuse de Bertaud, l'église de Celle-Robaud, diocèse de Fréjus, en 1260. Dans la suite, les monastères de Celle-Robaud et de Bertaud s'unirent à la chartreuse de Durbon.

2. — Gérarde de Sabran, en 1285. A la demande d'Alasie de Mévolhon, elle fonda cette même année, à Sisteron, l'abbaye de Sainte-Claire où furent envoyées douze religieuses, une sœur converse et deux servantes.

3. — Alixende de Vins, en 1328.

4. — Philippe de Thoard, le 1er avril 1338, transigea avec les habitants du lieu de Souribes. On fait mention d'elle dans les années 1349 et 1351, années où elle rendit hommage pour son abbaye. Le P. Pagi dit qu'elle vivait encore en 1361.

5. — Raimonde de Champorcin, élue en 1368, prêta au roi serment de fidélité et hommage pour le lieu de Souribes, le 8 août 1369.

6. — Béatrix Durande était à la tête du monastère en 1421, d'après un ancien titre sur parchemin, dans lequel elle est appelée abbesse de Souribes et prieure vénérable du monastère ou de la maison de Celle-Robaud, diocèse de Fréjus.

NOTRE-DAME DE CLAUSONNE.

Cette abbaye, fondée sous l'invocation de Notre-Dame, dans le village de Clausonne, aujourd'hui canton de Veynes, à 22 kilomètres sud-ouest de Gap, appartenait à l'Ordre de Saint-Benoît; mais les Bénédictins, auteurs de la *Gallia christiana,* n'en ont fait aucune mention. Il n'en reste plus de nos jours qu'une église souterraine, qui mérite l'attention des curieux. Du reste, aucun historien ne nous a transmis de renseignements sur l'origine de ce monastère. Voici les noms d'un petit nombre d'abbés.

1. — N. DE RÉGUSSE.

2. — CHARLES DE GRIMALDI DE RÉGUSSE, clerc du diocèse de Marseille, nommé le 13 décembre 1682.

3. — JEAN-BALTHAZAR DE CABANES DE VIENS. Il était fils de Balthazar de Cabanes de Viens, président à la chambre des comptes d'Aix, et de Madeleine de Valavoire, et fut nommé évêque de Riez au mois de novembre 1685. Il n'avait pas encore reçu ses bulles lorsqu'un brevet royal le transféra, au mois d'avril de l'année suivante, à l'évêché de Vence. Il mourut à Tournay, le 9 mai 1697.

4. — N. DE SAINT-AMAND, nommé le 16 mai 1697, mort, à ce qu'on croit, en 1705.

5. — N. DE GRIMALDI, nommé le 14 août 1705.

6. — N. DE ROUBION, nommé en 1735.

7. — N. DE LISLE, vicaire général de Lisieux, nommé en 1747.

8. — N. DE LA VILLETTE, vicaire général de Gap, nommé en 1765.

FIN DU DIOCÈSE DE GAP.

TABLE GÉNÉRALE DES MATIÈRES

DU DIOCÈSE DE GAP.

FIN DE LA TABLE DES MATIÈRES.

Bar-le-Duc. — Imprimerie Contant-Laguerre.

Extrait du Catalogue général de la Librairie E. REPOS,

70, rue Bonaparte, PARIS.

Cet Extrait annule tous les Catalogues précédents (1868).

§ I.

LITURGIE ET RUBRIQUES.

1. — ANTIPHONAIRE ROMAIN, gr. in-fol. pour lutrin, et onforme aux nouvelles éditions in-12 et in-4° de Digne, relié olidement en basane racine, et cousu sur nerfs, net. 50 fr.
Le même, scellé avec coins, clous et fermoir en cuivre. 60 fr.
L'ANTIPHONAIRE, le PSAUTIER et le GRADUEL in-fol., reliés de ême et pris ensemble, net. 110 fr.
Les trois mêmes, scellés avec coins, clous et fermoir en uivre, pris ensemble. 135 fr.

2. — BREVIARIUM ROMANUM (EN ROUGE ET NOIR), ex de-eto SS. Concilii Tridentini restitutum S. Pii V Pontificis Maxi-i jussu editum, Clementis VIII et Urbani VIII auctoritate re-ognitum, cum officiis sanctorum novissime per summos pon-fices usque ad hanc diem concessis a sacra rituum Congrega-one juxta sanctas leges revisum. Editio nova, approbata, pro ris exigentia, ab illustriss. D. MEIRIEU, ep. Diniensi. Deux agnifiques volumes in-4°, chagrin. 80 fr.

3. — BREVIARIUM ROMANUM (EN ROUGE ET NOIR), editio ova, approbata, pro juris exigentia, ab illustriss. D. MEIRIEU, . Diniensi. 4 beaux volumes in-18, brochés, net. 30 fr.

4. — BREVIARIUM ROMANUM, ex decreto SS. Concilii Tri-entini restitutum S. Pii V Pontificis Maximi jussu editum, lementis VIII et Urbani VIII auctoritate recognitum, cum fficiis sanctorum novissime per summos Pontifices usque ad nc diem concessis, a sacra rituum Congregatione juxta sanc-s leges revisum. — Nouvelle édition approuvée par S. Em. Cardinal de Bonald, archev. de Lyon. 2 vol. in-12. 12 fr.
Reliure en basane gaufrée et dorée, 2 fr. en sus par vol.

5. — BREVIARIUM ROMANUM, TOTUM, EN ROUGE ET NOIR, pier chine. 1 beau vol. in-12. 14 fr.

6. — BREVIARIUM ROMANUM, TOTUM, de Turin, EN NOIR. beau vol. in-12. 10 fr.

7. — CÆREMONIALE EPISCOPORUM, texte ROUGE ET NOIR. beau vol. in-12. 7 fr.

8. — CANTUS DIVERSI, contenant l'ordinaire des messes du T DOUBLE, des dimanches de l'année, de l'Avent et du Ca-me, le TE DEUM, les huit tons des psaumes et des Cantiques, s capitules, versets et répons, les quatre antiennes à la inte Vierge, les versets et oraisons, les litanies de la Sainte ierge, les hymnes et prières pour le Saint-Sacrement, la esse de Lully et celle du 1er et 2e ton de H. Dumont. 1 vol. -12, net sans remise, 60 cent. Relié en toile. 1 25

9. — CÉRÉMONIAL ROMAIN à l'usage des églises paroissiales des chapelles publiques, etc., par l'abbé Th. Boulangé. vol. in-12 de 232 pages. FRANCO. 2 fr.

10. — CÉRÉMONIAL SELON LE RIT ROMAIN, pour la visite storale des évêques, rédigé d'après le PONTIFICAL ROMAIN, les écrets de la S. Congrégation, et les auteurs les plus recom-andables en cette matière, par l'abbé J.-L. Bon, professeur séminaire de Notre-Dame de Sainte-Garde (Vaucluse). vol. in-8° de VI-87 pages. 1 25

11. — CONSIDÉRATIONS LITURGIQUES sur le Cérémonial s Évêques, par l'abbé Hilaire Aubert, vicaire-général de lle et chanoine titulaire de Sens. 1 vol. in-8° de 48 pages.

12. — DIURNAL. Voir HORÆ DIURNÆ.

13. — GRADUEL ROMAIN, gr. in-fol. pour lutrin, et con-rme aux nouvelles éditions in-4° et in-12 de Digne, relié lidement en basane racine et cousu sur nerfs. (Voir N° 1.)

14. — GRADUEL ROMAIN, conforme à l'édition précédente pouvant servir de livre de lutrin dans les petites paroisses. vol. in-4° broché, net, 12 fr. Relié. 15 fr.
Le GRADUEL pris avec le VESPÉRAL, de même format, bro-é, net, 24 fr. Reliés en 2 volumes. 30 fr.

15. — GRADUEL ROMAIN, contenant les messes de tous les urs de l'année, les matines et laudes de Noël, les processions les obsèques. 1 beau vol. in-12, nouvelle édition manuelle Digne, broché, net, 4 fr.; relié en basane racine. 5 fr.

16. — HORÆ DIURNÆ, ROUGE ET NOIR, 1 beau vol. petit -4° gros caractères. 15 fr.

17. — HORÆ DIURNÆ, édition diamant, in-48, imprimée près les corrections indiquées à Rome, et avec approbation Mgr de Dijon : Broché. 3 fr. »
Basane gaufrée et tranche marbrée. 3 fr. 75
Basane, tranche dorée. 4 fr. 25
Chagrin doré sur tranche creuse. 5 fr. »
Chagrin, tranche rouge. 5 fr. 50
Chagrin, tranche rouge parsemée d'or. 6 fr. 75
— dorées, 7 fr. 25; rouge parsemée d'or char-ères, 10 r.; dorée à fleurs, 15 fr.; à dos souple, en plus par l., 50 cent.

18. — MANUEL DE L'ENFANT DE CHŒUR, d'après la li-turgie romaine, ou vertus, qualités, cérémonial complet et pieuses pratiques de l'enfant de chœur, par l'abbé Cochain, 2e édition, revue et corrigée avec approbation de Mgr l'Évê-que de Soissons, 1 vol. in-18 cartonné. 1 fr. 25

19. — MESSE DES MORTS, suivie des cérémonies pour les enterrements. 1 vol. in-12 broché. 1 fr. »
Relié en noir avec dorure. 1 fr. 75

20. — MISSÆ DEFUNCTORUM, ex Missali Romano resump-tæ, cum Ordinario et Canone Missæ. Accesserunt Rubricæ generales Missalis quæ ad ipsas attinent; item cantus romanus Missæ defunctorum, necnon absolutio et absolutiones notatæ in exequiis solemnibus. EDITIO NOVISSIMA. 1 vol. imprimé avec luxe sur papier fort, in-4°. 8 fr.
(Voir le N° précédent).

21. — MISSALE ROMANUM ex sacrosancti Concilii Triden-tini restitutum S. Pii V Pontificis Maximi jussu editum, Cle-mentis VIII et Urbani VIII auctoritate recognitum; accuratissi-ma editio cum additamentis novissimis. 1 gros vol. gr. in-4°, édition de luxe sur papier parcheminé, texte ROUGE ET NOIR, imprimé à Rome, broché. 50 fr.

22. — MISSALE ROMANUM, ROUGE ET NOIR. Nouvelle et belle édition encadrée, en feuille. 40 fr.

23. — MISSALE ROMANUM, ROUGE ET NOIR. Nouvelle et belle édition petit in-fol. broché, net. 25 fr.

24. — MISSALE ROMANUM, ROUGE ET NOIR. Nouvelle et belle édition, petit in-4°, net. 20 fr.

25. — MISSALE ROMANUM, nouvelle édit. in-4°, net. 8 50

26. — OFFICE DE L'IMMACULÉE CONCEPTION, noté en plain-chant sur cinq lignes avec clef de SOL, in-12, net. 0 60
In-18. 0 40
Le même, noté en plain-chant ordinaire.

27. — OFFICE DES MORTS, en latin et en français sans renvois, 1 vol. in-18 cartonné. 1 60

28. — OFFICES DE LA QUINZAINE DE PAQUES, notés en plain-chant, à l'usage de tous les diocèses qui suivent le rit romain, 1 beau vol. in-12 broché, net. 2 50
Relié en basane gaufrée, net. 3 50
Doré sur tranche, net. 4 fr.
En chagrin, tranche dorée, net. 6 50
— tranche rouge, net. 8 fr.
— tranche rouge semée d'or, net. 9 50

29 — ORAISONS POUR LA BÉNÉDICTION DU SAINT-SA-CREMENT, 2 feuilles. 1 fr.

30. — PAROISSIEN ROMAIN (NOUVEAU), à l'usage de tous les diocèses qui suivent le rit romain, et contenant les offices gé-néralement autorisés par la cour de Rome, y compris ceux placés dans le calendrier, d'après le Missel et le Bréviaire ro-main, augmenté des épîtres et des évangiles en français. 1 beau vol. in-18, jolis caractères, dernière édition. 1 25

31. — PASSIONS DE N.-S. J.-C., notées d'après un manu-scrit des Pères Célestins de Paris, par l'abbé Raillard, in-4° broché, 3 fr. Reliure toile. 5 fr.

32. — PONTIFICALE ROMANUM Clementis VIII ac Urbani VIII jussu éditum, inde vero a benedicto XIV recognitum et castigatum. 3 beaux vol. gr. in-12, texte ROUGE ET NOIR, avec 158 gravures représentant les cérémonies de l'Église. 25 fr.

33. — PRÆPARATIO AD MISSAM, 2 feuilles in-plano en ROUGE ET NOIR. 1 50

34. — PROCESSIONNAL ROMAIN, in-12 broché. 3 25
Relié propre. 4 fr.

35. — PSAUTIER ROMAIN, gr. in-fol., complément indis-pensable de l'ANTIPHONAIRE ROMAIN (n° 1).

36. — QUINZAINE DE PAQUES. — Voir n° 28.

37. — RITUALE ROMANUM, ROUGE ET NOIR. 1 joli volume in-12 gros caractères, 4 f. 25; relié, 5 f. 50; doré sur tranc. 6 50

38. — RITUALE ROMANUM, ROUGE ET NOIR. 1 joli vol. in-18, gros caractères, relié, 2 f. 50; doré sur tranche. 3 50

39. — RITUALE (PARVUM), 5 pet. vol. in-32, relié. 1 75
Doré sur tranche. 2 25
En chagrin, doré sur tranche. 3 50

40. — TOTUM. Voir numéros 5 et 6.

41. — VESPÉRAL ROMAIN, contenant les vêpres de tous les jours de l'année, les Offices complets des Jeudi, Vendredi et Samedi saints, du saint jour de Pâques et des morts. 1 vol. in-12, nouvelle édition de Digne, broché, net, 4 fr.; relié, 5 fr.

§ II.

PIÉTÉ ET LITTÉRATURE RELIGIEUSE.

42. — ANCIENNE ET NOUVELLE DISCIPLINE DE L'ÉGLISE, par Louis Thomassin, nouvelle édition revue, corrigée, aug-mentée, mise en rapport avec les lois modernes, par M. André, curé de Vaucluse, docteur en droit canonique, membre de

plusieurs sociétés savantes, précédée du portrait de l'auteur, de sa biographie, et enrichie d'analyses raisonnées qu'on a mises avant chaque chapitre, de tables très-complètes qui terminent le dernier volume. 7 vol. in-4° à 2 col. Prix du vol. 9 f.

43. — CÆSARIS S. R. E. CARD. BARONII, O Rainaldi et J. Laderchii congregationis Oratorii presbytorum ANNALES ECCLESIASTICI, denuo excusi et ad nostra usque tempora perducti ad Augustino Theiner, ejusdem congregationis presbytero, Sanctiorum Tabulariorum Vaticani Præfecto, etc., etc. Cet ouvrage formera de 45 à 50 vol. in-4° à 2 col. Prix de chaque vol. 16 fr. Les tomes I, II, III, IV, V et VI sont en vente.

44. — CATÉCHISME DU NOVICIAT RELIGIEUX, suivi de RÉCRÉATIONS SPIRITUELLES, in-18. 1 50

45. — COUR DU ROI JÉSUS (LA), charges et emplois à tirer au sort, in-18. 1 50

46. — COURS ALPHABÉTIQUE ET MÉTHODIQUE DE DROIT CANON dans ses rapports avec le droit civil ecclésiastique, par Mgr André, protonotaire apostolique. 6 vol. in-8°. 40 fr.

47. — CULTE DE MARIE, par Mgr Pavy, évêque d'Alger, in-32 jésus. 1 fr.

48. — DESSERT SPIRITUEL (LE) de l'âme religieuse, vertus et pratiques à tirer au sort, in-18. » 50

49. — DIONYSII PETAVII OPUS DE THEOLOGICIS DOGMATIBUS a J.-B. Thomas, in seminario Virdunensi Theologiæ professore recognitum et adnotatum, 8 vol. in-4° à 2 col., avec portrait, analyse raisonnée de chaque chapitre, citations dans leurs textes originaux. Prix du volume. 10 fr.

50. — DISCOURS SUR L'ÉTAT ET LA GRANDEUR DE JÉSUS, par l'union ineffable de la divinité avec l'humanité, par le cardinal de Bérulle, nouvelle édition publiée par l'abbé Piquand, aumônier du lycée impérial d'Angoulême. 1 magnifique vol. in-12 de LX-588 pages sur papier glacé, FRANCO. 6 50

51. — DOCTRINE (LA) DE L'ENCYCLIQUE du 8 déc. 1864, conforme à l'enseignement catholique, par l'abbé A.-C. Peltier, chanoine honoraire de Reims, 2 parties in-8° formant ensemble 341 pages, net. 5 fr.

52. — ENCYCLIQUE ET DOCUMENTS, en français et latin, par l'abbé Raulx, traducteur de saint Augustin et éditeur de Bossuet, 2 vol. in-8° de 600 à 700 pages, contenant le texte latin et la traduction française en regard avec des notes marginales. 10 fr.

53. — ENSEIGNEMENTS (LES) DE LA REINE DU CIEL, ou le mois de Marie consacré à l'étude et à la méditation de sa miséricordieuse apparition sur la montagne de la Salette, par l'abbé Hilaire. 2 fr.

54. — ENTRETIENS SUR L'ENCYCLIQUE de Sa Sainteté Pie IX, par Mgr Meirieu, évêque de Digne. 1 vol. 2 50

55. — ÉVANGILES (LES) ET LA CRITIQUE DU XIXe SIÈCLE, par Mgr Meignan. 1 vol. in-8°. 6 fr.

56. — GRAMMAIRE HÉBRAIQUE ET CHALDAIQUE, suivie du premier chapitre de Ruth, expliqué par deux traductions françaises : l'une littérale, l'autre correcte, avec une analyse grammaticale, par M. l'abbé Garnier, ex-professeur au séminaire de Plombières et membre de la Société asiatique de Paris. 1 vol. in-12, net. 2 50

57. — HISTOIRE DE LA TRÈS-SAINTE VIERGE, in-32. 0 75
Le même ouvrage relié. 1 25

58. — LETTRES INÉDITES DE FÉNELON, recueillies par Mgr X. Barbier de Montault. 1 beau vol. in-12. 2 50
Cet ouvrage complète toutes les éditions des Œuvres de l'illustre archevêque de Cambrai.

59. — MANUEL DES ADORATEURS DU CŒUR DE JÉSUS, ou Traité de l'excellence et de la pratique de la dévotion au Sacré-Cœur, par l'abbé Nadal, vicaire général de Valence, in-32 jésus, 1 fr. 25; relié. 1 75

60. — MANUEL DES ENFANTS DE MARIE, ou recueil des principales dévotions à la très-sainte Vierge, à l'usage de tous les fidèles et spécialement des Associés de l'archiconfrérie de Notre-Dame-des-Victoires, par l'abbé Desfosses, vicaire à Notre-Dame-des-Victoires, in-18, 2 fr. 50; relié. 3 50

61. — MANUEL DES ENFANTS PIEUX, pour se préparer à la première communion, in-18. 1 50
(Voir le numéro 75.)

62. — MÉDITATIONS sur les principales vérités chrétiennes et ecclésiastiques, par Mathieu Beuvelet, prêtre du séminaire de Saint-Nicolas-du-Chardonnet; nouvelle édition publiée par des prêtres de l'Immaculée Conception de Saint-Dizier. 3 vol. in-8° d'environ 500 pages chacun. 9 fr.

63.—MÉDITATIONS sur une retraite spirituelle, suivies de pensées sur le salut, par Bourdaloue. 1 beau vol. magnifiquement imprimé, net. 2 fr.

64. — MOIS (LE) DE MA MÈRE, ou nouveau Mois de Marie, par le P. Terwecoren, net. 2 fr.

65. — MOIS DE MARIE, par Mgr Pavy, évêque d'Alger, in-32 jésus. 1 fr.

66. — MOIS DE SAINT JOSEPH, par le P. Nampon, de la Compagnie de Jésus, in-32. 1 50

67.—ŒUVRES CHOISIES DE Mgr LÉON SIBOUR, évêque de Tripoli, précédées d'un avertissement et d'une notice biographique par M. l'abbé Dedoue, chanoine de N.-D. de Paris. 2 beaux volumes in-8°, formant ensemble 1144 pages. 15 fr.
Par la poste. 16 fr.
Le premier volume, précédé d'une excellente notice sur l'auteur, contient des Lettres remarquables sur la translation des reliques de saint Augustin à Hippone, de belles Études sur l'Afrique chrétienne, des Lettres piquantes sur Digne, les Discours académiques, et divers morceaux sur l'HISTOIRE DE JÉRUSALEM par M. Poujoulat, sur les premières poésies de Jean Reboul de Nîmes, sur Félicien David, etc., etc. Le second volume contient le COURS D'HISTOIRE ET DE DISCIPLINE ECCLÉSIASTIQUE, si finement tracé par le spirituel prélat, et de hautes considérations sur le ministère sacerdotal et épiscopal. Le style de Mgr de Tripoli est toujours élégant, ses pensées toujours justes, sa science toujours du meilleur aloi. Que de charmes répandus à profusion dans ces pages écrites par une main et par un cœur que nous voudrions voir écrire encore! Quelle mine féconde pour le prêtre et pour l'écrivain studieux! Aussi ne craignons-nous pas de promettre un grand succès à la pieuse affection qui a dressé sur la tombe de Mgr Léon Sibour le plus beau monument qui fût digne de sa mémoire, de ses vertus et de sa science.

68. — ŒUVRES DE Mgr PAVY, évêque d'Alger. 4 vol. in-8° 24 fr.; les tomes III et IV, net. 14 fr.

69. — ŒUVRES COMPLÈTES DE SAINT AUGUSTIN, traduites pour la première fois en français, sous la direction de M. Poujoulat, avec des sommaires numérotés qui analysent chaque écrit, chaque chapitre, et des tables très-complètes 12 vol. in-4° à 2 col., prix de chaque vol. 9 fr

70. — ŒUVRES COMPLÈTES DE BOSSUET, publiées pa M. l'abbé Raulx, sous la direction de prêtres de l'Immaculé Conception de Saint-Dizier. 12 vol. in-4° à 2 col. d'enviro 800 pages chacun. 108 fr

71. — ŒUVRES COMPLÈTES DE BOURDALOUE, publiée par des prêtres de l'Immaculée Conception de Saint-Dizier 4 vol. in-4° à 2 col. de 600 à 700 pages chacun. 36 fr

72. — ŒUVRES ORATOIRES de S. Ém. le cardinal Clémen Villecourt. 5 vol. in-8°, 3e édition. 30 fr

73. — ŒUVRES TRÈS-COMPLÈTES de Massillon, suivies d recherches sur sa vie et de documents entièrement inédits avec portrait, analyse raisonnée des matières placée avan chaque discours, table des textes de l'Écriture sainte. Editio publiée par les soins de l'abbé E.-A. Blampignon, docteur e théologie et docteur ès-lettres. 3 vol. in-4° à 2 col. 27 fr

74. — PAROISSIEN DE LA SAINTE VIERGE, selon le rit ro main. 1 joli vol. in-18 relié, 1 fr. 75, doré sur tranche. 2 5

75. — PETIT MANUEL DES ENFANTS PIEUX, abrégé d numéro 61, in-18. 0 7

76. — PIEUSES LECTURES OU MÉDITATIONS, in-32 bro ché, 0 75; relié. 1 2

77. — PRÉCIS HISTORIQUES (LES), collection périodiqu rédigée par le P. Ed. Terwecoren, de la Compagnie de Jésus en Belgique. Cette belle et savante collection, qui en est à s quinzième année, est pour ainsi dire épuisée, et il ne nous e plus possible d'en mettre en vente que les volumes de 1864 1865 et 1866. Prix de chaque volume de plus de 600 pages in-8 compactes, net, FRANCO. 6 fr

77 bis. — Une seule collection des PRÉCIS HISTORIQUES. 1 vol. in-8° bien reliés, net sans remise. 120 fr

78. — RECUEIL D'INSTRUCTIONS pour la première com munion, par Mgr Martin, protonotaire apostolique. 1 gros vol in-12. 3 5

79. — ROME dans sa vie intellectuelle, dans sa vie charita ble, dans ses institutions populaires, réponse aux appétits pié montais, par M. l'abbé V. Postel, du clergé de Paris, cha noine honoraire, docteur en théologie, des Académies de l Religion catholique et des Arcades de Rome, missionnair apostolique, in-18 de 450 pages. 2 fr

80. — ROME VENGÉE, ou la vérité sur les personnes et le choses, par Mgr Bernardin Gassiat, protonotaire apostolique docteur en théologie et en droit canon, in-12 de XXIII-40 pages, FRANCO. 3 5

81. — SAINTS DE CHAQUE JOUR (LES), par l'abbé Chapia 1 vol. in-12. 3 fr

82.—SAINT JOSEPH, ses grandeurs, ses vertus, ses bienfait la protection dont il couvre l'Église. Méditations pour une neu vaine. Exercices pour le mois de mars, par le P. Adrien Nam pon, de la Compagnie de Jésus, in-18 de 173 pages. 1 5
(Voir le N° 66).

83. — THOMÆ AQUINATIS (SANCTI) Summa Theologica dili genter, emendata, Nicolai, Sylvii, Billuars et C.-J. Driou notis ornata. 8 vol. in-8° raisin. 40 fr

84. — TRÉSOR (LE) DES PERSONNES PIEUSES. Ouvrag destiné aux personnes qui vivent dans le monde aussi bie que dans la retraite, in-32 jésus relié. 1 2

85. — VIE (LA) DE L'APOTRE DES INDES ET DU JAPON par le P. Bouhours; nouvelle édition in-8° de 468 pages, ave cinq magnifiques gravures sur acier, net et FRANCO. 4 f

86. — VIE DE Mgr SIBOUR, archevêque de Paris, ses œu vres, sa mort, par M. Poujoulat, in-12, 2e édit., net. 3 fr
FRANCO. 3 5

87.—VIE DE N.-S. JÉSUS-CHRIST, par l'abbé Brispot. 3 vo in-8° jésus. 30 f

88. — VIE D'UNE SAINTE pour chaque jour de l'année, pa l'abbé Chapia. 2 vol. in-12. 5 f

89. — VIES DES SAINTS, par Caillet. 4 vol. in-8°. 24 f

90. — VIES DES SAINTS, par Giry. 4 vol. in-12. 12 f

Bar-le-Duc. — Imprimé par Contant-Laguerre.

www.ingramcontent.com/pod-product-compliance
Lightning Source LLC
LaVergne TN
LVHW050531100826
845148LV00002B/521

* 9 7 8 2 0 1 2 5 6 1 0 2 1 *